Management politischer Risiken

Marc-Felix Otto

Management politischer Risiken

Grundlagen und Werkzeuge für die
unternehmerische Praxis

 Springer Gabler

Marc-Felix Otto
The Advisory House AG
Zug, Schweiz

ISBN 978-3-658-41758-1   ISBN 978-3-658-41759-8 (eBook)
https://doi.org/10.1007/978-3-658-41759-8

Die Deutsche Nationalbibliothek verzeichnet diese Publikation in der Deutschen Nationalbibliografie; detaillierte bibliografische Daten sind im Internet über https://portal.dnb.de abrufbar.

Planung/Lektorat: Vera Treitschke
Springer Gabler ist ein Imprint der eingetragenen Gesellschaft Springer Fachmedien Wiesbaden GmbH und ist ein Teil von Springer Nature.
Die Anschrift der Gesellschaft ist: Abraham-Lincoln-Str. 46, 65189 Wiesbaden, Germany

Inhaltsverzeichnis

Einleitung

1

Warum ein Buch über das Management politischer Risiken? Die kurze Antwort lautet: Erstens, weil sie bedeutsamer werden, stellenweise sogar existenzgefährdend. Entsprechend wichtiger wird es, die erforderliche Vorsicht und Professionalität walten zu lassen. Zweitens, weil im Umgang mit ihnen neue Möglichkeiten entstehen. Wer diese nicht nutzt, vernachlässigt möglicherweise wesentliche Werthebel. Und drittens, weil das Thema noch nicht umfassend bearbeitet wird: Die bestehende Literatur fokussiert auf politische Risiken bei Investitionen in Entwicklungsländern. Für Industrieländer fehlt eine umfassende Perspektive. Hier stehen regulatorische Änderungen im Fokus – und werden im Sinne Compliance-relevanter Anforderungen an das Unternehmen behandelt.

Inwiefern werden politische Risiken bedeutsamer? In jüngster Vergangenheit sind geopolitische Risiken in den Vordergrund getreten. Diese Risiken können fundamentale Ausmaße annehmen und den Bestand des Unternehmens, ganzer Branchen oder sogar Volkswirtschaften gefährden. Auch wenn es nicht so weit kommt, können beispielsweise Sanktionen das Unternehmen substanziell schwächen, wenn es bisher über Geschäftspartner in den rivalisierenden Jurisdiktionen verfügte.

Neben geopolitischen Treibern spielt die Zunahme der Regelungsdichte eine wichtige Rolle. So wuchs beispielsweise in den USA der Umfang der geltenden nationalen Gesetzestexte („Code of Federal Regulations") in den letzten fünfzig Jahren kontinuierlich von ca. 20.000 auf nun über 180.000 Seiten an [1]. Auch in der Schweiz steigt die Gesetzgebungstätigkeit kontinuierlich an; der jährliche Wert liegt heute um fast 40 % über dem Wert der 80er-Jahre [2]. Hierbei ist der kumulative Effekt der Gesetzestexte noch nicht berücksichtigt. Das bleibt für die Unternehmen nicht folgenlos. Einer Studie der Unternehmensberatung McKinsey zufolge haben beispielsweise die Kosten für das regulatorische Risikomanagement von Banken allein im Zeitraum 2014–2017 um ca. 40 % zugenommen [3].

M.-F. Otto, *Management politischer Risiken*, https://doi.org/10.1007/978-3-658-41759-8_1

Ein weiterer, prominenter Indikator für politische Risiken ist die Staatsverschuldung, die bekanntermaßen auch in vielen westlichen Ländern deutlich über der Grenze von 60 % des Bruttoinlandsproduktes liegt. Hoch verschuldete Wirtschaftssubjekte tendieren zu kurzfristig ausgerichteten, sprunghaften und oftmals auch radikalen Verhaltensweisen. In den letzten Jahrzehnten konnten die steigenden Staatsschulden dank vitaler deflationärer Treiber, insbesondere Globalisierung und Digitalisierung, ohne wesentliche inflatorische Effekte über die Bankensysteme „monetarisiert" werden. Aufgrund stagnierender beziehungsweise rückläufiger Globalisierung zieht die Inflation dagegen aktuell in vielen Währungsräumen spürbar an.

Im Global Risk Report des Weltwirtschaftsforums schließlich zeigt das Risiko der Erosion des gesellschaftlichen Zusammenhalts den größten Zuwachs aller erfassten Risiken während der Covid-Jahre. In vielen Ländern und für zahlreiche, oftmals kleinere, Firmen war die Art und Weise, wie die Regierungen mit der Situation umgingen, unmittelbar existenzgefährdend. In Conclusio ist davon auszugehen, dass politische Risiken weiter zunehmen beziehungsweise auf dem aktuellen hohen Niveau verharren werden. Dies gilt auch – aber nicht nur – für Europa.

Welche Möglichkeiten bieten sich im Umgang mit diesen Risiken? Neben dem klassischen Ansatz der Risikovermeidung oder -reduktion bietet sich oftmals auch die Chance, Wettbewerbsvorteile aufzubauen. Eine wohlbekannte Option besteht darin, die politischen Akteure zu analysieren und gegebenenfalls zu beeinflussen. Solches Lobbying, obschon seit vielen Jahrzehnten fest etabliert, nimmt insbesondere seit der Finanzkrise 2008 weiter zu. Und dies offenbar mit Erfolg. So hat die Agentur Strategas einen Lobbying Index börsennotierter Unternehmen definiert, der nach ihren Angaben den S&P 500 Index über eine Dekade hinweg systematisch geschlagen hat [4]. Der Index enthält Unternehmen, die bei den Aufwänden für die Politikbeeinflussung führend sind. In Europa hat sich beispielsweise die Anzahl von Treffen hochrangiger Vertreter der EU-Kommission mit Unternehmensvertretern im Zeitraum 2012–2018 verdoppelt [5, 6].

In Zeiten politischer Umbrüche gewinnt zudem die Widerstandsfähigkeit des Unternehmens an Bedeutung. Diese kann einerseits lokal gestärkt werden, beispielsweise durch Kultur und Werte, die Mitarbeitern, Lieferanten und Kunden Verlässlichkeit und Sicherheit bieten. Auch der gezielte Aufbau von Redundanz, z. B. in Form zusätzlicher Lagerbestände kritischer Halbwaren oder einer zusätzlichen Datensicherungsschicht, gehört dazu.

Eine weitere Option des Umgangs mit politischen Risiken, deren Bedeutung in den letzten Jahren gestiegen ist, besteht darin, das Unternehmen geografisch flexibler und damit vom aktuellen Standort unabhängiger aufzustellen. Die Digitalisierung eröffnet Unternehmen hierfür viele Ansatzpunkte. Insbesondere im Dienstleistungs- und Wissenssektor ist eine geografische Flexibilisierung oftmals gut umsetzbar – aber auch andere Unternehmen können profitieren. Ein geografisch hochgradig flexibles Unternehmen ist in der Lage, die am besten geeigneten Jurisdiktionen zu wählen und damit einen wesentlichen Vorteil gegenüber Wettbewerbern auszubilden.

Einige Unternehmen haben bereits die reaktive Haltung gegenüber regulatorischen Änderungen durch ein aktives, strategisches Management politischer Risiken ersetzt. Andere, insbesondere solche der „New Economy", sind bereits mit diesem Ansatz gegründet worden. Im ersten Schritt muss dafür das Unternehmen als eigenständige, nicht dem heutigen „Heimatstaat" hierarchisch untergeordnete, Institution begriffen werden. Das gilt für den Standort einzelner Unternehmensfunktionen sowie die Zentrale. Die Beziehung zur Jurisdiktion ist dann vergleichbar mit den Leistungsbeziehungen zu Lieferanten, Dienstleistern und Kunden.

Geografische Flexibilisierung setzt gewissermaßen den Trend zur Globalisierung fort, in einer Zeit, in der Schwachstellen internationaler Lieferketten stärker ins Bewusstsein gerückt sind. In den letzten Jahrzehnten hat der Anteil internationaler Unternehmen an der globalen Wertschöpfung kontinuierlich zugenommen und den Druck auf die Unternehmenssteuersätze erhöht sowie teilweise den Abbau von Markteingriffen in mehreren Jurisdiktionen bewirkt. Dieser Trend könnte sich nun ins Gegenteil kehren. Einerseits bewirkt die aktuelle geopolitische Krise rund um Ukrainekrieg und Spannungen vor der chinesischen Küste eine ökonomische Entflechtung und Rückbesinnung auf regionalere, redundantere Wertschöpfungsketten. Andererseits unternehmen Jurisdiktionen verstärkte Anstrengungen, um den Steuerwettbewerb zu reduzieren. Hier ist insbesondere die Initiative „Base Erosion and Profit Shifting" (BEPS) der OECD zu nennen, deren Zielsetzung wiederum als Antwort auf die Digitalisierung formuliert wird. Auch die Verschärfung der deutschen Wegzugsbesteuerung fällt unter diesen Trend. Letztendlich wirken solche politischen Entwicklungen auf die Optionen zum Umgang mit politischen Risiken zurück.

Ein Unternehmen, das diese Entwicklungen aufmerksam verfolgt und sich zunutze macht, kann wesentlich zur Risikoreduktion beitragen und oftmals signifikant Wertsteigerung realisieren. Die rasche und effektive Nutzung neuer technologischer Möglichkeiten sowie die holistische Betrachtung der Optionen für alternative Jurisdiktionen spielt dabei eine wesentliche Rolle.

In welcher Form wird das Thema bisher behandelt? Ein umfassendes Management politischer Risiken in Industrieländern findet sich noch nicht in angemessener Form in der Literatur. Denn diese fokussiert seit den 80er-Jahren auf die Risiken in Entwicklungsländern. Die dort entwickelten Risikokategorien einerseits sowie diverse etablierte Methoden des allgemeinen Risikomanagements andererseits können wir nutzen. Von dort aus entwickeln wir ein umfassendes Konzept für den Umgang mit taktischen und strategischen politischen Risiken. Unser Augenmerk liegt aber nicht nur auf der konzeptionellen Ebene. Vielmehr soll dieses Buch den Eigentümern, Entscheidern und Risikomanagern konkrete Handlungs- und Umsetzungsoptionen aufzeigen. Dazu dienen illustrative Beispiele und Werkzeuge sowie die Verweise auf weiterführende Literatur und Wissensquellen.

1.1 Zielsetzung und Aufbau

Grundlegende Aufgabe des Managements politischer Risiken ist die Abwendung beziehungsweise Begrenzung des erwarteten Schadens im Sinne einer Reduktion des Unternehmenswertes. Dieses Buch zielt darauf ab, unternehmerische Entscheidungsträger für

Abb. 1.1 Schematischer Aufbau des Buches

politische Risiken zu sensibilisieren, ihnen das Rüstzeug für den operativen Umgang mit ihnen zu bieten sowie strategische Optionen aufzuzeigen, mit denen das Unternehmen „aus der Not eine Tugend" machen kann.

Im weiteren Sinne lässt es sich auch als Ratgeber zum persönlichen, individuellen Umgang mit politischen Risiken lesen. Einige Aspekte, wie die Operationalisierung bestimmter Vorhaben oder die Frage nach der gesellschaftsrechtlichen Struktur, entfallen dann. Die grundsätzliche Betrachtungsweise und Methodik finden aber weiterhin Anwendung.

Das Buch ist auf oberster Ebene zweigeteilt: Im ersten Teil werden politische Risiken definiert und kategorisiert (Kap. 2), wesentliche Methoden des allgemeinen Risikomanagements eingeführt (Kap. 3) sowie die Schaffung von Transparenz – „Welche politischen Risiken bestehen? Wie schwerwiegend sind sie?" – behandelt (Kap. 4). Er bildet damit das theoretische Fundament.

Der zweite Teil widmet sich dem Umgang mit den Risiken in der unternehmerischen Praxis. In Kap. 5 wird der Umgang mit taktischen politischen Risiken dargestellt. Kap. 6 baut auf den Ergebnissen der vorigen Kapitel auf und beantwortet die Frage, wie aus strategischer Perspektive mit politischen Risiken umzugehen ist. Kap. 7 vertieft daraufhin eine wichtige Disziplin im strategischen Management politischer Risiken, die geografische Flexibilisierung des Unternehmens. Kap. 8 bildet eine kurze Synthese der wesentlichen Methoden und zeigt mögliche Entwicklungsfelder für die Disziplin auf (Abb. 1.1)

Die Konzepte und Methoden werden durch drei Praxisbeispiele veranschaulicht. Diese Beispiele entsprechen keinen realen Unternehmen, beruhen aber auf Erfahrungen des Autors und seines Unternehmens. Sie werden in Kap. 4 eingeführt und von dort an durchgezogen.

1.2   Abgrenzung

Dieses Buch beabsichtigt nicht, das Thema aus allen denkbaren Perspektiven zu behandeln. Die Perspektive, die wir einnehmen, ist diejenige von Unternehmern oder Unternehmensführern, die eigenständig agieren und sich nicht als Teil der öffentlich-rechtlichen Institutionen betrachten. Auch verwenden wir nur ein geringes Augenmerk auf einen bereits breit untersuchten Teilaspekt, die spezifischen Risiken für Auslandsinvestitionen multinationaler Konzerne. In Abschn. 2.1.3 gehen wir kurz auf dieses Spezialthema ein und führen mehrere Referenzen dazu auf.

Des Weiteren behandeln wir die Unternehmensführung als eine Einheit und gehen davon aus, dass keinerlei Differenzen der Ziele von Eigentümerschaft und Management bestehen. Mit anderen Worten gehen wir von einer Kongruenz von Prinzipal und Agent auf der obersten Stufe der Unternehmensführung aus. Entsprechend verstehen wir Risikomanagement nicht als formell-bürokratische Anforderung, sondern als wertschöpfende Funktion, die wesentlichen Einfluss auf Unternehmensstrategie und -erfolg haben kann und sollte. In der Konsequenz streifen wir Standards des Risikomanagements wie ISO oder COSO ERM nur am Rande.

Literatur

1. https://regulatorystudies.columbian.gwu.edu/reg-stats
2. https://www.parlament.ch/centers/documents/de/gesetzgebungstaetigkeit-1983-2007.pdf
3. https://www.mckinsey.com/capabilities/risk-and-resilience/our-insights/the-compliance-function-at-at-an-inflection-point
4. https://www.barrons.com/articles/lobbying-index-beats-the-market-1524863200
5. https://www.welt.de/wirtschaft/article132847664/Wie-der-Finanzmarkt-Lobbyismus-belohnt.html
6. https://www.faz.net/aktuell/wirtschaft/schneller-schlau/lobbyismus-in-europa-auf-rekordniveau-15852363.html

Der Begriff des politischen Risikos wurde im angelsächsischen Raum in der zweiten Hälfte des letzten Jahrhunderts geprägt. Obwohl der Begriff breit angelegt wurde, standen beziehungsweise stehen primär Risiken für Direktinvestitionen (FDI) in Entwicklungs- und Schwellenländern im Fokus. Einen Überblick hierzu geben [6] oder [21]. Sich verändernde Spielregeln in Industrieländern werden dagegen häufig unter dem Begriff der regulatorischen Risiken erfasst. Eine solche Unterscheidung verliert allerdings in der globalisierten Wirtschaft an Bedeutung.

Wir starten im Abschn. 2.1 mit einer umfassenden Definition politischer Risiken. Dabei spielt die Natur von Politik, einseitig die Spielregeln ändern zu können, eine wesentliche Rolle. Aktivitäten politischer Akteure, die im Konflikt mit dem geltenden Gesetz stehen, fallen dagegen üblicherweise nicht unter den Begriff der „Politik". Daraus entstehende Risiken sollten aus unserer Sicht deshalb auch nicht als politische Risiken bezeichnet werden.

Themen mit politischer Konnotation rufen nicht selten parteiische und emotionale Wortführer auf den Plan. Die Ausdifferenzierung beziehungsweise Polarisierung des Diskurses im digitalen Zeitalter verstärkt dabei oftmals die Positionen. Wir verfolgen einen neutralen, faktenorientierten Ansatz. Ziel ist es, unternehmerische Entscheidungsträger besser zu befähigen, politische Risiken zu identifizieren, zu bewerten und den aus ihnen drohenden Schaden für das Unternehmen abzuwenden oder mindestens zu verringern. Dass dies zu Strategien führen kann, die nicht im Sinne einiger politischer Akteure sind, liegt auf der Hand. Ein nüchterner Betrachter wird unschwer erkennen, auf welcher Seite der Debatte Wertschöpfung angestrebt wird. Entsprechend gehen wir in Abschn. 2.2 auch auf die ethisch-normative Dimension des Themas ein.

Gemäß unserer Zielsetzung strukturieren wir in Abschn. 2.3 die möglichen politischen Risiken entlang der Werttreiber des Unternehmens. Der Vollständigkeit halber stellen wir

M.-F. Otto, *Management politischer Risiken*, https://doi.org/10.1007/978-3-658-41759-8_2

auch alternative Strukturierungen vor, die in der Praxis von Nutzen sein können. Die Beschreibung politischer Risiken entlang der finanziellen Werttreiber kann auch herangezogen werden, um das Unternehmen als eine Summe von Investitionen mit unterschiedlichen Risiken zu beschreiben. Diesen Ansatz stellen wir in Abschn. 2.4 kurz vor. In
Abschn. 2.5 untersuchen wir schließlich aus einer allgemeinen Perspektive den Umfang
und die Eintrittswahrscheinlichkeiten bestimmter politischer Risiken.

2.1   Definitionen

2.1.1   Macht, Politik, Staat und Jurisdiktion

Um zu einer Definition politischer Risiken zu gelangen, ist die Klärung einiger gesell-
schaftswissenschaftlicher Grundbegriffe notwendig. Dieses Buch kann und will dabei kei-
nem holistischen Ansatz genügen. Wir greifen deshalb auf klassische Arbeiten zurück, die
noch heute gültig und nützlich sind. Mit Max Weber definieren wir somit den Begriff der
Macht als die „Chance, innerhalb einer sozialen Beziehung den eigenen Willen auch gegen Widerstreben durchzusetzen, gleichviel worauf diese Chance beruht." [1] Politik, wiederum nach Weber, ist dann „das Streben nach Machtanteil oder nach Beeinflussung der
Machtverteilung" [2]. Alternativ definiert Machiavelli: „Politik ist die Summe der Mittel,
die nötig sind, um zur Macht zu kommen, sich an der Macht zu halten und von der Macht
den nützlichsten Gebrauch zu machen."[3]

Max Weber versteht den *Staat* als einen politischen „Anstaltsbetrieb", der „erfolgreich
das Monopol legitimen physischen Zwanges" beansprucht [4]. Staat oder Gebietskörperschaft bestehen dabei aus den drei Elementen der Legislative, Exekutive und Judikative.

In diesem Buch verwenden wir häufig den Begriff der *Jurisdiktion*, der manchmal auch
für die dritte, Recht sprechende, Gewalt im Staat verwendet wird.[1] In jüngerer Zeit wird
dieser Begriff auch synonym mit „Hoheitsgebiet" verwendet, also demjenigen Territorium, innerhalb dessen ein bestimmter Rechtskodex gilt und im Allgemeinen auch durchgesetzt wird. Der Begriff eignet sich deshalb gut für unseren Zweck, weil er auch untergeordnete Gebietskörperschaften wie Bundesland, Kanton, Gemeinde etc. umfasst, die
durchaus auch Risiken verursachen können.

2.1.2   Politische Risiken im engeren Sinn

Risiken sind mögliche künftige Ereignisse mit Schadenswirkung. Politische Risiken im
weiteren Sinn sind also mögliche künftige Ereignisse mit Schadenswirkung, die im Zusammenhang mit Politik stehen. In Industrieländern sind dies vorwiegend Ereignisse, die
aus gesetzeskonformem Verhalten politischer Akteure resultieren, typischerweise also der

---

[1] Wir nutzen für die dritte Gewalt durchgängig den eindeutigen Begriff der Judikative.

Erlass und die Durchsetzung von Gesetzen oder Verordnungen mit Schadenswirkung. Für das Unternehmen schädliche Korruption, also gesetzeswidriges Verhalten (einzelner) politischer Akteure, ist für uns von nachrangiger Bedeutung. Hierauf gehen wir gleichwohl im folgenden Abschn. 2.1.3 kurz ein.

▶ Wir definieren politische Risiken für Unternehmen *im engeren Sinn* als mögliche künftige Aktionen des Staates/der Gebietskörperschaft/der Jurisdiktion, bei deren Realisierung das Unternehmen geschädigt wird. Eine Schädigung entspricht dabei einer Reduktion des Unternehmenswertes.

Wie oben aufgeführt, können Staat, Gebietskörperschaft sowie Jurisdiktion in die drei funktionalen Elemente der Legislative, Exekutive und Judikative unterteilt werden. Dies gilt auch dann, wenn sie in einer bestimmten Jurisdiktion möglicherweise nicht institutionell getrennt sind. Damit wird die Unterscheidung zum Begriff der regulatorischen Risiken[2] deutlich: Diese decken ausschließlich diejenigen Ereignisse ab, bei denen das Unternehmen aufgrund von Gesetzesänderungen geschädigt wird. Sie können mithin auch als „legislative Risiken" bezeichnet werden. Die Modalität der Durchsetzung obliegt aber zu großen Teilen der Exekutive, wie dies durch die Unterscheidung zwischen „de jure" und „de facto" verdeutlicht wird. In letzter Instanz hat auch die Judikative einen Ermessensbeziehungsweise Entscheidungsspielraum bei der Durchsetzung der Gesetze.

Politische Risiken nach unserer Definition umfassen also legislative (regulatorische), exekutive sowie judikative Risiken. Diese Unterscheidung ist aus Sicht des Unternehmens nicht immer wesentlich, kann aber dabei helfen, die Geschwindigkeit beziehungsweise Wahrscheinlichkeit des Eintritts eines Risikoereignisses abzuschätzen: So nehmen z. B. legislative Gesetzesänderungen tendenziell mehr Zeit in Anspruch als exekutive Entscheidungen. Darauf kommen wir bei der Bewertung politischer Risiken zurück.

Wesentlich für die Definition politischer Risiken aus Sicht eines Unternehmens ist die Unterscheidung zwischen Regeln und Verhaltensweisen der Politik, die zum Zeitpunkt der Unternehmensgründung bereits bestanden und solchen, die zu einem späteren Zeitpunkt hinzukommen beziehungsweise geändert werden. Ein Risiko im Sinne eines möglichen künftigen Ereignisses mit Schadenswirkung können nur Letztere sein. Mit anderen Worten, jedes Unternehmen wird bewusst in einem spezifischen politischen Kontext gegründet; erst eine nachteilige Verschlechterung dieses Kontextes gegenüber dem Zeitpunkt der Gründung (Spezialfall: des Zuzugs) des Unternehmens stellt ein eingetretenes politisches Risiko dar. Klarerweise erweitert diese Definition den klassischen Begriff politischer Risiken, der auf Investitionsrisiken in Entwicklungsländern fokussierte [5, 6]. Diese Verengung

---

[2] Auch „Compliance Risiken"; der Begriff ist aus unserer Sicht unglücklich gewählt, da die empfohlene Handlungsoption bereits im Namen enthalten ist. Dass Compliance keineswegs die einzig mögliche – und auch nicht immer die optimale – Handlungsoption ist, stellen wir in Kap. 5 dar. Aus strategischer Sicht kann auch im Bereich der Compliance ein Wettbewerbsvorteil bestehen oder aufgebaut werden, beispielsweise für große Unternehmen mit entsprechenden Skaleneffekten.

war nicht notwendig – dass politische Risiken in Industrieländern immer eine wesentliche Rolle gespielt haben, liegt auf der Hand.

2.1.3 Risiken aus gesetzeswidrigem Verhalten politischer Akteure

Für politische Risiken gemäß der Definition des letzten Abschnittes wird manchmal auch der Begriff des „Sovereign Risk" verwendet [8]. In der Literatur wird, *im weiteren Sinn*, die mögliche Schädigung des Unternehmens aufgrund von Aktivitäten einzelner sogenannter politischer Akteure als politisches Risiko beziehungsweise „Non-Sovereign Risk" bezeichnet, wenn diese Akteure nicht im Namen beziehungsweise im Sinne der Gebietskörperschaft handeln [9]. Abb. 2.1 illustriert die resultierenden Definitionen politischer Risiken.

Wir erkennen an, dass im Falle schwacher Institutionen beziehungsweise mangels gesellschaftlichen Konsenses die Grenze zwischen Sovereign und Non-Sovereign Risk fließend werden kann. Aus mehreren Gründen erweitern wir unseren Begriff politischer Risiken aber nicht in dieser Form, sondern klammern gesetzeswidrige Handlungen politischer

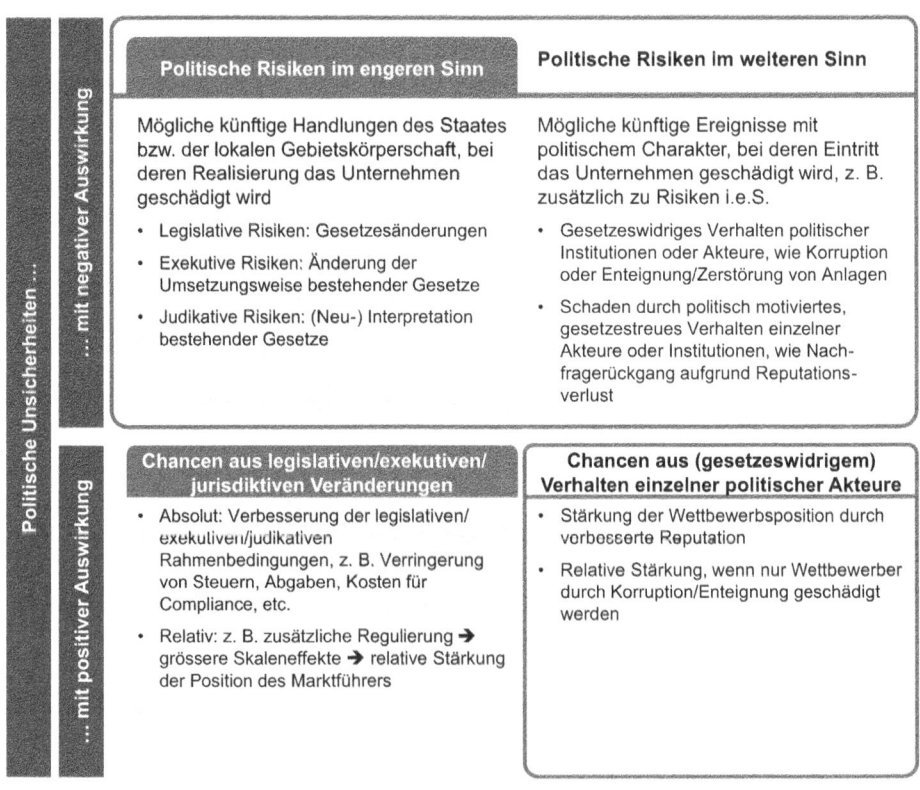

Abb. 2.1 Vergleich unterschiedlicher Definitionen für politische Risiken

Akteure bewusst aus: Erstens ist unklar, ob gesetzeswidrige Akteure wirklich aus politischen Motiven agieren oder diese nur vorschieben. Zweitens besteht bei solchen Aktivitäten ein fließender Übergang zu Kriminalität und Korruption. Drittens unterscheidet sich der Umgang mit solchen Risiken grundsätzlich, wenn sich das Unternehmen beispielsweise des Rechtsstaates bedienen kann, um das Non-Sovereign Risk abzuwenden.

2.1.4 Politische Veränderungen als positiver Werttreiber

Der Begriff des Risikos impliziert eine Ungewissheit. Diese kann auch positive Auswirkungen auf das Unternehmen haben: Veränderungen legislativer, exekutiver oder judikativer Natur können die Situation des Unternehmens sowohl *absolut* als auch *relativ zu den Wettbewerbern* verbessern [6].

Eine absolute Verbesserung kann aus der Reduktion geschäftshinderlicher Vorschriften, Steuern etc. folgen. Ein wesentliches Beispiel in der Geschichte der Bundesrepublik Deutschland hierfür ist die Aufhebung staatlicher Preiskontrollen durch Ludwig Erhard im Jahr 1948, die eine notwendige Voraussetzung für das starke Wachstum der deutschen Wirtschaftskraft in den folgenden Jahrzehnten war. Aus damaliger Sicht war die Entscheidung Erhards durchaus überraschend und gereichte einigen Marktteilnehmern kurzfristig zum Nachteil.

Eine relative Verbesserung liegt vor, falls sich das Unternehmen die Veränderung der Spielregeln zunutze machen kann. So können durch zusätzliche Regulierung Wettbewerbshürden vergrößert beziehungsweise Skaleneffekte verstärkt werden. Häufig profitieren hiervon etablierte und marktführende Unternehmen. Zusätzliche Anforderungen an den Datenschutz führen beispielsweise indirekt zur Verdrängung kleinerer Informationsplattformen und stärken damit die quasi-Monopolstellung der großen Plattformen. Solche Marktführer tragen dagegen möglicherweise höhere Risiken im Bereich des Kartellrechts.

Die Möglichkeiten, strategische Vorteile aus Risiken zu ziehen, stehen im Fokus des strategischen Risikomanagements. Wir behandeln das Thema für unsere Risikoklasse in Kap. 6 und 7.

2.2 Entstehung politischer Risiken

Wie entstehen politische Risiken? Zur Beantwortung dieser Frage untersuchen wir zunächst, in welcher Beziehung politische Risiken zu anderen Risikokategorien stehen. Auf oberster Ebene kann man zwischen menschengemachten Risiken und Naturrisiken unterscheiden. Naturrisiken sowie Risiken aus unabsichtlichen Handlungen wie z. B. Arbeits- oder Verkehrsunfälle lassen sich, bei ausreichender Datenlage, statistisch untersuchen. Menschengemachte Risiken wiederum können Folge absichtlicher oder unabsichtlicher Handlungen sein.

Politische Risiken dagegen resultieren qua Definition aus absichtlichen menschlichen Handlungen und sind, wie der freie menschliche Wille generell, statistisch nicht fassbar. Unter der Annahme rationaler Akteure können allerdings Anreize untersucht werden, um deren Handlungen zu erklären beziehungsweise vorherzusagen. Diese Zielsetzung verfolgt die Public Choice Theory [10]. In jüngerer Zeit wurden auch Gesellschaftssimulationen herangezogen, um politische Risiken zu erklären beziehungsweise vorherzusagen [19] oder es wurde der Versuch unternommen, die politische Strategie der „Unvorhersagbarkeit" zu beschreiben [20].

Monti-Belkaoui et al. [6] führen neben solchen Akteur-basierten Theorien fünf weitere Erklärungsansätze auf:

- Relative deprivation approach: Die Erklärung, dass sich die Jurisdiktion beziehungsweise die in ihr ansässige Bevölkerung gegenüber dem Unternehmen benachteiligt fühlt, wodurch es zu politischer Instabilität kommt.
- Product/venture approach: Die Untersuchung, welche Produkte oder Aktivitäten von politischen Risiken speziell betroffen sind. Dies ist eigentlich eine Kategorisierung und kein Erklärungsansatz.
- Structural approach: Dito für spezifische Industrien, Organisationen oder Projekte.
- Bargaining Power Approach: Die Untersuchung, wie sich die Verhandlungsmacht des Unternehmens gegenüber der Jurisdiktion darstellt.
- Government-type approach: Die Untersuchung, welche Regierungsformen für bestimmte politische Risiken anfällig sind.

Wir können politische Risiken aber auch aus einer grundlegenden Analyse absichtlicher menschlicher Handlungen ableiten. Dem gehen wir im Appendix Kap. 9 nach. Aus dieser Perspektive zielen politische Handlungen darauf ab, die Bürger und Unternehmen durch angedrohte Sanktionen zu bestimmten Verhaltensweisen zu bewegen. Ein einfaches Beispiel ist die Strafe im Falle rechtswidrig geringer Steuerzahlung, also bei Steuerhinterziehung beziehungsweise -betrug.

Diese Form menschlicher Interaktion ist nicht auf politische Akteure begrenzt. Vielmehr stehen drohungsbasierte oder sogenannte kratische Handlungen den Menschen generell zur Verfügung. Im Falle politischer Akteure erzielen sie aber – aufgrund des staatlichen Gewaltmonopols – eine sehr hohe Wirksamkeit beziehungsweise Erfolgsquote. Insofern liegt es nahe, dass hiervon rege Gebrauch gemacht wird. Politische Risiken entstehen demnach einfach aufgrund der Tatsache, dass Menschen und menschliche Institutionen ihre Ziele auch auf Basis von Drohungen erreichen können. Diesen Ansatz betrachten wir als zentral, um die Genese politischer Risiken zu erklären.

Die ethisch fragwürdige Tatsache, dass das Staatswesen im Kern auf Drohungen basiert, hat Rousseau (1762) mit dem Postulat eines „Gesellschaftsvertrages" zu entkräften versucht [24]. Gebel (2018) weist allerdings darauf hin, dass ein Vertrag definiert ist als eine Vereinbarung zwischen zwei oder mehr Parteien, die nicht einseitig durch eine Partei geändert werden kann. Der Gesetzeskodex heutiger Staaten wird kontinuierlich verändert und kann demnach kein Vertrag sein; dies gilt gleichermaßen für Verfassungen, auch wenn die Frequenz der Veränderungen hier niedriger ist. Eine Jurisdiktion, die dagegen mit ihren Bürgern auf Basis eines expliziten, nicht einseitig änderbaren Vertrages interagiert, böte, zumindest im Innenverhältnis, minimale politische Risiken [25].

Betrachtet man aus dieser Perspektive die Jurisdiktion als eine Gegenpartei des Unternehmens, so stellt sich die Frage nach der relativen Verhandlungsmacht, die wir in Abschn. 5.2 wieder aufgreifen. Nachdem wir politische Risiken definiert und ihren Ursprung illustriert haben, unternehmen wir es nun, sie auf ihre möglichen Ausprägungen hin zu untersuchen.

2.3 Ausprägungen politischer Risiken

Zur Klassifizierung politischer Risiken kann man auf die Literatur im Zusammenhang mit Investitionsrisiken in Entwicklungsländern zurückgreifen. Wir vertiefen hier die Einteilung anhand der Werttreiber des Unternehmens, die sich besonders gut für die spätere Risikobewertung eignet.

2.3.1 Unterschiedliche Einteilungen in der Literatur

Die in der Literatur verwendeten Klassifizierungen lassen sich auf insgesamt vier unterschiedliche Einteilungsmethoden verdichten [6, 11–13], siehe Abb. 2.2:

1. Die Einteilung nach der sogenannten *Spezifität* des Risikos, also konkret die Frage, ob das Risiko (i) ausschließlich das eigene Unternehmen betrifft, (ii) die Branche beziehungsweise Industrie, in der das Unternehmen tätig ist oder (iii) die gesamte Volkswirtschaft. Ein Beispiel für Letztere sind politisch verursachte Währungsschwankungen;

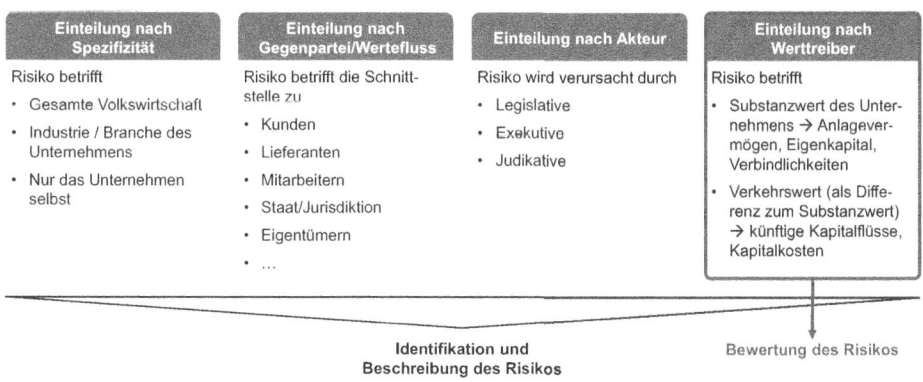

Abb. 2.2 Überblick über unterschiedliche Einteilungen politischer Risiken

Volkswirtschaft	Industrie	Unternehmen
• Währungskurs-Schwankungen • Konjunktur-entwicklung • Schuldenkrisen einzelner Länder • Regelungen Import/Export, z. B. Zölle • ...	• Gesetzliche Vorgaben und Richtlinien, z. B. bzgl. Emissionen, Netzentgelte ... • Förderungen oder Verbote, z. B. spezifischer Produktionsmethoden • Starke Marktveränderungen, z. B. Verschiebung von Angebot und Nachfrage • ...	• Enteignungen durch den Staat • Spezifische Risiken für die Eigentümer • Kundenrisiken, z. B. durch Entwicklungen Industrien • Politische Risiken für die Kunden des Unternehmens • ...

Abb. 2.3 Einteilung nach Spezifizität

für die zweitgenannte Gruppe sind industriespezifische Regulierungen zu nennen; ein unternehmensspezifisches Risiko wäre das Risiko der Enteignung aufgrund politischer Missliebigkeit (s. Abb. 2.3).

2. Die Einteilung nach dem vom Risiko betroffenen *Wertefluss* beziehungsweise der betroffenen Vertragsbeziehung, also z. B. zu Kunden (Erhöhung der Mehrwertsteuer oder Zölle, Verbot von Lieferungen in bestimmte Regionen, Verschärfung der Produkthaftung etc.), Lieferanten (Beispiele analog zu „Kunden"), Mitarbeitern (Änderungen im Arbeitsrecht, Erhöhung von Abgaben, etc.), den Eigentümern (Erhöhung Dividendensteuer, Auflagen betreffend Eigentümertransparenz, etc.) oder direkt dem Staat oder einer seiner untergeordneten Gebietskörperschaften (Gewinnsteuern, Abgaben, etc.).

3. Die Einteilung nach dem *Akteur*, im Falle von politischen Risiken also beispielsweise nach Risiken, die die Legislative, die Exekutive oder die Judikative verursacht.

4. Die Einteilung nach den Werttreibern des Unternehmens, die wir im folgenden Abschnitt vertiefen werden. Dabei verwenden wir den Begriff des Werttreibers im finanziellen Sinn, zwecks Einfachheit und Quantifizierbarkeit. Durchaus ist auch eine Einteilung z. B. nach den Treibern der Wettbewerbsvorteile möglich. Die von uns verwendete Methodik hat aber einerseits den Vorteil, dass sie für praktisch alle Unternehmen anwendbar ist, andererseits nicht bei einer Änderung des Geschäftsmodells oder der strategischen Erfolgspositionen des Unternehmens überarbeitet werden muss.

2.3.2   Einteilung nach den finanziellen Werttreibern

Für die Einteilung politischer Risiken nach den finanziellen Werttreibern rufen wir uns die Definition politischer Risiken in Erinnerung: Sie sind mögliche künftige Aktionen des Staates beziehungsweise der Gebietskörperschaft, bei deren Realisierung der Unternehmenswert reduziert wird. Wir untersuchen deshalb mögliche Risikoarten entlang von Bilanz sowie Gewinn- und Verlustrechnung des Unternehmens, im Sinne der Determinanten des Unternehmenswertes. Die Bilanz führt dabei auf den Substanz- oder Buchwert.[3] Die

---

[3] Ohne Berücksichtigung eines etwaigen Goodwills, der die Differenz zum Marktwert einbringt

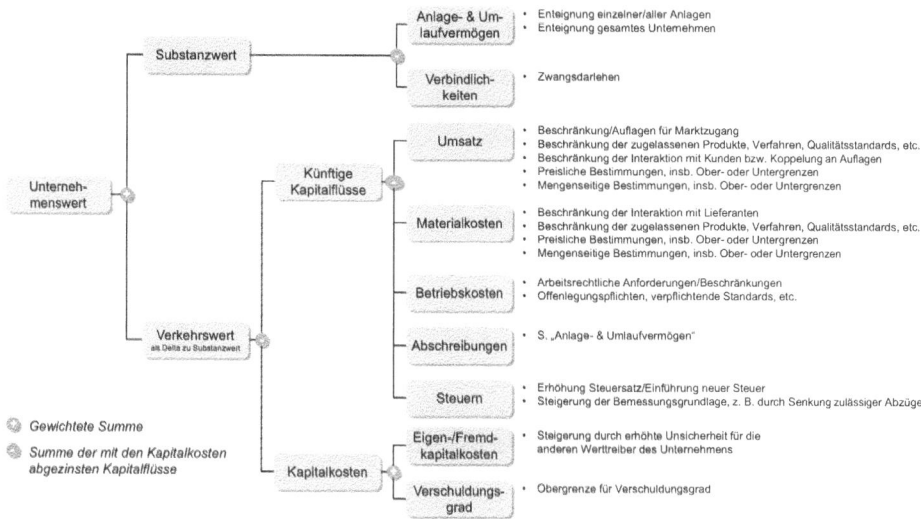

Abb. 2.4 Einteilung politischer Risiken nach Werttreibern

Gewinn- und Verlustrechnung dagegen treibt, zusammen mit den Kapitalkosten, die zu-
künftigen diskontierten Kapitalflüsse und damit den Verkehrs- oder Marktwert.[4] Im Folgenden ordnen wir den buchhalterischen Positionen diejenigen politischen Risiken zu, die
deren Wert nachteilig beeinflussen können, siehe Abb. 2.4.

Zur Illustration berücksichtigen wir bei der folgenden phänomenologischen Auflis-
tung auch die Dimensionen „Selektivität", „Unternehmenselemente" (beziehungsweise
Schnittstellen) und „Akteur". Sprich, wir zeigen auf,

a. welche Schnittstelle das Risiko typischerweise betrifft: zu Kunden, Lieferanten, Mitar-
beitenden oder direkt dem Staat,
b. ob das Risiko typischerweise die gesamte Volkswirtschaft, die jeweilige Branche/In-
dustrie oder das spezifische Unternehmen betrifft sowie
c. ob das Risiko typischerweise durch die Legislative oder Exekutive verursacht wird.

Substanzwert Risiken, die den Substanzwert des Unternehmens betreffen, gehen, wie
der Begriff bereits zeigt, an die Substanz des Unternehmens und sind deshalb fundamentaler Natur. Entsprechend treten sie typischerweise in Staaten beziehungsweise Szenarien
auf, in denen grundlegende Sicherheiten nicht mehr bestehen. Grob gesagt, geht es hierbei
um teilweise oder vollständige Enteignungen sowie Zwangsdarlehen oder -hypotheken.

---

[4] Streng genommen ist dies der Kapitalfluss. Für unsere Zwecke spielen perioden bezogene Effekte
aber eine nachgelagerte Rolle, weshalb wir den geläufigeren Begriffen der Gewinn- und Verlustrechnung den Vorzug geben.

Tab. 2.1 Politische Risiken betreffend Substanzwert

Position	Schadenswirkung auf die Position	Mögliches Schadensereignis	Spezifizität	Schnitt-stelle	Akteur
Anlage-vermögen.	Reduktion	Enteignung einzelner oder aller Anlagen des Unternehmens	Unternehmen; Industrie/Branche	Staat	Legislative/ Exekutive
Verbind-lichkeiten	Erhöhung	Zwangsdarlehen	Unternehmen; Industrie/Branche; Volkswirtschaft	Staat	Legislative/ Exekutive
Eigenkapital	Übertragung	Enteignung der Eigentümer	Unternehmen; Industrie/Branche	Staat	Legislative/ Exekutive

Untersuchen wir mögliche Risikoarten nach den obersten Positionen der Bilanz, so ergibt sich die folgende Tabelle (Tab. 2.1):

Verkehrswert 1 – künftige Kapitalflüsse Entsprechend der klassischen Nettobarwertmethode zerlegen wir den Verkehrswert des Unternehmens in die beiden Elemente der künftigen Kapitalflüsse sowie der Kapitalkosten. Beeinträchtigungen der künftigen Kapitalflüsse werden als weniger drastisch empfunden als Reduktionen des Substanzwertes. In entwickelten und stabilen Volkswirtschaften ist dies mit Abstand die vorherrschende Variante, die in mannigfaltiger Ausprägung auftritt.

Die folgende Tabelle bietet einen illustrativen Überblick; weitere spezifische Risikoarten sind denkbar. Der Einfachheit halber arbeiten wir entlang der Gewinn- und Verlustrechnung, aus der die Kapitalflussrechnung abgeleitet werden kann (Tab. 2.2).

Verkehrswert 2 – Kapitalkosten Die Kapitalkosten der Firma werden zumeist nur indirekt durch politische Schadensereignisse beeinflusst. Gleichwohl können diese Ereignisse wesentliche Auswirkungen haben, kurzfristig sowie langfristig.

Die folgende Tabelle zeigt wieder illustrativ die wichtigsten Risikoarten auf. Weitere spezifische Risiken sind denkbar (Tab. 2.3).

Zusammenfassend beurteilen wir die drei Risikoklassen, die sich aus der Einteilung anhand der finanziellen Werttreiber ergeben wie folgt:

- Risiken betreffend den Substanzwert sind fundamentaler Natur und treten typischerweise in politischen Krisensituationen sowie instabilen Staaten auf;
- Risiken betreffend die künftigen Kapitalflüsse werden zumeist durch die Legislative verursacht, können leichte bis fundamental schwere Auswirkungen haben und in allen Situationen und Jurisdiktionen auftreten;

Tab. 2.2 Politische Risiken betreffend kurzfristige Kapitalflüsse

Position	Schadenswirkung auf die Position	Mögliches Schadensereignis	Spezifizität	Schnittstelle.	Akteur
Umsatz	Reduktion	Beschränkung beziehungsweise Auflagen für den generellen Marktzugang (Inland/Ausland)	Industrie/Branche; Volkswirtschaft	Kunde	Legislative
		Beschränkung der zugelassenen Produkte, Verfahren, Qualitätsstandards, etc.			
		Beschränkung der Interaktion mit Kunden beziehungsweise Kopplung an Auflagen			
		Preisrelevante Bestimmungen, insb. Ober- oder Untergrenzen			
		Mengenrelevante Bestimmungen, insb. Ober- oder Untergrenzen			
		Erhöhung Mehrwertsteuer: indirekte Auswirkung durch Reduktion Nachfrage, je nach Elastizität auch relevant für die Materialkosten			
Materialkosten.	Erhöhung	Beschränkung beziehungsweise Auflagen für Interaktion mit Lieferanten (Inland/Ausland)	Industrie/Branche; Volkswirtschaft	Lieferant	Legislative
		Beschränkung der zugelassenen Produkte, Verfahren, Qualitätsstandards, etc.			
		Preisrelevante Bestimmungen, insb. Ober- oder Untergrenzen			
		Mengenrelevante Bestimmungen, insb. Ober- oder Untergrenzen			
Operative Kosten	Erhöhung	Zusätzliche Auflagen im Arbeitsrecht, z. B. Verschärfung Kündigungsschutz	Industrie/Branche; Volkswirtschaft	Mitarbeiter	Legislative
		Erhöhung Sozialabgaben			
		Einführung/Erhöhung Mindestlöhne			
Operative Kosten	Erhöhung	Verschärfung Compliance- beziehungsweise Transparenz-Anforderungen, z. B. neue Offenlegungspflichten, regulatorische Reports, etc.	Industrie/Branche; Volkswirtschaft	Staat	Legislative
Zinsen	Erhöhung	Siehe nächster Abschnitt „Kapitalkosten"	Industrie/Branche; Volkswirtschaft	Staat	Legislative
Steuern	Erhöhung	Erhöhung Gewinnsteuern	Volkswirtschaft	Staat	Legislative

Tab. 2.3 Politische Risiken betreffend Kapitalkosten

Position	Schadens-wirkung auf die Position	Mögliches Schadensereignis	Spezifizität	Schnittstelle.	Akteur
Fremd-kapital-kosten	Erhöhung	Steigerung Zentralbankzinssätze ("risk free rate")	Volkswirtschaft	Fremdka-pitalgeber	Exekutive
		Indirekt: Erhöhung allgemeiner wirtschaftlicher Unsicherheiten und damit der Zinssätze	Volkswirtschaft; Industrie/Branche		Exekutive/ Legislative
Eigenka-pitalkosten	Erhöhung	*Indirekt: Erhöhung allgemeiner wirtschaftlicher Unsicherheiten und damit der Renditeerwartungen der Eigentümer*	Volkswirtschaft; Industrie/Branche	Eigentümer	Exekutive/ Legislative

- Risiken betreffend die Kapitalkosten werden zumeist indirekt durch die Erhöhung allgemeiner Unsicherheiten getrieben, mit der Ausnahme der sogenannten „Risk Free Rate", die ihrerseits maßgeblich durch die Politik der jeweiligen Zentralbank beeinflusst wird.

Zur Illustration ordnen wir in Abb. 2.5 die aufgezeigten Beispiele für politische Risiken den anderen Kategorisierungen zu und schätzen ab, wie häufig beziehungsweise typisch ein bestimmtes Risiko ist.

2.4   Zuordnung politischer Risiken auf das Investitionsportfolio

Die Einteilung politischer Risiken nach den finanziellen Werttreibern des Unternehmens bildet die Grundlage für die quantitative Analyse dieser Risiken. Auch die Fragestellung, wie mit den Risiken umzugehen ist, kann leichter mittels einer quantitativen Bewertung beantwortet werden, wenn das Risiko entlang der finanziellen Werttreiber beschrieben wurde.

Aus einer anderen Perspektive kann man die politischen Risiken auch den unterschiedlichen *Investitionen des Unternehmens* zuordnen. Man unterteilt hierfür das Unternehmen in disjunkte Bereiche, die jeweils einer – bereits getätigten – Investition entsprechen. Dies kann man sich als eine „virtuelle Filetierung" vorstellen, also als gedachte Zerlegung des Unternehmens zwecks Verkaufs der Einzelteile. Mögliche zusätzliche Aktivitäten werden als potenzielle Investitionen erfasst. Anstelle von Investitionen können wir auch von den

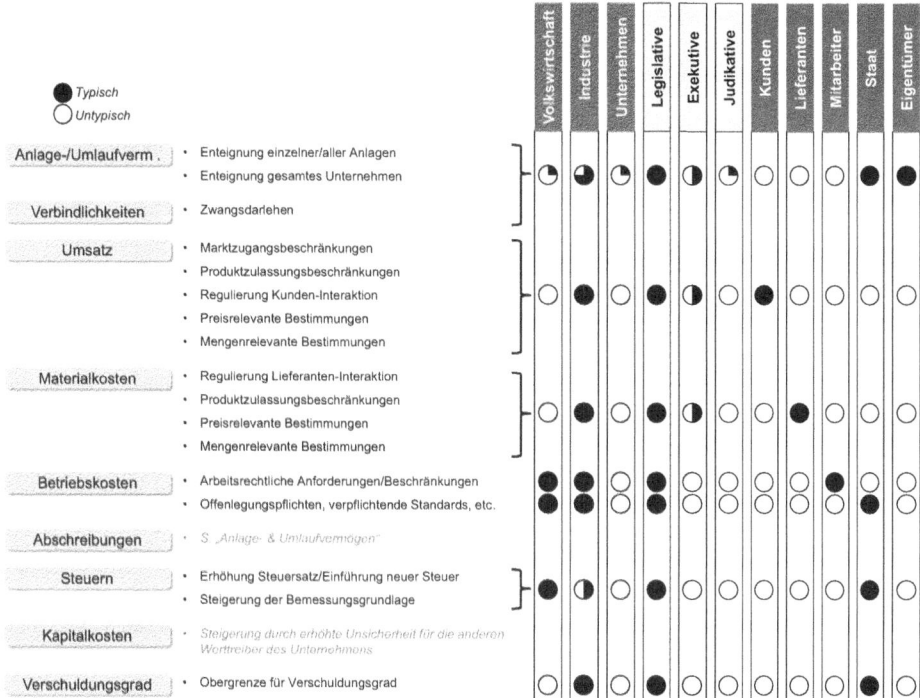

Abb. 2.5 Zuordnung der Werttreiber-Risikoarten auf andere Dimensionen

Elementen im strategischen Portfolio des Unternehmens sprechen. Die Filetierung kann entlang von Geschäftsfeldern, Geographien, Produkten, Technologien und weiteren Dimensionen erfolgen. Wesentlich ist, dass die tatsächliche Durchführung der Filetierung prinzipiell möglich wäre. Bestandteile des Unternehmens, die nicht in dieser Form separiert werden können, sollten auch nicht als Elemente des Investitionsportfolios behandelt werden.

Unsere Zielsetzung besteht nun darin, das Unternehmen gedanklich so zu schneiden, dass die politischen Risiken möglichst eindeutig auf die strategischen Elemente oder Investitionen zuordenbar sind. Mit anderen Worten sollten möglichst wenige Risiken mehr als ein strategisches Element betreffen. Für einige Risikoarten, wie beispielsweise die Erhöhung des Gewinnsteuersatzes am heutigen Unternehmensstandort, wird das nicht gelingen. In diesem Fall kann man das Risiko anteilig mithilfe eines Schlüssels den strategischen Elementen zuordnen. Andere Risiken sind aber eindeutig zuordenbar, wie beispielsweise solche im Zusammenhang mit der Genehmigung oder Förderung spezifischer Technologien oder Produktionsverfahren.

Im Folgenden ordnen wir exemplarisch die oben aufgeführten Risikokategorien den strategischen Elementen des Unternehmens zu. Diese Form der Zuordnung greifen wir in Abschn. 6.3 auf, wo sie die Basis für das strategische Portfoliomanagement im Zusammenhang mit den politischen Risiken bildet (Tab. 2.4).

Tab. 2.4 Zuordnung von Risiken auf das Investitionsportfolio

Position	Mögliches Schadensereignis	Zuordenbarkeit (typischerweise)
Anlagevermögen.	Enteignung einzelner oder aller Anlagen des Unternehmens	Zuordnung auf einzelne Anlagen, mithin auch auf strategische Elemente, direkt möglich
Verbindlichkeiten/ Eigenkapital	Zwangsdarlehen; Enteignung der Eigentümer	Mithilfe eines Kapitalschlüssels indirekt zuordenbar
Umsatz/ Materialkosten.	Zugangsbeschränkungen; preis- oder mengenseitige Bestimmungen; Erhöhung Mehrwertsteuer	Meist direkt auf strategische Elemente zuordenbar, z. B. auf Produktgruppen oder Kundensegmente
Operative Kosten	Verschärfung Arbeitsrecht; Compliance-Anforderungen, etc.	Mithilfe eines Kostenschlüssels indirekt zuordenbar
Zinsen/Steuern/ Kapitalkosten	Erhöhung der jeweiligen Kostensätze	Mithilfe eines Kostenschlüssels indirekt zuordenbar

2.5   Bedeutung und Treiber politischer Risiken

In diesem Abschnitt unternehmen wir den Versuch, die Bedeutung politischer Risiken zu beurteilen. Wir unterteilen die Betrachtung in eine volks- und eine betriebswirtschaftliche Analyse. Abschließend untersuchen wir die Treiber politischer Risiken.

2.5.1   Volkswirtschaftliche Bedeutung

Die volkswirtschaftliche Disziplin ist charakterisiert durch die Herausforderung, das hoch komplexe Zusammenspiel einer riesigen Anzahl von Wirtschaftssubjekten zu beschreiben. Insbesondere ist das Untersuchungsobjekt in Raum und Zeit immer einmalig – es lassen sich beispielsweise nicht für dasselbe Land zur selben Zeit unterschiedliche politische Situationen herbeiführen beziehungsweise beobachten. Die gute heutige Datenlage erlaubt zwar breit angelegte empirische Studien, wie z. B. die Metastudie zur volkswirtschaftlichen Auswirkung politischer Risiken in [23]. Es verbleibt aber immer die Möglichkeit, dass die beobachteten Korrelationen nicht in der angenommenen, sondern in einer unvermuteten Kausalität begründet sind.

Wir wollen uns hier darauf beschränken, die volkswirtschaftliche Bedeutung politischer Risiken anhand bekannter Indikatoren grob abzuschätzen. Wir gehen dabei aber nicht auf Branchen- oder Unternehmensspezifika ein. Dies würde den Umfang des Buches sprengen. Auf der Suche nach solchen Indikatoren fallen die sogenannten Länderrisiken ins Auge. Wikipedia bietet hierfür die folgende Definition [14]:

▶ Das **Länderrisiko** (englisch country risk) bezeichnet in der Außenwirtschaft die speziellen Verlustrisiken, denen ein Gläubiger oder Unternehmer ausgesetzt ist, etwa aus dem Export/Import, Investitionen oder aus Finanzprodukten von Kreditinstituten, welche die Durchsetzung von Forderungen gegenüber ausländischen Vertragspartnern beziehungsweise den Kapitaleinsatz und erwartete Gewinne bedrohen. Krisensituationen können ein Land zwingen, vereinbarte Zins- und Tilgungsleistungen des Staates selbst oder dort ansässiger Schuldner ganz oder teilweise ausfallen zu lassen. Dies schließt die mangelnde Erfüllung von Verpflichtungen aus Wertpapieren aller Art oder Derivaten ein.

Länderrisiken umfassen demnach nicht ausschließlich politische Risiken, sondern auch solche, die durch nicht-staatliche Vertragspartner in einem bestimmten Land verursacht werden. Wenn man allerdings davon ausgeht, dass solcherlei Risiken in einem gut funktionierenden Staat durch die Judikative quasi versichert werden (z. B., dass ein säumiger Schuldner wirksam durch das zuständige Gericht zur Zahlung verurteilt wird), so lassen sich solche Fälle als ein „indirektes" politisches Risiko beschreiben. Diese Sicht entspricht dem Anspruch der Staaten auf das Gewaltmonopol in ihrem jeweiligen Territorium. Bekaert et al. (2014) stellen zudem eine Methode vor, um nicht-politische Faktoren aus den Länderrisiken herauszufiltern [22].

Länderrisiken werden von unterschiedlichen Institutionen regelmässig bewertet, z. B. von Großbanken oder im International Country Risk Guide (ICRG), der monatlich insgesamt 12 Risikokomponenten analysiert [15]:

- Stabilität der Regierung (max. 12 Punkte)
- Sozioökonomische Situation (max. 12 Punkte)
- Investitionsprofil (max. 12 Punkte)
- Interne Konflikte (max. 12 Punkte)
- Externe Konflikte (max. 12 Punkte)
- Korruption (max. 6 Punkte)
- Rolle des Militärs in der Politik (max. 6 Punkte)
- Religiöse Spannungen (max. 6 Punkte)
- Recht und Ordnung (max. 6 Punkte)
- Ethnische Spannungen (max. 6 Punkte)
- Demokratische Rechenschaftspflicht (max. 6 Punkte)
- Qualität der Bürokratie (max. 4 Punkte)

Der Maximalwert von 100 Punkten für ein Land entspricht dabei einem minimalen Länderrisiko.

In Entwicklungsländern korrelieren diese Risiken mit den Renditeerwartungen für einen Korb führender Aktientitel [16]. In Industrieländern ist diese Korrelation schwach bis gar nicht ausgeprägt. Möglicherweise, weil ein Investor das Länderrisiko aufgrund der höheren Liquidität der dortigen Kapitalmärkte relativ gut diversifizieren kann [17]. Dieser Sachverhalt besteht allerdings nur für liquide Wertpapiere und nicht für wenig fungible Investitionen. Es ist deshalb davon auszugehen, dass das Länderrisiko mit den Kapitalkosten für solche Investitionen korreliert. Das Länderrisiko wird deshalb häufig als Indikator für die landesspezifischen Kapitalkosten herangezogen.

Die volkswirtschaftliche Bedeutung der Länder- und damit auch der politischen Risiken ist demnach immens: Eine Verschlechterung des ICRG Composite Indices um 20 % des Maximalwertes von 100 Punkten – also um 20 absolute Punkte – entspricht gemäß Harveys Analyse einer Erhöhung der durchschnittlichen landesweiten Kapitalkosten um 5 %. Eine Verschlechterung um 20 % wird dabei beispielsweise in der Einzelkategorie „Jährliches Wachstum des Bruttoinlandproduktes" bei einer Reduktion von 2 % auf 0 % jährlichen Wachstums erreicht. Andere Kategorien reagieren weniger sensitiv auf typische Schwankungen.

▶   Wir halten fest, dass politische Risiken fundamentale Auswirkungen auf eine Volkswirtschaft haben können und einen – wenn nicht den – zentralen Risikofaktor darstellen.

Damit wird deutlich, dass politische Risiken von einer verantwortungsvollen Unternehmensführung nicht vernachlässigt werden dürfen. Vielmehr werden sie in vielen Fällen strategische Relevanz aufweisen.

2.5.2 Betriebswirtschaftliche Bedeutung

Während der negative Einfluss politischer Risiken auf die gesamte Volkswirtschaft kaum angezweifelt wird, ist die Frage nach dem konkreten betriebswirtschaftlichen Schaden einer bestimmten politischen Maßnahme typischerweise Gegenstand der politischen Debatte. Wir erheben keinen Anspruch darauf, allen möglichen oder beliebten Standpunkten gerecht zu werden.

Eine generische Analyse des betriebswirtschaftlichen Schadensumfanges beziehungsweise der Schadenshöhe von außen hat insbesondere damit zu kämpfen, dass die fraglichen Unternehmen durchaus auf den Eintritt eines politischen Risikos reagieren können; deshalb ja auch dieses Buch. Ein Schaden, der dem Unternehmen bei Inaktivität entstünde, kann beispielsweise reduziert oder sogar eliminiert werden. Ein Vergleich der Unternehmenswerte vor und nach Eintritt des Risikos kann den Einfluss dieser Reaktionen genauso wenig auflösen wie andere Treiber.

In aller Regel kann das Unternehmen selbst die spezifische Analyse der Schadenshöhe am besten durchführen. Außenstehende mit einer detaillierten Sicht auf das Geschäftsmodell, die Werteflüsse sowie die Entscheider des Unternehmens könnten eine solche spezifische Analyse ebenfalls durchführen, wie dies in einschlägigen Analystenreports durchaus geschieht. Auf die entsprechende Bewertungsmethodik aus Sicht des Unternehmens gehen wir in Abschn. 4.2 ein.

Letztendlich entspricht die oben behandelte volkswirtschaftliche Auswirkung politischer Risiken der Summe der – positiven sowie negativen – Auswirkungen auf die Wirtschaftssubjekte. Es liegt auf der Hand, dass ein konkretes Schadensereignis bestimmte Industrien beziehungsweise einzelne Unternehmen unterschiedlich stark betrifft. So kann eine Gesetzesänderung für einige Unternehmen die Insolvenz nach sich ziehen, während andere davon profitieren.

2.5.3 Treiber politischer Risiken

In diesem Abschnitt gehen wir kurz auf übergreifende Treiber politischer Risiken in einer Jurisdiktion ein. Diese Betrachtung ist nicht trennscharf zur obigen für die volkswirtschaftliche Bedeutung politischer Risiken, weshalb wir jeweils auf die wichtigsten bereits genannten Aspekte referenzieren. Aus den Treibern lassen sich Schlüsse über die Eintrittswahrscheinlichkeit der Risiken ziehen. Die für das spezifische Unternehmen relevante Einschätzung der Eintrittswahrscheinlichkeit konkreter Risiken erfolgt dagegen in Abschn. 4.2.

Wir unterscheiden zwischen den beiden wesentlichen Gruppen von Akteuren, mit denen eine spezifische Jurisdiktion in Verbindung steht: der „innenpolitischen" Gruppe der Einwohner, Wähler, Steuerzahler etc. sowie der „außenpolitischen" Gruppe der anderen Jurisdiktionen, seien diese alliiert, rivalisierend oder neutral. Zusätzliche Komplexität, die aufgrund möglicher Interessenskonflikte zwischen unterschiedlichen Vertretern der Jurisdiktion entsteht, wollen wir im Folgenden vernachlässigen.

Die folgende Betrachtung ist eine qualitative; die Quantifizierung der Treiber beziehungsweise der Eintrittswahrscheinlichkeiten auf volkswirtschaftlicher Ebene bedürfte weiterer Arbeiten, wie wir auch in Kap. 8 ansprechen.

Innenpolitische Treiber Innenpolitisch sehen sich die allermeisten Jurisdiktionen deutlich schwächeren Akteuren gegenüber, sowohl in physikalisch-militärischer als auch ökonomischer Hinsicht. Es verbleibt aber die Problematik der Legitimierung (beziehungsweise Zustimmung, Unterstützung, Identifizierung), die für den langfristigen Erfolg der Jurisdiktion und ihrer Vertreter sehr relevant ist. Legitimierung wiederum wird durch vielfältige Faktoren beeinflusst, die sich grob in wirtschaftliche sowie moralisch-kulturelle unterscheiden lassen. Letztere sind schwerer quantifizierbar, deshalb aber keinesfalls weniger bedeutend als Erstere.

Shapiro (1985) untersucht spezifisch die Treiber politischer Risiken in Entwicklungsländern [7]. Insbesondere erwähnt er die folgenden Treiber:

- Hohe Staatsverschuldung, gemessen in Debt/GDP;
- Hohes Geldmengenwachstum bei fixiertem Wechselkurs zu einer Währung eines Industrielandes;
- Hohe staatliche Ausgaben mit geringem Return;
- Preiskontrollen, Zinsdeckelungen, Handelsbeschränkungen und andere Einschränkungen des Preismechanismus;
- Eine Erwartungshaltung der Bevölkerung – und deren Bedienung durch die Politik –, die auf die Erhöhung des Lebensstandards durch staatliche Leistungen abzielen.

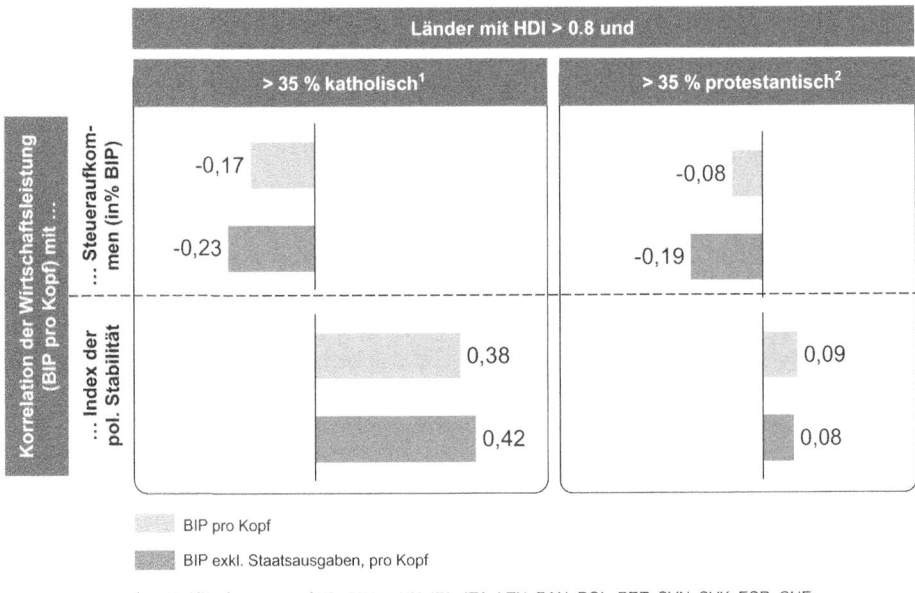

Abb. 2.6 Abschätzung volkswirtschaftlicher Schäden

Für Industrieländer analysieren wir im ersten Schritt, auf Basis der Länderdaten von The Global Economy, die Korrelation der Wirtschaftsleistung mit unterschiedlichen möglichen Treibern [18]. Wir fokussieren dabei auf Länder mit einem Human Development Index Wert über 0,8 („high") und relativer Dominanz des katholischen oder protestantischen Christentums, zwecks Bereinigung um etwaige kulturelle Faktoren. Es zeigt sich insbesondere für „katholische Länder" eine hohe Korrelation des BIP pro Kopf mit dem Index der politischen Stabilität sowie ein signifikanter negativer Zusammenhang zwischen Steueraufkommen und Wirtschaftskraft, s. Abb. 2.6.

Die höheren Werte für „katholische Länder" lassen sich indirekt mit der dort höheren Varianz im Wert des Index der politischen Stabilität erklären. Eine lineare Regression des BIP pro Kopf als Funktion des Index der politischen Stabilität ergibt für diese Ländergruppe eine Verbesserung des Index um den Wert 1, also um 20 % des maximalen Intervalls, auf dem der Index definiert ist, eine Erhöhung des BIP pro Kopf um rund 17.600 USD p.a. Klarerweise ist die Beziehung zwischen Wohlstand und politischer Stabilität keine ein- sondern eine wechselseitige. Gleichwohl ist dieser Wert beachtlich.

Im zweiten Schritt untersuchen wir die Treiber politischer Stabilität – Inflation, Staatsverschuldung und Arbeitslosigkeit. Abbildung Abb. 2.7 zeigt das Ergebnis der groben Analyse: Während Inflation und Arbeitslosigkeit die Konstituenten des Gemeinwesens direkt betreffen, ist der Zusammenhang bei der Staatsverschuldung indirekter Natur. Einerseits kann ein hoher Verschuldungsgrad darauf hinweisen, dass der Staat es in der Ver-

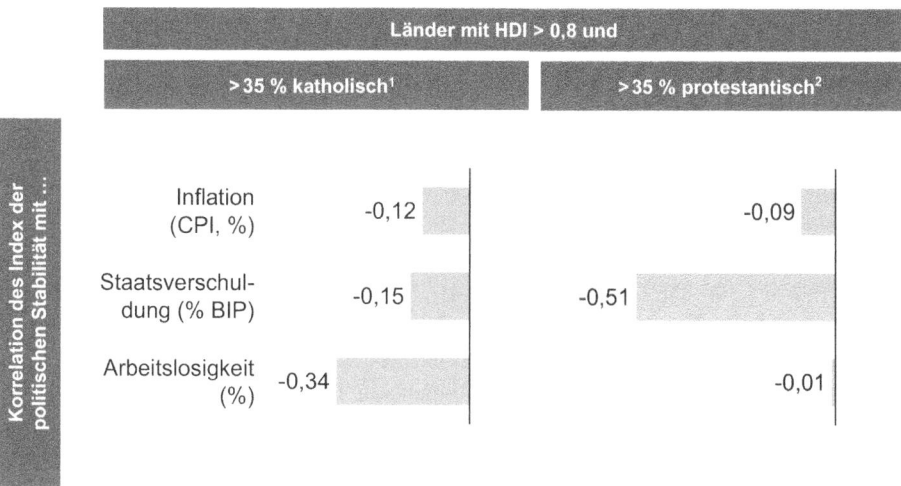

[1] AUT, BEL, CAN, HRV, CUB, FRA, HUN, IRL, ITA, LTU, PAN, POL, PRT, SVN, SVK, ESP, CHE
[2] AUS, CAN, DNK, FIN, DEU, NZL, NOR, SWE, CHE, GBR, USA
Quelle: https://www.theglobaleconomy.com/, eigene Berechnungen für verfügbare Daten der Jahre 2000–2020

Abb. 2.7 Destabilisierende Treiber

gangenheit für notwendig erachtet hat, mittels hoher Ausgaben die „Wähler bei Laune zu halten"; andererseits kann eine hohe Staatsverschuldung zur Erosion von Vertrauen in die Stabilität des Staates führen, was dann via Wahlen und Mediengebaren zu einer selbsterfüllenden Prophezeiung werden kann.

Diese grobe Analyse für Industrieländer mit HDI > 0,8 weist also ebenfalls in die Richtung, dass innenpolitische Probleme wesentliche Treiber von politischer Instabilität sind.

Neben diesen „harten", messbaren Kriterien kann auch die „Gesellschaftspsychologie" eine Rolle spielen, wenn es um die Bewertung der innenpolitischen Stabilität eines Staates geht. Strauss und Howe [26] beschreiben eine zyklische Bewegung einer solchen psychologischen Basis, der zufolge in regelmäßigen Abständen eine krisenhaftes Großereignis wie ein Krieg, eine Pandemie oder dergleichen eintrete.[5] Die Krisenzeit sei gekennzeichnet durch drastische und rasch vorgenommene Aktionen seitens der Zentralgewalt – mit anderen Worten, eine Zeit hoher politischer Unsicherheiten.

Zusammenfassend lässt sich sagen, dass sich in einer Jurisdiktion zu Zeiten hohen Drucks – sei er ökonomischer oder legitimatorisch psychologischer Natur – die Eintrittswahrscheinlichkeit politischer Risiken signifikant erhöht. Für das Unternehmen gilt es entsprechend, sich auf solche Phasen rechtzeitig vorzubereiten. Umgekehrt sinkt die Wahrscheinlichkeit dieser Risiken typischerweise, wenn ein innen- oder außenpolitischer Konflikt abschließend gelöst wurde, sowie in Zeiten spürbar steigenden Wohlstands.

---

[5] Die Autoren beschreiben vier Stadien à ca. 20 Jahren, wobei das vierte Stadium die Krise darstellt. Es ergeben sich Zyklen einer Gesamtdauer von ca. 80 Jahren, also von der Größenordnung eines Menschenlebens.

Außenpolitische Treiber So wie der Staat gegenüber seinen innenpolitischen „Gegen-parteien" unter Druck geraten kann, kann dies auch gegenüber seinen außenpolitischen „Gegenparteien" eintreten. Militärische Eskalationen oder sogenannte Wirtschaftskriege stellen dabei lediglich zwei von vielen Szenarien dar. Bereits eine relative Kräfteverschie-bung zuungunsten der lokalen Jurisdiktion gegenüber einem Wettbewerber kann erstere unter Druck setzen. Solch ein Druck kann destabilisierend wirken und die Eintrittswahr-scheinlichkeit politischer Risiken erhöhen.

Ein einfacher Indikator für die Sicht einer Jurisdiktion auf ihre Wettbewerber ist der Umgang mit deren Botschaftern sowie das Verhalten in internationalen Gremien, bei-spielsweise bei den Vereinten Nationen. Oftmals besteht zudem ein Zusammenhang zwi-schen der innen- und der außenpolitischen Dimension, beispielsweise, wenn die innenpo-litische Krise durch die Betonung einer äußeren Bedrohung eingehegt werden soll.

Langfristige Treiber Unabhängig von der aktuellen Lage der Jurisdiktion spielen auch langfristig stabile Faktoren eine Rolle. Hierzu zählen einerseits das langfristige ökonomi-sche Niveau, auf dem die lokale Gesellschaft operiert. Ein niedriges Niveau wirkt dabei insbesondere dann destabilisierend, wenn sie den Staat zum Spielball wechselnder – inne-rer oder äußerer – „Eliten" werden lässt.

Andererseits spielt das sogenannte soziale Kapital der lokalen Gesellschaft, also insbe-sondere die gesellschaftliche Vertrauensbasis, eine ganz wesentliche Rolle. Letztendlich können fehlendes Vertrauen einerseits sowie das Verlangen nach politischen Veränderun-gen andererseits als die wesentlichen fundamentalen beziehungsweise langfristigen Trei-ber politischer Unsicherheiten betrachtet werden.

Zusammenfassung

Die wichtigsten Ergebnisse dieses Kapitels, die im weiteren Verlauf vorausgesetzt werden, sind:

1. Wir definieren politische Risiken (im engeren Sinn) als mögliche künftige Aktionen der Gebietskörperschaft, bei deren Realisierung der Unternehmenswert reduziert wird.
2. Im Allgemeinen können politische Veränderungen den Unternehmenswert auch positiv beeinflussen; das strategische Management politischer Risiken trägt dem Rechnung.
3. Vier wichtige Einteilungsmöglichkeiten bestehen für politische Risiken: nach der Spe-zifizität des Risikos, nach dem betroffenen Wertefluss, nach Akteur sowie nach finanzi-ellen Werttreibern. Die Einteilung nach finanziellen Werttreibern eignet sich insbeson-dere für die Bewertung der Risiken.
4. Politische Risiken spielen sowohl volks- als auch betriebswirtschaftlich eine so grosse Rolle, dass die spezifische Behandlung im Rahmen des Risikomanagements gerecht-fertigt ist.

Literatur

1. Weber, M. (1921): Wirtschaft und Gesellschaft. Grundriss der verstehenden Soziologie. 1. Halb-band, Tübingen, S. 28
2. Weber, M. (1992): Politik als Beruf. Reclam, Stuttgart
3. Pfetsch, Frank R. (2003). Theoretiker der Politik. Wilhelm Fink Verlag GmbH & Co KG, Paderborn
4. Weber, M. (1972). Wirtschaft und Gesellschaft
5. Sottilotta, C. E. (2016). Rethinking political risk: concepts, theories, challenges. Routledge
6. Weimer, D. L. (2000). [Review of The Nature, Estimation, and Management of Political Risk, by J. Monti-Belkaoui & A. Riahi-Belkaoui]. The Journal of Risk and Insurance, 67(4), 668–670. https://doi.org/10.2307/253856
7. Shapiro, A. C. (1985). Currency risk and country risk in international banking. The Journal of Finance, 40(3), 881–891.
8. Corsetti, G., Kuester, K., Meier, A., & Müller, G. J. (2013). Sovereign risk, fiscal policy, and macroeconomic stability. The Economic Journal, 123(566), F99-F132.
9. Stephens, Malcolm (1999): The Changing Role of Export Credit Agencies. Washington, DC: International Monetary Fund.
10. Buchanan, J. M., & Tullock, G. (2003). What is public choice theory. Rationalizing capitalist democracy: The cold war origins of rational choice liberalism, 133.
11. McKellar, R. (2017). A short guide to political risk. Routledge.
12. Schulze, S. (2009): Risikomanagement im Bereich politischer Risiken, München, GRIN Verlag, https://www.grin.com/document/147068
13. Moran, Theodore; West, Gerald T.. (2005): International Political Risk Management : Looking to the Future. Washington, DC: World Bank. https://openknowledge.worldbank.org/handle/10986/7430 License: CC BY 3.0 IGO.
14. https://de.wikipedia.org/wiki/Länderrisiko
15. https://www.prsgroup.com/explore-our-products/icrg/
16. Harvey, C. R. (2004). Country risk components, the cost of capital, and returns in emerging markets. Available at SSRN 620710.
17. Bekaert, G., & Harvey, C. R. (2000). Foreign speculators and emerging equity markets. The journal of finance, 55(2), 565–613.
18. https://www.theglobaleconomy.com/
19. Bharathy, G. K., & Silverman, B. (2012). Applications of social systems modeling to political risk management. In Handbook on decision making (pp. 331–371). Springer, Berlin, Heidelberg.
20. Lerner, A. B. Unpredictability in International Politics: Risk, Uncertainty, and Complexity.
21. Giambona, E., Graham, J. R., & Harvey, C. R. (2017). The management of political risk. Journal of International Business Studies, 48(4), 523–533.
22. Bekaert, G., Harvey, C. R., Lundblad, C. T., & Siegel, S. (2014). Political risk spreads. Journal of International Business Studies, 45(4), 471–493.
23. Yi, Y., Luo, J., & Wübbenhorst, M. (2020). Research on political instability, uncertainty and risk during 1953–2019: A scientometric review. Scientometrics, 123(2), 1051–1076.
24. Rousseau, J. J. (2017). Der Gesellschaftsvertrag: Prinzipien des politischen Rechtes. e-artnow.
25. Gebel, T. (2018). Free Private Cities: making governments compete for you. Waldorf: Aquila Urbis.
26. Strauss, W., & Howe, N. (2009). The fourth turning: What the cycles of history tell us about America's next rendezvous with destiny. Crown.

Methoden des allgemeinen Risikomanagements

3

Wir führen in diesem Kapitel diejenigen Begriffe und Methoden des allgemeinen Risikomanagements ein, die wir im weiteren Verlauf auf politische Risiken anwenden. Eine umfassende Herleitung oder Didaktik dieser Methoden würde den Rahmen dieses Buches sprengen. Für Leser mit einer soliden Grundkenntnis im Risikomanagement dient das Kapitel der Erinnerung und insbesondere der begrifflichen Einordnung. In Verbindung mit Standardliteratur, auf die wir mehrfach verweisen, wird aber auch ein ungeschulter Leser mit dem notwendigen theoretischen Rüstzeug ausgestattet, das für die weiteren Ausführungen zum Umgang mit politischen Risiken benötigt wird.

Risikomanagement ist als funktionale Disziplin weit entwickelt, sodass wir auf einen umfangreichen Methodenbaukasten zurückgreifen können. Aufgrund der spezifischen Natur politischer Risiken sind allerdings nicht alle Methoden uneingeschränkt anwendbar. Dies zeigen wir im Folgenden auf.

In Abb. 3.1 ist der generische Prozess des Risikomanagements dargestellt. Einerseits wird hiermit der organisatorische Prozess illustriert, der z. B. jährlich wiederkehrend durchlaufen wird. Andererseits kann man ihn aber auch unter dem Gesichtspunkt eines einzelnen Risikos lesen, also als „Risikolebenszyklus", von der Identifikation des Risikos bis hin zu dessen Mitigation beziehungsweise Kontrolle. Die folgenden drei Abschnitte gliedern sich entlang dieses Prozesses, wobei die letzten drei Prozessschritte im Abschn. 3.3 zusammengefasst werden.

3.1 Risikoidentifikation und -beschreibung

Risiken im Sinne von Unsicherheiten mit Schadenspotenzial können dem Unternehmen bekannt sein – oder auch nicht. Es ist also zu unterscheiden zwischen der Unsicherheit, ob beziehungsweise wann sich das Risiko materialisiert und derjenigen Unsicherheit, ob ich mir aller relevanten Risiken überhaupt bewusst bin. Diese beiden Dimensionen von Unsi-

M.-F. Otto, *Management politischer Risiken*, https://doi.org/10.1007/978-3-658-41759-8_3

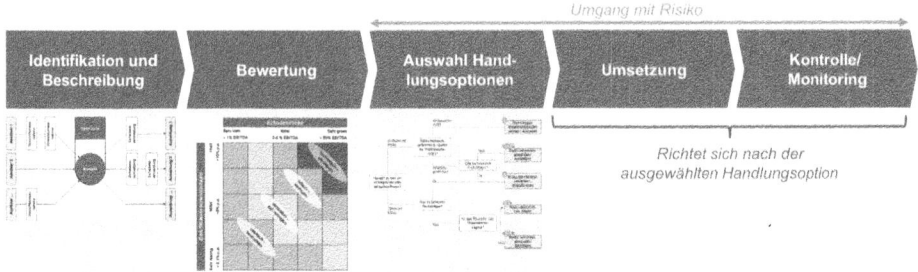

Abb. 3.1 Generischer Prozess im Risikomanagement

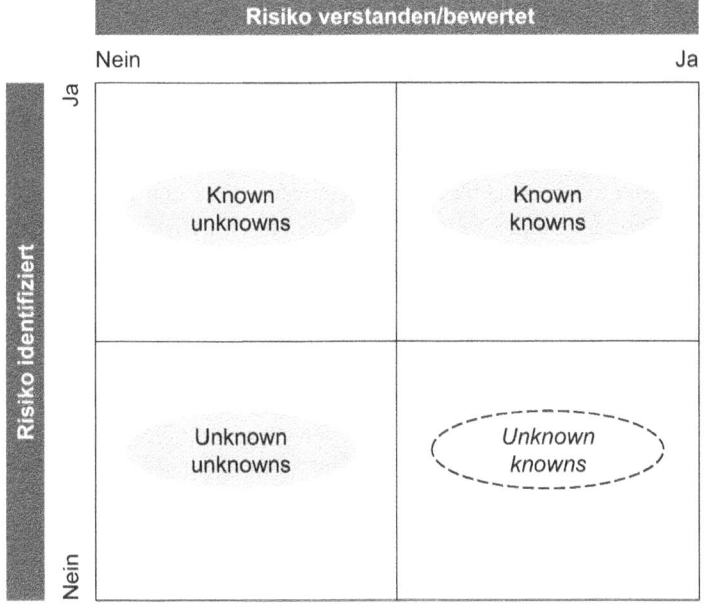

Abb. 3.2 Known-Unknown-Matrix

cherheit wurden ins öffentliche Bewusstsein gerückt durch den berühmten Ausspruch Donald Rumsfelds zu „known unknowns" und „unknown unknowns" [1]. Abb. 3.2 zeigt unsere Interpretation dieser Differenzierung: Eine Dimension zeigt, ob das Risiko im Unternehmen identifiziert wurde; die andere, ob ein ausreichendes Verständnis des Risikos vorliegt – idealerweise mündend in eine Risikobewertung.

Godfrey et al. (2020) ordnen den vier Bereichen dieser Matrix unterschiedliche Management-Methoden zu [2]:

- Known knowns werden demnach im traditionellen Risikomanagement behandelt,
- Unknown knowns als mögliche Ereignisse, die nur einzelnen Managern bekannt sind, werden im sogenannten Enterprise Risk Management dem Gesamtunternehmen transparent gemacht und dort weiter behandelt (vgl. Abschn. 3.4),

- Known Unknowns sowie Unknown Unknowns, also bekannte und nicht bekannte Unsicherheiten, die auch Chancen bieten können, werden schließlich im strategischen Risikomanagement behandelt (vgl. Abschn. 3.5).

Die erste Aufgabe im Risikomanagement besteht jedenfalls darin, den Bereich des Unbewussten aber Relevanten möglichst zu verringern, also bestehende Risiken zu *identifizieren* und zu *systematisieren*. Die entsprechenden Methoden werden beispielsweise bei Hopkin (2018) dargestellt [3].

Zur *Risikoidentifikation* kommen unterschiedliche Methoden in Frage: Die Aufnahme des in der Organisation bestehenden Wissens (Fragebögen, Brainstorming), die eingehende Prüfung bestimmter Prozesse oder Systeme (Audits) sowie andererseits eine strukturierte Erfassung anhand der Werttreiber oder Abläufe des Unternehmens (Treiberbäume, Flowcharts).Der Erfassung externer Risiken dient das PEST-Framework, bei dem politische, ökologische, soziale und technologische Unsicherheiten erfasst werden. Letzteres fließt, in Form der Detaillierung der Bedrohungen (threats), in die SWOT-Analyse bei der Strategieentwicklung ein. Abb. 3.3 zeigt die gängigen Methoden zur Risikoidentifikation auf. Es wird deutlich, dass diese überwiegend auf die Nutzung des in der Organisation vorhandenen sowie externen Expertenwissens abzielen.

Das Thema der *Systematisierung* bzw. *Kategorisierung* der Risiken erfolgt im allgemeinen Risikomanagement häufig anhand der folgenden drei Kategorien:

- Strategische Risiken werden bewusst eingegangen, um einen Wettbewerbsvorteil zu erlangen beziehungsweise weil sie dem Geschäftsmodell inhärent sind.

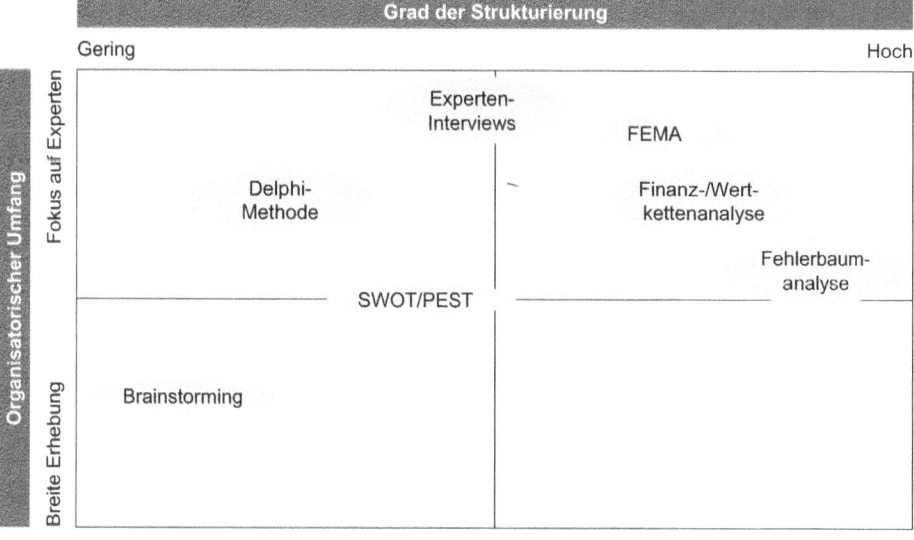

Abb. 3.3 Überblick Methoden zur Risikoidentifikation

- Spekulative Risiken sind typischerweise symmetrisch betreffend Schaden beziehungsweise Nutzen für das Unternehmen. Sie werden bewusst eingegangen, typischerweise
  im Handel auf (liquiden) Märkten sowie bei Investitionen.
- Sonstige operative Risiken stellen typischerweise eine notwendige Begleiterscheinung
  des Geschäftsmodells dar; hierzu gehören auch regulatorische Risiken mit begrenzter
  Auswirkung auf das Geschäft.

Anstelle dieser Dreiteilung unterscheiden wir einfach zwischen politischen Risiken strategischer und taktischer Natur (vgl. Abschn. 4.4): Politische Risiken haben in aller Regel
keinen operativen Charakter und die Dichotomie strategisch-taktisch eignet sich besser für
die Klärung, wie mit den Risiken umzugehen ist.

Auf die Risikoidentifikation und -kategorisierung folgt die *Risikobeschreibung*. Die
qualitative Beschreibung eines Risikos dient dabei der Schaffung eines gemeinsamen Ver-
ständnisses und bildet eine Basis für die Abschätzung von Größe und Eintrittswahrscheinlichkeit. Hierzu gehören:

- Die Nennung der Quellen beziehungsweise Auslöser des möglichen Ereignisses;
- Die Beschreibung des Ereignisses selbst – was geschieht konkret;
- Die Beschreibung der Auswirkungen, sowohl des Risikos als auch der das Risiko ver-
  ringernden Maßnahmen. Dabei kann z. B. das FIRM-Framework verwendet werden:
  Finanzen, Infrastruktur, Reputation und Markt sind darin die Dimensionen, entlang
  derer die Auswirkungen beschrieben werden.

Die in Abb. 3.4 dargestellte, klassische „Bow-Tie" Schablone fasst die Ergebnisse der
Risikobeschreibung zusammen.

Die „Bow-Tie" Schablone eignet sich insbesondere für Risiken mit einer sogenannten
diskreten Zufallsvariable. Im einfachsten Fall eines Risikos mit diskreter Zufallsvariable
liegen nur zwei mögliche künftige Zustände vor: (1) „Ereignis tritt ein" oder (2) „Ereignis
tritt nicht ein".

Etwas komplexer ist der Fall mit abgestuftem Schweregrad des Ereigniseintrittes, z. B.

- „Ereignis tritt im Umfang von 100 % des maximalen Schadens ein",
- „Ereignis tritt im Umfang von 30 % ein" und
- „Ereignis tritt nicht ein".

In der Realität liegt oftmals eine *kontinuierliche* Zufallsvariable vor. Dies ist z. B. bei
spekulativen Risiken der Fall, bei denen der Marktpreis eines Gutes oder Wertpapiers ein
praktisch kontinuierliches Spektrum von Werten annehmen kann. Ist der Erfolg des Unternehmens den Schwankungen eines solchen Preises ausgesetzt, so wird der Schaden – beziehungsweise der Nutzen – mittels einer Wahrscheinlichkeitsverteilung dargestellt. Bei
politischen Risiken kommen beispielsweise Steuersätze oder Preis- sowie Mengenvorgaben als quasi kontinuierliche Zufallsvariablen ins Spiel. Wie Risiken mit abgestuftem

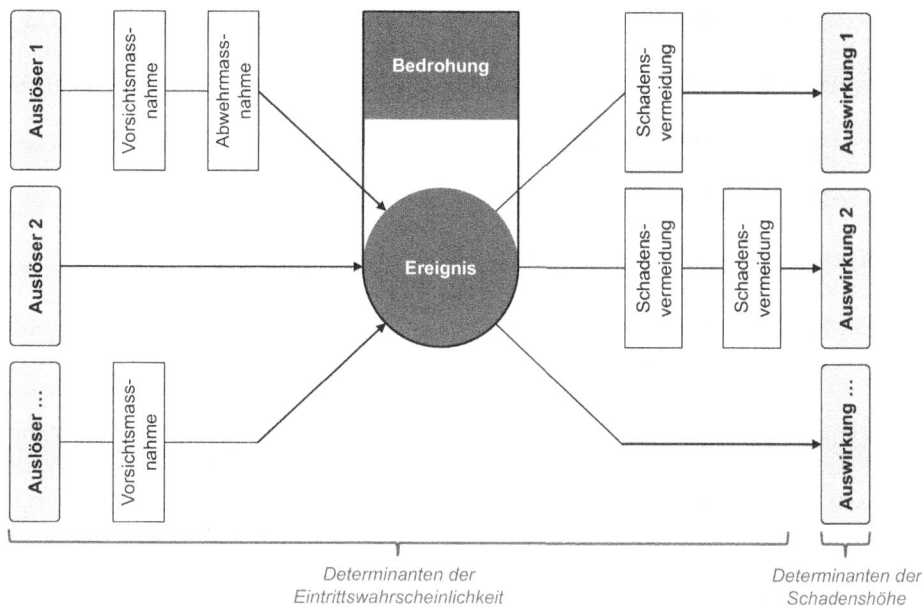

Abb. 3.4 Risikobeschreibung anhand „Bow-Tie"

Schweregrad oder kontinuierlicher Zufallsvariable illustrativ beschrieben werden, ist jeweils im Einzelfall auszuwählen. In vielen Fällen genügt eine erweiterte „Bow-Tie" Schablone, in der das Schadensereignis differenzierter erfasst wird.

Abschn. 4.1 widmet sich spezifisch der Identifikation und Beschreibung politischer Risiken.

3.2 Risikobewertung

Die klassische Risikobewertung kann rein qualitativ erfolgen oder auch quantitative Analysen beinhalten, je nach Datenlage. Im Folgenden umreißen wir kurz die allgemeine Methodik; in Abschn. 4.2 gehen wir spezifisch für politische Risiken ausführlicher auf das Thema ein.

Für Risiken mit diskreter Zufallsvariable können die beiden Kerndimensionen der Risiko- beziehungsweise Schadenshöhe[1] und der Eintrittswahrscheinlichkeit[2] getrennt analysiert werden. Diese beiden Dimensionen lassen sich dann bereits bei der Risikobeschreibung separieren, wie in Abb. 3.4 dargestellt. Die Bewertung beinhaltet auch eine Einschätzung zur zeitlichen Dimension, also einerseits, wann das schädliche Ereignis eintreten kann, andererseits die Dauer, über die es Schaden verursachen kann.

---

[1] Engl. „Impact".

[2] Engl. „Likelihood".

Eine einfache Schablone für die Darstellung dieser beiden Dimensionen ist die sogenannte Risikomatrix, s. Abb. 3.5. Hierbei werden grobe Bereiche oder Größenordnungen
für Schadenshöhe und Eintrittswahrscheinlichkeit gewählt. Die Risikomatrix ermöglicht
insbesondere den Vergleich mehrerer Risiken und dient damit der Priorisierung.

Für Risiken mit kontinuierlicher Zufallsvariable unterscheidet sich die quantitative
Analyse in den folgenden beiden Punkten:

1. Die Schadenshöhe wird nicht als Absolutwert, sondern als Funktion der Zufallsvariable
   beschrieben;
2. an die Stelle der Eintrittswahrscheinlichkeit eines diskreten Ereignisses tritt die Wahrscheinlichkeitsverteilung der Zufallsvariable.

Im Kern wird also die Wahrscheinlichkeitsverteilung der Schadenshöhe ermittelt. Für solche Risiken ist ein umfangreicher wissenschaftlicher Bereich aufgebaut worden, der die
Quantifizierung und Absicherung behandelt [4–9]. Stichwortartig nennen wir die Portfo-

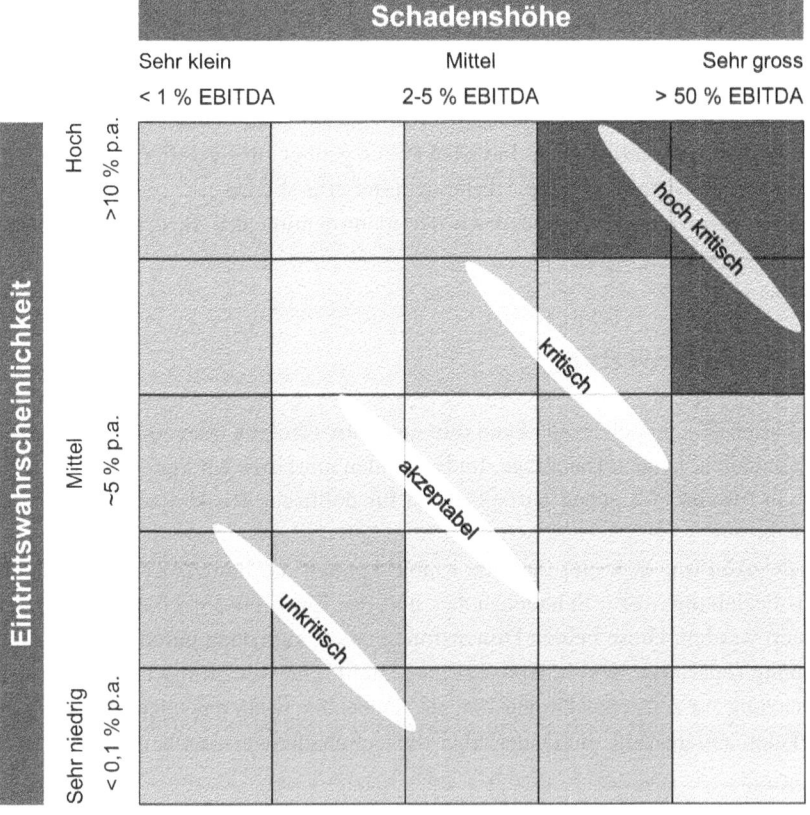

Abb. 3.5 Risikomatrix: Schadenshöhe versus Eintrittswahrscheinlichkeit

liotheorie nach Markowitz sowie probabilistische Methoden wie Entscheidungsbäume und Monte-Carlo-Simulationen. Die Portfoliotheorie beispielsweise widmet sich der Frage, wie ein optimales Portfolio unter Risiko-Rendite Gesichtspunkten aufzubauen ist. Da wir in diesem Buch nicht nur die Perspektive des Managers, sondern auch die des Eigentümers einnehmen, ist die Betrachtung des Unternehmens als Investition durchaus relevant. Wir kommen in Abschn. 3.5 darauf zurück. Die genannten Methoden setzen allerdings eine hohe Datenverfügbarkeit voraus, um Schadenshöhe und Wahrscheinlichkeitsverteilungen ermitteln zu können. Bei der Bewertung ist schließlich darauf zu achten, dass eine Unsicherheit auch einen potenziellen Nutzen beziehungsweise eine Chance für das Unternehmen darstellen kann.

3.3 Umgang mit Risiken

3.3.1 Schritt 1: Auswahl der Handlungsoption

Den Ausgangspunkt bei der Auswahl der Handlungsoption bildet die Fragestellung, welche Bedeutung das Risiko für das Unternehmen hat, insbesondere ob es sich um ein strategisches oder taktisches Risiko handelt. Strategische Risiken erfordern typischerweise die Einbindung der Eigentümerschaft beziehungsweise des Top Managements; taktische Risiken können meist auf Stufe des mittleren Managements bewirtschaftet werden.

Taktische Risiken als unerwünschte Begleiterscheinung einer Geschäftätigkeit sollen zumeist in irgendeiner Form verringert oder vermieden werden. Systematisch untersuchen kann man die Handlungsoptionen anhand der beiden Dimensionen der Risikomatrix: Einerseits kann eine Verringerung der Schadenswirkung, andererseits eine Verringerung der Eintrittswahrscheinlichkeit angestrebt werden. In der Literatur werden häufig die folgenden vier Optionen genannt:

1. Risiko vermeiden, m. a. W. Vermeidung der risikobehafteten Tätigkeit
2. Risiko reduzieren, was eine Reduktion der Schadenshöhe und/oder der Eintrittswahrscheinlichkeit beinhaltet
3. Risiko tragen (akzeptieren); diese Option kommt vor allem für wenig bedeutsame Risiken in Frage, beispielsweise operative oder Projektrisiken. In diesem Fall genügt meist eine dem Risiko angemessene Kontrolle sowie Planung eines Puffers betreffend Budget und Zeit
4. Risiko übertragen (transferieren) an eine andere Partei, die das Risiko besser tragen kann, z. B. in Form einer Versicherung oder Absicherung; dies entspricht einer Reduktion der Schadenshöhe für das Unternehmen – die Eintrittswahrscheinlichkeit wird hiervon nicht beeinflusst.

Im Englischen sind diese vier Optionen auch bekannt als die 4T des Risikomanagements [3]:

- Terminate → Risiko vermeiden
- Treat → Risiko reduzieren (ggf. auch Risiko abwenden)
- Tolerate → Risiko tragen
- Transfer → Risiko transferieren

Eine reine Verringerung der Eintrittswahrscheinlichkeit, also eine Abwendung des Risikos, wird in diesem Katalog nicht explizit genannt, sondern bildet darin einen Aspekt der Optionen 1–3. Der Vollständigkeit halber ergänzen wir dies als fünfte Option. Abb. 3.6 ordnet die resultierenden Optionen der Risikomatrix zu.

Wir erhalten also eine übervollständige Liste an Optionen: Die ersten drei Optionen unterscheiden sich anhand des Grades, zu dem das Risiko verringert wird, die letzten beiden Optionen, in welcher Dimension dies geschieht. Im Regelfall wird das Unternehmen in einem ersten Schritt entscheiden, zu welchem Grad das Risiko zu reduzieren ist (Opti-

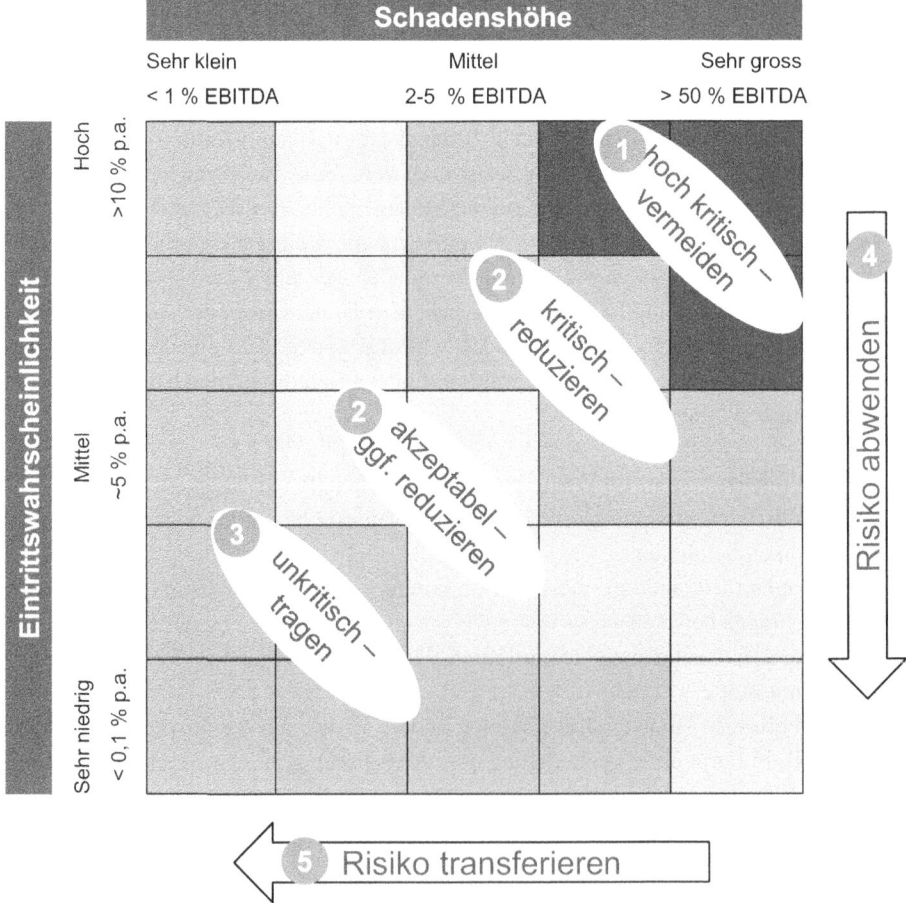

Abb. 3.6 Handlungsoptionen für taktische Risiken

onen 1–3); im zweiten Schritt kommen dann die Hebel für die Risikoreduktion in Betracht (Optionen 4 und 5). Insofern ist es gerechtfertigt, trotz der Übervollständigkeit alle fünf Optionen im Folgenden weiter zu betrachten.

Von den taktischen Risiken unterscheiden sich die strategischen Risiken. Diese umfassen einerseits die bestandsgefährdenden Risiken, die in der Risikomatrix weit „oben rechts" eingeordnet werden. Sie übersteigen die Risikotragfähigkeit des Unternehmens und sollten vermieden oder transferiert werden. Andererseits gehören hierzu auch solche Risiken, die bewusst eingegangen werden, weil das Unternehmen im Zusammenhang mit dem Risiko einen strategischen Wettbewerbsvorteil realisieren will. Die Zielsetzung betreffend diese Risiken besteht dann in der Maximierung der Wertschöpfung.

Die Handlungsoptionen für strategische und taktische Risiken können zusammenfassend anhand eines Entscheidungsbaumes dargestellt werden, wie in Abb. 3.7 gezeigt.

Auch symmetrische Risiken, die im Erwartungswert keine Schadenswirkung für das Unternehmen haben, können in diesem Schema erfasst werden: Anstelle der Schadenswirkung werden hier die Kosten herangezogen, die durch den Umgang mit dem Risiko unmittelbar entstehen, das sind in erster Linie die Opportunitätskosten des gebundenen Risikokapitals. Die Handlungsoptionen entsprechen dann grundsätzlich denjenigen für nicht-symmetrische Risiken.

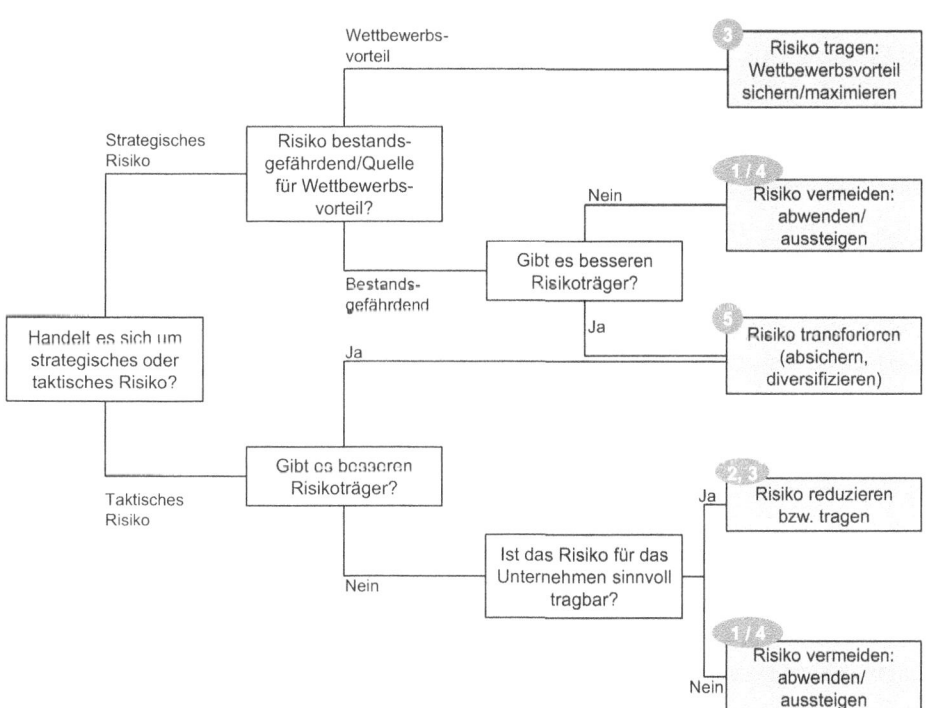

Abb. 3.7 Beispielhafter Entscheidungsbaum für Umgang mit Risiko

Spezifische Aspekte im Umgang mit politischen Risiken werden in Kap. 5, 6 und 7 behandelt. Hierbei ist zu berücksichtigen, dass sie durch menschliche Akteure verursacht werden und typischerweise viele oder alle Unternehmen in der Jurisdiktion betreffen. Einerseits wird hierdurch die Option der Versicherung oftmals verunmöglicht. Andererseits entstehen neue Möglichkeiten im Umgang mit den Risiken.

3.3.2   Schritt 2: Umsetzung

Die Art und Weise, wie die Umsetzung erfolgt, unterscheidet sich wesentlich danach, welche Handlungsoption gewählt wurde. Die konkreten Aufgaben können prinzipiell alle Funktionen des Unternehmens betreffen und Auswirkungen auf Produkte und Dienstleistungen, Methoden, Aufbau- und Ablauforganisation sowie Systemtechnik haben. Entsprechend erfolgt die Umsetzung oftmals außerhalb der organisatorischen Funktion des Risikomanagements. Das Hedging symmetrischer Preisrisiken obliegt beispielsweise der firmeninternen Beschaffungs- oder Handelsabteilung, der Risikotransfer der Funktion „Versicherungen", die Erfüllung regulatorischer Auflagen der „Compliance". Spezifische Maßnahmen werden in Projekten oder den betroffenen Linieneinheiten umgesetzt. Das Risikomanagement verantwortet demgegenüber die Identifikation, Bearbeitung und Überwachung der Risiken. In Abschn. 5.5 sowie Abschn. 6.6 gehen wir auf umsetzungsrelevante Themen im Management politischer Risiken ein.

3.3.3   Schritt 3: Risikokontrolle

Die Überwachung oder Kontrolle der Risiken kann als Teildisziplin des Controllings verstanden werden. Das finanziell-quantitative Risikocontrolling basiert dabei auf quantitativen Kennzahlen, wie z. B. dem „Wert im Risiko" oder englisch „Value-at-Risk", der das Risiko aus einer Wertpapier-Position misst. Zu solchen Kennzahlen können dann Risikolimiten definiert oder Sensitivitäten berechnet werden, siehe z. B. [4]. Solcherlei quantitative Methoden werden in der Risikomanagementliteratur breit behandelt.

Auf schwer quantifizierbare Risiken sind diese Methoden nur eingeschränkt anwendbar. Der Grundgedanke einer Risikolimite lässt sich allerdings übertragen: Eine solche Limite wird als Grenzwert für eine bestimmte Risikokennzahl längerfristig festgelegt. Wird der Grenzwert überschritten, so werden die Entscheidungsträger von der verantwortlichen operativen Einheit informiert und in die Lösung des Problems eingebunden. Außerdem werden ex ante konkrete Maßnahmen festgelegt, die bei Überschreiten der Limite umzusetzen sind, wie beispielsweise das Abstoßen der mit dem Risiko behafteten Wertpapiere. Für schwer quantifizierbare Risiken kann dieser Warn-Mechanismus ersetzt werden durch qualitativ definierte Ereignisse, die auf eine Erhöhung oder den drohenden Eintritt des Risikos hinweisen. Solche Ereignisse werden als *Trigger Points* bezeichnet, bei deren Eintritt wiederum ex ante definierte Maßnahmen sowie Informations- und Entscheidungswege greifen. Auf diese Form der Risikokontrolle, die auch als Trigger Point Tracking bezeichnet wird, kommen wir in Abschn. 4.3 zurück.

Schließlich greift bei der Umsetzung konkreter Maßnahmen zum Umgang mit Risiken die Kontrolle der Maßnahmenumsetzung. Erfolgt die Umsetzung in einem Projekt, so kommen die Methoden des Projektcontrollings zur Anwendung. Erfolgt sie in der Linienorganisation, so greifen wiederum die im Unternehmen allgemein definierten Führungsinstrumente. Diese Formen der Kontrolle sind also nicht spezifisch für Risiken, weshalb wir sie nicht weiter vertiefen.

3.4 Einbettung in die Unternehmensorganisation

Die Vorgehensweisen und insbesondere die organisatorische Einbettung des Risikomanagements haben in den letzten Jahrzehnten eine deutliche Wandlung erfahren. In den 70er-Jahren des letzten Jahrhunderts lag der Fokus auf der Kontrolle beziehungsweise Vermeidung spezifischer Einzelrisiken, deren Management typischerweise in der jeweiligen operativen Einheit angesiedelt war. Die zunehmende Bedeutung des Risikomanagements mündete dann im Konzept des „Enterprise Risk Management" (ERM), bei dem eine umfassende Handhabung aller für das Unternehmen relevanten Risiken angestrebt wird [10]. Im neuen Jahrhundert schließlich gewinnt der strategische Aspekt an Bedeutung, also die Fragestellung, welche Risiken für die Unternehmensstrategie von wesentlicher Bedeutung sind, sowohl in negativer als auch positiver Hinsicht, siehe Abb. 3.8. Im Folgenden gehen wir überblicksweise auf die wichtigsten Elemente des Enterprise Risk Management (ERM) ein.

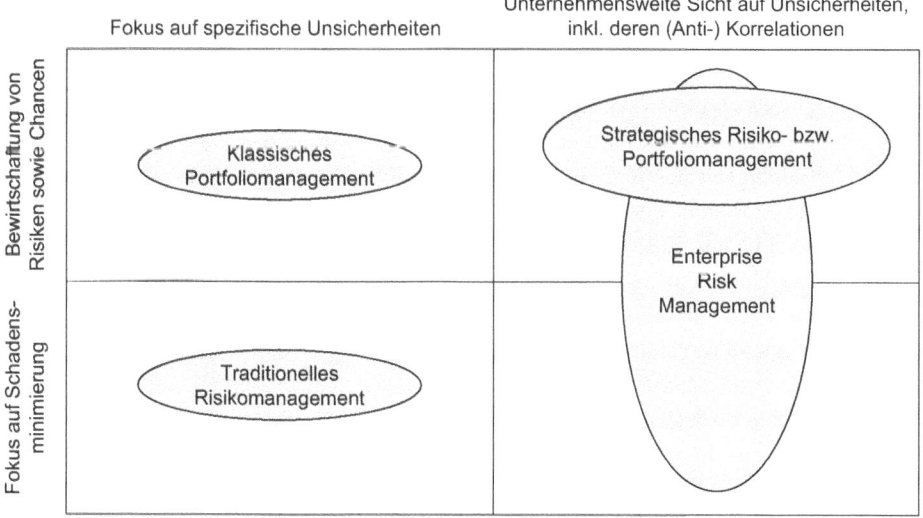

Abb. 3.8 Entwicklungsstadien des allgemeinen Risikomanagements

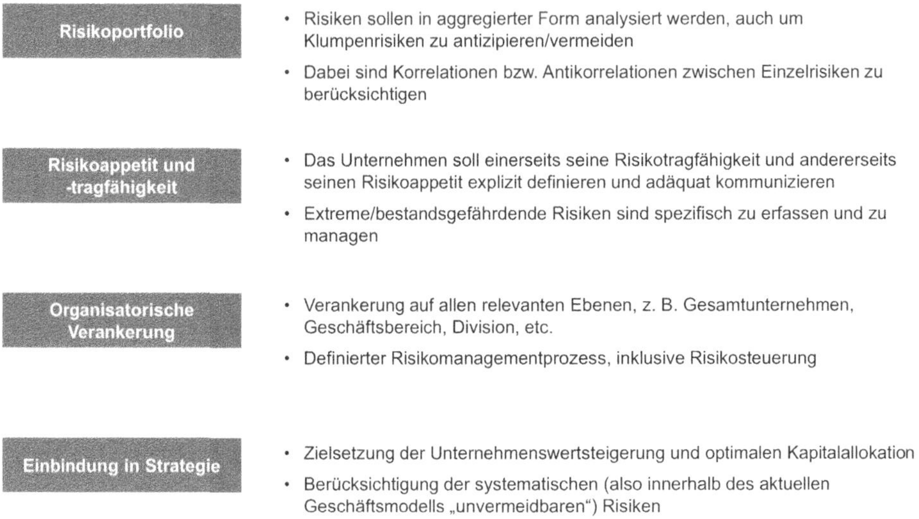

| Risikoportfolio | • Risiken sollen in aggregierter Form analysiert werden, auch um Klumpenrisiken zu antizipieren/vermeiden
• Dabei sind Korrelationen bzw. Antikorrelationen zwischen Einzelrisiken zu berücksichtigen |

| Risikoappetit und -tragfähigkeit | • Das Unternehmen soll einerseits seine Risikotragfähigkeit und andererseits seinen Risikoappetit explizit definieren und adäquat kommunizieren
• Extreme/bestandsgefährdende Risiken sind spezifisch zu erfassen und zu managen |

| Organisatorische Verankerung | • Verankerung auf allen relevanten Ebenen, z. B. Gesamtunternehmen, Geschäftsbereich, Division, etc.
• Definierter Risikomanagementprozess, inklusive Risikosteuerung |

| Einbindung in Strategie | • Zielsetzung der Unternehmenswertsteigerung und optimalen Kapitalallokation
• Berücksichtigung der systematischen (also innerhalb des aktuellen Geschäftsmodells „unvermeidbaren") Risiken |

Abb. 3.9 Ausgewählte Elemente des Enterprise Risk Management

Wesentliche Themen des Enterprise Risk Management (ERM) sind „Risikoportfolio", „Risikoappetit und -tragfähigkeit", „organisatorische Verankerung" sowie „Einbindung in die Unternehmensstrategie", siehe Abb. 3.9:

- Mit dem Begriff des *Risikoportfolios* wird eine umfassende Sicht auf alle für das Unternehmen kritischen Risiken sowie die externen Einflussfaktoren und Treiber bezeichnet. Hierzu gehört auch die Erfassung der Abhängigkeiten zwischen den Einzelrisiken, z. B. in Form von Korrelationen und Antikorrelationen. Dies steht im Gegensatz zum „traditionellen" Risikomanagement, das Einzelrisiken sowie den Umgang mit ihnen analysiert.
- Im Gegensatz zu einem Ansatz, der ausschließlich auf die Vermeidung beziehungsweise die Reduktion des Risikos abzielt, steht die Klärung des *Risikoappetits* und der *Risikotragfähigkeit* des Unternehmens. Hierbei wird bereits berücksichtigt, dass das Eingehen von Risiken ein wesentlicher Teil des Geschäftsmodells beziehungsweise der Strategie sein kann. Einerseits ist die Bereitschaft, andererseits die finanzielle Tragfähigkeit des Unternehmens, Risiken einzugehen, zu klären. Hieraus werden Grenzen abgeleitet, deren Überschreitung durch geeignete Maßnahmen zu verhindern ist.
- Wesentliches Merkmal des Enterprise Risk Management ist des Weiteren seine umfassende *organisatorische Verankerung*, im Gegensatz zu einer Betrachtung einzelner Risiken ausschließlich in dem jeweils betroffenen Bereich. Hierzu gehört auch ein strukturierter Prozess für das Management aller Risiken im Portfolio, die Einbettung des Risikomanagements in alle wesentlichen Entscheidungen des Unternehmens sowie die Verknüpfung mit dem internen Audit sowie der internen Kommunikation.

- Schließlich berücksichtigt ERM explizit den potenziell strategischen Charakter von Risiken und fordert die *Einbindung* des Risikomanagements *in die Unternehmensstrategie*. Hierzu gehört die Klärung betreffend die Risiken, die das Unternehmen bewusst eingeht, um seine strategischen Ziele zu erreichen sowie die Bewertung des Managements dieser Risiken im Verhältnis zu den strategischen Erfolgspositionen.

Diverse Standards wurden entwickelt, um die Anforderungen an ein umfassendes Risikomanagement im Sinne eines ERM zu formalisieren. Beispielhaft sind hier die ISO 31000 sowie das COSO ERM genannt [11]. Hunziker (2018) weist auf die Erfolgsfaktoren bei der Einführung solcher Standards hin [13].

Für politische Risiken vertiefen wir das Thema der organisatorischen Verankerung in folgenden Abschnitten:

- Operative Aspekte im Umgang mit taktischen politischen Risiken, Abschn. 5.5,
- Einbindung politischer Risiken in den strategischen Führungsprozess, Abschn. 6.5 sowie
- Operative Aspekte im Umgang mit strategischen politischen Risiken, Abschn. 6.6.

3.5 Strategisches Risiko- und Portfoliomanagement

Das klassische Risikomanagement legt den Fokus auf die Verringerung beziehungsweise Vermeidung möglicher künftiger Schadensereignisse. In den letzten Jahrzehnten hat allerdings auch eine andere Perspektive auf Risiken an Bedeutung gewonnen [2, 12]: Die Fähigkeit, mit Risiken besser umgehen beziehungsweise sie besser tragen zu können als Wettbewerber, kann eine strategische Erfolgsposition des Unternehmens darstellen. Beispielsweise kann eine riskantere Handlungsoption geringere Kosten, eine höhere Rendite oder größeres Wachstum versprechen als eine weniger riskante. Diese Annahme erscheint plausibel, insbesondere wenn ein einigermaßen funktionierender „Markt" besteht, auf dem die beiden Optionen gewissermaßen konkurrieren. Ein einfaches Beispiel für eine solche Option ist die Investition an einem (politisch) instabilen aber kostengünstigen Produktionsort, im Gegensatz zur Investition am stabileren aber teureren Ort. Ein Unternehmen, das mit den Risiken am günstigen Ort besser umgehen kann als seine Wettbewerber ist dann eher in der Lage, die Kostenvorteile für sich sinnvoll nutzen zu können. Diese Perspektive wird unter dem Begriff des *strategischen Risikomanagements* bearbeitet, das wir in diesem Buch auf die Klasse der politischen Risiken anwenden und vertiefen.

Während das strategische Risikomanagement nach Wettbewerbsvorteilen im Zusammenhang mit Risiken sucht, behandelt die Theorie des *Portfoliomanagements* den Zusammenhang zwischen Risiko und Rendite. Für liquide Assets wie beispielsweise Wertpapiere wurden diese Zusammenhänge eingehend untersucht, siehe z. B. [5] oder [6]. Aus historischen Daten, in erster Linie den Marktpreisen, werden Risiken aus der Schwankungsbreite der Marktpreise und erwartete Renditen aus den historischen Wertsteigerungen abgeleitet. Eine spezifische Investition – in das liquide Asset beziehungsweise in ein Portfolio aus solchen Assets – kann dann im sogenannten Risiko-Rendite-Diagramm dargestellt werden. Die besten Investitionen im Sinne hoher Rendite bei niedrigen Risiken liegen auf der sogenannten Efficient Frontier, die für die gesamte Branche oder Industrie definiert ist. Für das Unternehmen gleichwertige Optionen beziehungsweise Portfolien liegen dagegen auf der unternehmensspezifischen Risiko-Rendite-Indifferenzkurve. Der Schnittpunkt der „besten" Indifferenzkurve mit der Efficient Frontier bestimmt das optimale Investitionsportfolio beziehungsweise, in unserem erweiterten Verständnis, die optimale Handlungsoption.

Diese nach ihrem Urheber benannte Markowitz-Theorie lässt sich erweitern auf das Problem strategischer Investitionen eines einzelnen Unternehmens. Das Portfolio von Wertpapieren wird dabei ersetzt durch ein Portfolio (des-)investierbarer Anlagegüter und Geschäftsbereiche. Jene werden als Cashflow-Funktionen modelliert, für deren Inputgrößen historische Werte vorliegen. Auf Basis dieser Werte können dann wieder historische Risiken[3] und historische Renditen[4] ermittelt werden. Szenarien bilden den Ausgangspunkt für die Analyse der künftigen Entwicklung. Wir bezeichnen diese Erweiterung der Markowitz-Theorie als *strategisches Portfoliomanagement*.

Abb. 3.10 illustriert das strategische Portfoliomanagement für ein Stromerzeugungsunternehmen mit unterschiedlichen technologischen Investitionsoptionen.

Klarerweise setzt die Anwendung dieser Theorie voraus, dass sich die betrachteten Risiken quantifizieren lassen. In Abschn. 6.3 vertiefen wir das strategische Portfoliomanagement im Zusammenhang mit politischen Risiken.

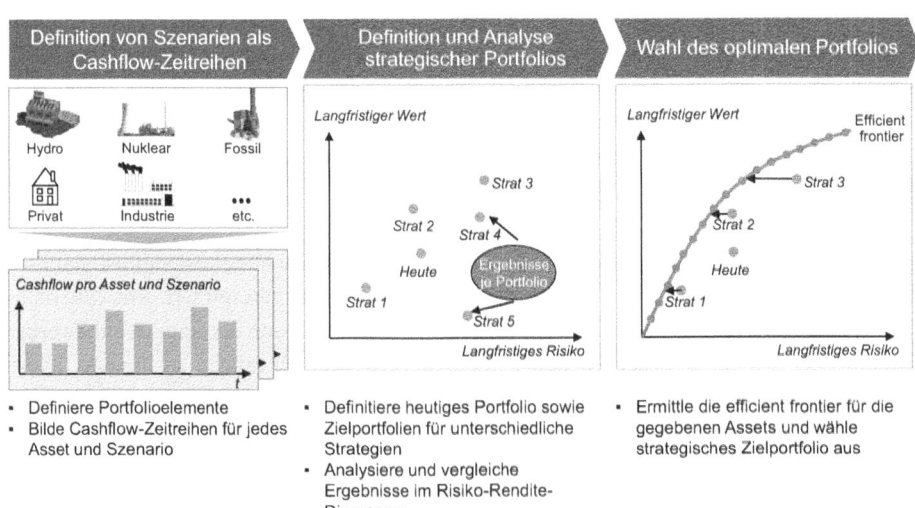

Abb. 3.10 Anwendung Markowitz-Theorie

---

[3] Berechnet als Schwankungsbreiten der jeweiligen Inputgröße.

[4] Berechnet als historischer Mittelwert der jeweiligen Inputgröße.

Zusammenfassung

Die wichtigsten Elemente dieses Kapitels sind die folgenden:

- Risikomanagement im Unternehmen kann als fünfstufiger Prozess beschrieben werden, s. Abb. 3.1.
- Für die Risikoidentifikation steht eine breite Auswahl an Methoden zur Verfügung, s. Abb. 3.3.
- Zur übergreifenden Beschreibung eines Risikos eignet sich das Bow-Tie Framework, Abb. 3.4.
- Die Risikomatrix differenziert zwischen Schadenshöhe und Eintrittswahrscheinlichkeit und bietet damit den Einstieg in die Risikobewertung, Abb. 3.5.
- Die Auswahl der Handlungsoption zum Umgang mit einem Risiko kann anhand eines Entscheidungsbaumes erfolgen, wie beispielhaft in Abb. 3.7 dargestellt.

Literatur

1. https://www.youtube.com/watch?v=REWeBzGuzCc
2. Godfrey, P. C., Lauria, E., Bugalla, J., & Narvaez, K. (2020). Strategic Risk Management: New Tools for Competitive Advantage in an Uncertain Age. Berrett-Koehler Publishers.
3. Hopkin, P. (2018). Fundamentals of risk management: understanding, evaluating and implementing effective risk management. Kogan Page Publishers.
4. Damodaran, A. (2007). Strategic risk taking: a framework for risk management. Pearson Prentice Hall.
5. Markowitz, H. M.: Portfolio Selection. In: Journal of Finance, 7 (1952), S. 77–91.
6. Vgl. Trigeorgis, L. (Hg.): Real options in capital investment: Models, strategies, and applications. Westport, 1995.
7. Sharpe, W. F.: Capital Asset Prices: A Theory of Market Equilibrium under Conditions of Risk. In: Journal of Finance, 19 (1964), S. 425–442
8. Lintner, J.: The Valuation of Risk Assets and the Selection of Risky Investments in Stock Portfolios and Capital Budgets. In: Review of Economics and Statistics, 47 (1965), S. 13–37;
9. Mossin, J.: Equilibrium in a Capital Asset Market. In: Econometrica, 34 (1966), S. 768–783.
10. Frahm, G. (2019). „Enterprise Risk Management ", 1. Korr. Auflage, Herausgeber: MBA-Fernstudienprogramm, Koblenz.
11. Moeller, R. R. (2007). COSO enterprise risk management: understanding the new integrated ERM framework. John Wiley & Sons.
12. Goodfellow, J. L., & Raynor, M. E. (2004). Managing strategic risk: a new partnership between the board and management. Strategy & Leadership.
13. Hunziker, S. (2018). Erfolgskriterien von Enterprise Risk Management in der praktischen Umsetzung. In Ganzheitliches Chancen- und Risikomanagement (pp. 1–28). Springer Gabler, Wiesbaden.

Transparenz über die politischen Risiken schaffen

4

Wie im letzten Kapitel dargestellt, besteht der erste Schritt im Risikomanagement darin, die für das Unternehmen relevanten Risiken systematisch aufzudecken und ihr Schadenspotenzial abzuschätzen. In den ersten beiden Abschnitten, Abschn. 4.1 und 4.2, werden die Identifikations- und Bewertungsmethoden für politische Risiken vertieft und anhand von Beispielen illustriert. Abschn. 4.3 geht kurz auf die Methoden zur laufenden Risikokontrolle ein. Der letzte Abschn. 4.4 trifft, basierend auf der Risikobewertung, die Unterscheidung zwischen taktischen und strategischen Risiken, die für die folgenden Kapitel wesentlich ist.

4.1 Politische Risiken identifizieren und beschreiben

Die Risikoidentifikation zielt auf eine systematische, möglichst umfassende Erhebung politischer Risiken, die auf das Unternehmen einwirken. Der Fokus liegt dabei auf der Bestimmung aller legislativen, exekutiven und judikativen Unsicherheiten, die den Unternehmenswert maßgeblich positiv oder negativ beeinflussen können. Um diese Zielsetzung zu erreichen, bietet es sich an, die politischen Risiken entlang der unter Abschn. 2.3 aufgeführten Systematiken zu erfassen. Insbesondere kann es nützlich sein, übervollständig zu arbeiten, indem die Risikoidentifikation für unterschiedliche Dimensionen durchgeführt wird. So kann beispielsweise im ersten Schritt die Dimension des Verursachers (Legislative, Exekutive, Jurisdiktion) untersucht werden, im zweiten Schritt die finanziellen Werttreiber.

Legislative Risiken können im ersten Schritt aus den bestehenden regulatorischen Vorgaben abgeleitet werden: Diese bilden oftmals bereits eine gute Basis für die Ermittlung

M.-F. Otto, *Management politischer Risiken*, https://doi.org/10.1007/978-3-658-41759-8_4

der Unsicherheiten in der künftigen Gesetzgebung. Zusätzlich können auch die sinnvoll möglichen Regulierungen in relevanten Bereichen systematisch ausgearbeitet werden. Dies kann mittels historischer Vergleiche, Expertenbefragungen sowie durch Unternehmens- und Umweltanalysen erfolgen. Insbesondere mögliche längerfristige Entwicklungen stehen dabei im Fokus.

Auch die Identifikation *exekutiver* und *judikativer* Risiken kann entlang der historischen und aktuellen Situation erfolgen. Wiederum kann eine Kombination aus systematischer beziehungsweise historisch basierter Analyse einerseits und Expertenmeinungen andererseits eine gute Basis für die weitere Betrachtung schaffen.

Die somit gewonnene Menge an Einzelrisiken wird dann im zweiten Schritt auf Vollständigkeit hin überprüft, indem die finanziellen Werttreiber der Reihe nach auf weitere mögliche Schadensereignisse hin untersucht werden. Um dabei eine etwaige „Betriebsblindheit" zu überwinden, bietet sich beispielsweise die Methodik des Brainstormings an, bei der ungewöhnliche Ideen in einem für die Mitarbeiter risikofreien Setting generiert werden. Klarerweise sind dabei nicht nur Risiken betreffend aktuelle Aktivitäten beziehungsweise Investitionen des Unternehmens zu berücksichtigen, sondern auch solche betreffend dessen Planung. Zusätzlich können Risiken entlang der Wertschöpfungskette des Unternehmens sowie entlang seiner Vertragsbeziehungen zu Kunden, Lieferanten und weiteren Gegenparteien identifiziert werden.

Die *Beschreibung* der Risiken erfolgt schließlich anhand der in Abschn. 3.1 dargestellten Methoden, typischerweise in Form des Bow-Tie Diagrammes. Hierbei ist zu unterscheiden zwischen Risiken mit diskreter und solchen mit kontinuierlicher Zufallsvariable. Abb. 4.1 illustriert diese drei Schritte zur Identifikation und Beschreibung der Risiken.

Im Folgenden führen wir drei Unternehmensbeispiele ein, die sich durch den weiteren Text ziehen. Dabei stellen die ersten beiden Beispiele untypisch einfache Situationen dar, die der Illustration unterschiedlicher Einzelaspekte der Methodik dienen. Das dritte Beispiel dagegen repräsentiert eine Situation mit sehr unterschiedlichen politischen Risikoarten und zeigt damit die Komplexität auf, der ein Unternehmen in der Praxis typischerweise ausgesetzt ist.

Sammlung von Risiken	Überprüfung auf Vollständigkeit	Beschreibung
Nutzung der unterschiedlichen Klassifikationen	• Systematische Untersuchung der finanziellen Werttreiber auf weitere Risiken	• Beschreibung des Ereignisses und seiner Schadenswirkung
• Akteur/Auslöser des Risikos (Legislative, Exekutive, Judikative)	• Eliminierung von Doppelungen	• Erfassung der möglichen Auslöser
• Spezifizität des Risikos		• Erste Erfassung möglicher Maßnahmen zur Abwendung des Risikos bzw. zur Verringerung des Schadens
• Betroffene finanzielle Werttreiber		
• Betroffene Wertschöpfungsstufe		
• Betroffener Wertefluss/Gegenpartei		

Abb. 4.1 Vorgehen zur Identifikation und Beschreibung politischer Risiken

Unternehmensbeispiele

Beispiel 1: Chemiekonzern

Europäischer Chemiekonzern im Jahr 2011: Das Unternehmen zählt die Kosten für Energie, insbesondere Strom, Gas und Öl, zu seinen wesentlichen Faktorkosten. Energiepolitische Maßnahmen an den Produktionsstandorten können diese Kosten sowohl erhöhen als auch senken. Es hat die folgende energiepolitische Maßnahme als politisches Risiko identifiziert und für die weitere Untersuchung als relevant eingestuft: Verknappung des Angebots an CO_2-Emissionszertifikaten → Risiko des Anstiegs der Stromkosten.[1] Abb. 4.2 zeigt die Beschreibung des Risikos mittels „Bow-Tie" Diagramm.

Beispiel 2: Stromerzeuger

Stromerzeugungsunternehmen im Jahr 2014: Dieses Unternehmen verfügt über einen breiten Mix an Stromerzeugungsanlagen mit unterschiedlichen Technologien – Kernkraftwerke, Windkraftanlagen, Gasturbinen, etc. Energiepolitische Maßnahmen an den Produktionsstandorten können einerseits die Erzeugungskosten, andererseits die

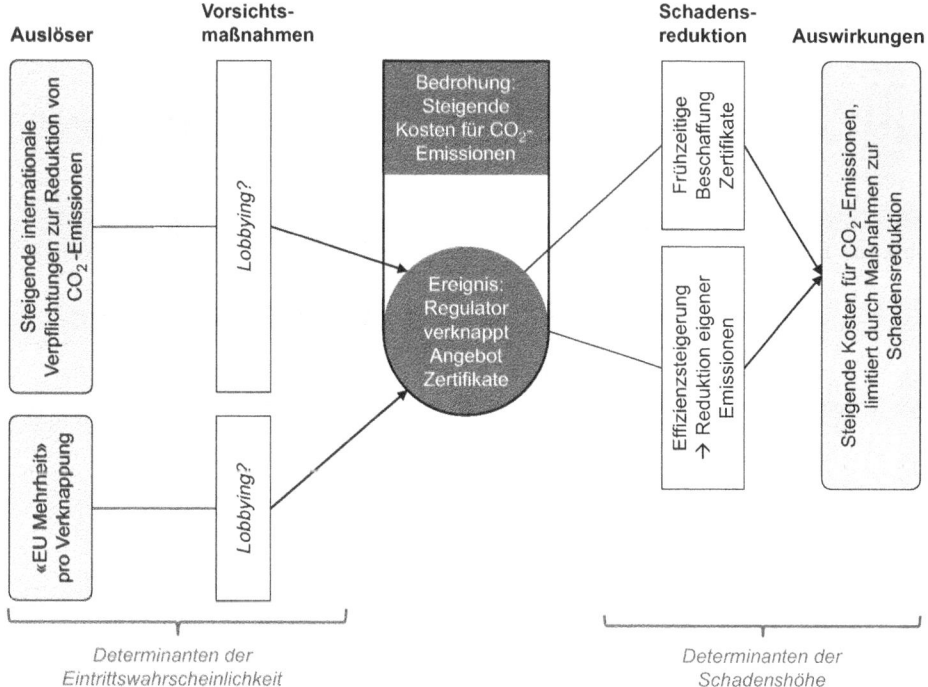

Abb. 4.2 Beispiel 1: Qualitative Risikobeschreibung

---

[1]Typischerweise müsste der Chemiekonzern selbst CO_2-Zertifikate erwerben, sodass deren Verknappung auch dort kostentreiben wirken würde. Der Einfachheit des Beispiels halber gehen wir davon aus, dass dies nicht der Fall ist.

Absatzpreise beeinflussen sowie den Betrieb bestimmter Erzeugungstechnologien an den Standorten verbieten oder mit zusätzlichen, möglicherweise prohibitiven, Kosten belegen. Abb. 4.3 zeigt typische regulatorische Vorgaben in der europäischen Energiewirtschaft in den Wertschöpfungsstufen Erzeugung, Netz, Handel und Vertrieb.

Abb. 4.4 zeigt im Überblick die für den Stromerzeuger in Deutschland relevanten Gesetze und deren Einbindung in EU-Recht, Stand 2014.

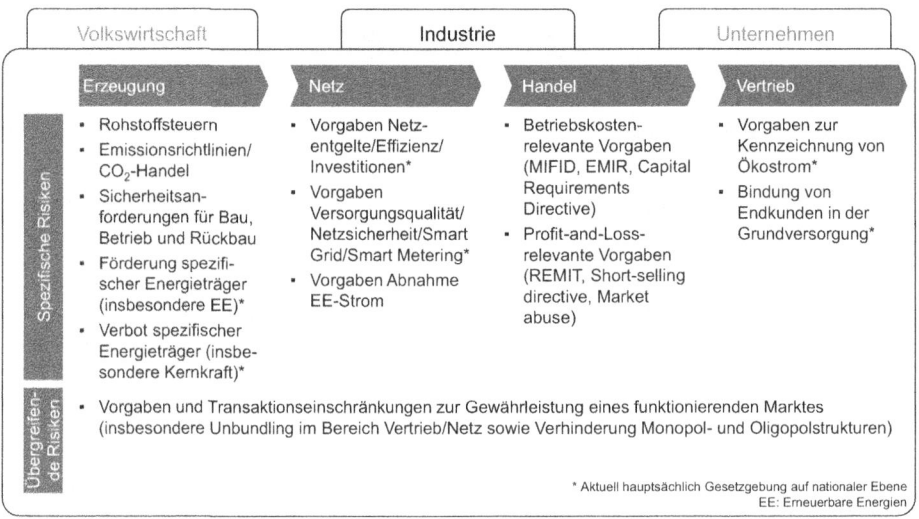

Abb. 4.3 Beispiel 2) Regulatorische Vorgaben entlang Wertschöpfungsstufen der Energiewirtschaft

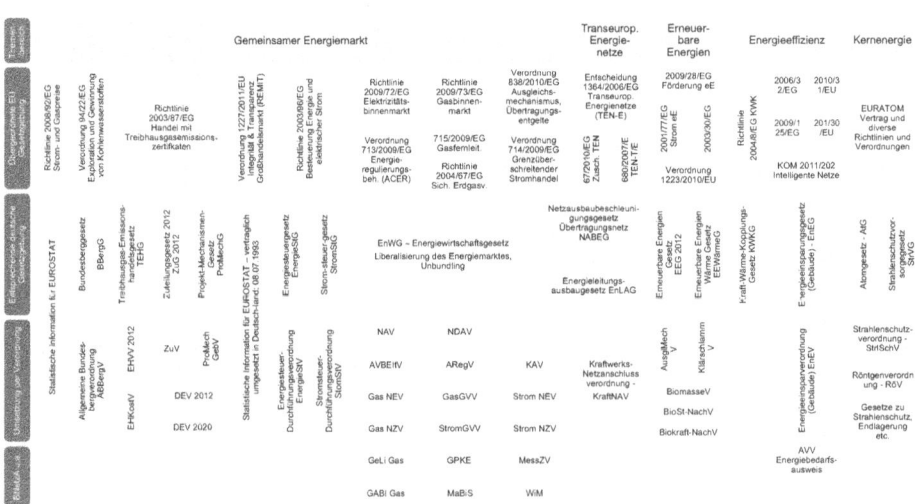

Abb. 4.4 Beispiel 2) Überblick gesetzlicher Rahmen Energiewirtschaft

Die genauere Spezifikation der Einzelrisiken verlagert das Unternehmen in die Bewertungsphase, s. Abschn. 4.2.2. Dort wird das im vorigen Beispiel genannte Einzelrisiko der Verknappung an CO_2-Emissionszertifikaten wieder auftauchen. Insofern stellt dieses Beispiel eine Erweiterung des Beispiels „Chemiekonzern" auf eine Situation mit mehreren Einzelrisiken dar, die allerdings eng zusammenhängen.

Beispiel 3: Rohstoffhändler

Internationaler Rohstoffhändler im Jahr 2022: Das Unternehmen handelt global mit Metallen, Energieträgern sowie Agrarprodukten. Es verfügt über eigene Speicheranlagen, nicht aber über eigene Förderung. Es hat die folgenden relevanten politischen Risiken identifiziert:

a. Finanzmarktregulierung: Verschärfte Anforderungen an finanzielle Transparenz sowie Kapitalausstattung;
b. Lieferkettengesetze: Übertragung der Umweltschutz-Auflagen eines Staates auf alle Standorte, die an der Lieferkette beteiligt sind (Förderung, Veredelung, Transport, etc.);
c. Embargo gegen bestimmte Herkunftsländer, bedroht durch Strafzahlungen des Unternehmens sowie Sanktionen gegen dessen Entscheidungsträger;
d. Enteignung der Speicheranlagen an bestimmten Standorten.

Dieses Beispiel mit mehreren nicht oder nur schwach zusammenhängenden Risiken kommt der typischen Unternehmenspraxis damit am nächsten. ◄

4.2   Politische Risiken bewerten

Im nächsten Schritt wird ermittelt, wie sich die identifizierten und beschriebenen Risiken auf das Unternehmen auswirken.

▶   Die Quantifizierung politischer Risiken ist oftmals schwierig. Das gilt vor allem für die Eintrittswahrscheinlichkeit: Politische Risiken sind menschengemacht und unterliegen damit immer der Unvorhersagbarkeit des freien menschlichen Willens. Die Schadenshöhe lässt sich dagegen oft gut quantifizieren.

Abb. 4.5 zeigt drei Stufen, die sich hinsichtlich Genauigkeit der Bewertung unterscheiden. Die erste Stufe A kommt typischerweise zum Einsatz, wenn die Risiken eines Unternehmens von außen, z. B. durch einen Bankanalysten, bewertet werden. Sie erfordert nur oberflächliche Information, wird aber kaum genügen, um daraus priorisierte Handlungsfelder abzuleiten.

Stufe B stellt die einfache Form der Risikobewertung im Unternehmen selbst dar. Sie kommt immer dann zum Einsatz, wenn dem Unternehmen genauere Informationen zu den Risiken fehlen. Wir haben dies im Zusammenhang mit der Risikomatrix bereits illustriert, vgl. Abschn. 3.2. Es Für die beiden Dimensionen Schadenshöhe und Eintrittswahrschein-

Drei Klassen von Bewertungsmethoden

Qualität der Informationen

A • Pauschale Risikobewertung über
         eine Gruppe von Risiken
      • Auswirkung auf Kapitalkosten (z. B.
         Einpreisung Risiken in WACC) bzw.
         auf Investment Multiples

B • Bewertung einzelner Risiken
         anhand von Größenordnungen
         (z. B. >10 Mio. € aber <100 Mio. €)
      • Erlaubt grobe Quantifizierung und
         dadurch Priorisierung von Risiken

C • Spezifische Abschätzung je Risiko
         und Szenario anhand Treiberbaum
      • Gefahr der Scheingenauigkeit
      • Erlaubt, falls möglich, Risiko-
         Rendite-Analysen

Abb. 4.5 Überblick Bewertungsmethoden

lichkeit werden grobe Größenklassen gebildet, die eine Einordnung des Risikos mit ausreichender Sicherheit erlauben. Für die Einordnung empfiehlt sich die Verwendung mehrerer Instrumente wie z. B.

• historische und geografische Analogien,
• Expertenworkshops oder
• Umfragen,

wenn keine eindeutigen quantitativen Werte herangezogen werden können. Die zur Abschätzung notwendigen organisatorischen Kompetenzen werden idealerweise fortlaufend weiterentwickelt. Insbesondere der Abgleich zwischen Prognose und eingetretener Realität führt zu einem Lerneffekt. Initial kann solcherlei Expertenwissen oftmals von externen Dienstleistern bezogen werden.

Im Folgenden vertiefen wir Stufe C, die die genaueste Methodik darstellt. Wir behandeln zunächst die Bewertung eines einzelnen Risikos. Dieser Fall findet insbesondere in der Steuerung einzelner operativer Einheiten des Unternehmens Anwendung: Die operative Einheit kann gerade so definiert werden, dass sie nur einem wesentlichen Risiko ausgesetzt ist. Auch in dem Fall vollständig unabhängiger Einzelrisiken kommt die Methodik zur Anwendung.

Danach erweitern wir die Methodik für den – im Gesamtunternehmen normalerweise vorliegenden – Fall, dass mehrere wesentliche Risiken vorliegen, die zudem Abhängigkeiten zueinander aufweisen. Unser Fokus liegt auf politischen Risiken, die mathematische Methodik ist aber auch auf andere Risikoarten anwendbar und kann deshalb übergreifend eingesetzt werden.

4.2.1 Bewertung Einzelrisiko

Die Bewertung oder Quantifizierung eines Einzelrisikos unterteilt sich in die bereits eingeführten beiden Dimensionen:

1. die Bewertung der Schadenshöhe bei Eintritt des (isolierten) Risikos sowie
2. die Bewertung seiner Eintrittswahrscheinlichkeit.

Das Produkt aus Schadenshöhe und Eintrittswahrscheinlichkeit ergibt dann den Schaden-Erwartungswert, der auch als „Wert im Risiko", englisch „Value at Risk", bezeichnet wird.

Wir behandeln zunächst Risiken mit diskreten Zufallsvariablen (vgl. Abschn. 3.2).

Die Quantifizierung der *Schadenshöhe* ist in manchen Fällen einfach. Politische Risiken, die einen eindeutigen Einfluss auf einen bestimmten finanziellen Treiber haben, wie beispielsweise die Erhöhung des Gewinnsteuersatzes um einen bestimmten Wert, sind ein solcher Fall. Ein anderes Beispiel sind politische Risiken mit eindeutigem Einfluss auf bestimmte (Vor-)Produkte, für die wiederum ein liquider Markt mit transparenten Preisen besteht. Aus den Marktdaten beziehungsweise aus einer fundamentalen Modellierung lassen sich dann die Elastizitäten der Angebots- und Nachfrageseiten gewinnen. Die preisliche und mengenseitige Beeinflussung des Marktes durch eine bestimmte politische Maßnahme – und mithin die Schadenshöhe für das Unternehmen – kann somit vergleichsweise gut quantifiziert werden. In diesem Fall kann das Unternehmen auf einen umfangreichen Schatz an Bewertungstheorie aus dem allgemeinen Risikomanagement zurückgreifen, siehe z. B. [1, 3, 4].

Möglicherweise ist die Auswirkung des politischen Risikos auf den Unternehmenswert aber auch komplexer. Dann bietet es sich an, den Zusammenhang zwischen dem Risiko und seiner Auswirkung anhand eines sogenannten *Treiberbaumes* zu veranschaulichen. Typischerweise wird in einem solchen Treiberbaum der Einfluss von Kosten- und Erlöspositionen auf den Kapitalfluss des Unternehmens oder eines Geschäftsfelds visualisiert, indem sie die kausalen Beziehungen zwischen einzelnen Treibern abbilden [5]. Aus finanzieller Sicht stellt der Treiberbaum dann ein Modell des Unternehmens beziehungsweise Geschäftsfelds dar.

In einem Treiberbaum lassen sich die mathematischen Abhängigkeiten darstellen, anhand derer schließlich die Auswirkung des Risikos für das Unternehmen bewertet werden kann. Dabei wird die Berechnung der finanziellen Kennzahlen, auf oberster Ebene typischerweise des Kapitalflusses, so formuliert, dass die wesentlich mit Unsicherheit behafteten Treiber als isolierte Variablen geschrieben werden können: Es empfiehlt sich, bei den Treibern von Anfang zu trennen zwischen denen, die relativ sicher prognostizierbar sind, und jenen, die wesentlich unsicherheits- also risikobehaftet sind. Idealerweise findet sich ein spezifisches Risiko nur auf jeweils einem „Blatt" des Treiberbaumes. Wenn nun spezifische Risiken je Kosten- beziehungsweise Erlösposition dargestellt werden, erlaubt dies eine anschauliche Analyse der Wirkung verschiedener Risiken auf relevante Unternehmenskennzahlen. Ein ausformuliertes Schadensereignis entspricht einem Szenario für die Veränderung der Treiber-Variablen. Daraus lässt sich unmittelbar die Schadenshöhe berechnen.

Die Treiberbäume sollten regelmäßig vor dem Hintergrund aktueller regulatorischer Entwicklungen beziehungsweise entsprechender Diskussionen überprüft und ggf. angepasst werden, um ihre Gültigkeit zu gewährleisten. Sie kommen auch dann zum Einsatz, wenn mehr als nur ein Einzelrisiko bewertet werden soll. In Abschn. 4.2.2 vertiefen wir dies.

Für die *Eintrittswahrscheinlichkeiten* politischer Risiken ist die Quantifizierbarkeit in aller Regel nur grob näherungsweise möglich: Sie hängen zumeist von komplexen politischen Entscheidungsprozessen ab, die nicht exakt analysierbar sind. Regulatorische und andere politische Eingriffe stellen außerdem häufig eine Neuerung im Markt dar, sodass keine historischen Erfahrungswerte herangezogen werden können. Einen brauchbaren Aufsatzpunkt bilden die Treiber, die wir im Rahmen der makroökonomischen Analyse des Länderrisikos beschrieben haben. Belkaoui et al (Predicting Political Risk, p. 135–139) schlagen konkret die Analyse der folgenden Risikotreiber vor:

- Politische Akteure: Positionierung, früheres Verhalten
- Fraktionalisierung/Polarisierung
- Stakeholder Power Map; „war gaming"
- Umfeld der Akteure, z. B. Legitimitätskrisen, anstehende Wahlen
- Massendatenanalyse, z. B. zu trending keywords

Solche Meta-Analysen können schließlich in Form von *Szenarien* zusammengefasst werden, die das künftige Verhalten der politischen Akteure beschreiben. Diese Szenarien sind dann mit denjenigen für die Bewertung der Schadenshöhe abzugleichen: Am Ende steht ein begrenztes Set an Szenarien, die sowohl Schadenshöhe als auch Eintrittswahrscheinlichkeit des jeweiligen Risikos nachvollziehbar und konsistent beschreiben. Diese Szenarien können gleich wahrscheinlich sein oder selbst eine spezifische Eintrittswahrscheinlichkeit haben. Im einfachen Fall entspricht ein Szenario gerade dem Eintritt eines spezifischen Risikos – dann entspricht seine Eintrittswahrscheinlichkeit auch derjenigen des Risikos. Letztendlich fließt in die Quantifizierung der Eintrittswahrscheinlichkeit aber immer ein hohes Maß an unternehmerischem Urteil ein.

Die Entwicklung von Szenarien wird in der Literatur zum strategischen Management breit behandelt, siehe z. B. [1, 2]. Abb. 4.6 gibt einen Überblick der für unsere Zwecke wichtigsten Schritte.

Entwicklung Szenarien für politische Risikotreiber

0 Vorarbeit
  - Definition Zeithorizont, in Einklang mit den zu
    treffenden unternehmerischen Entscheidungen
  - Datensammlung
  - Identifikation Experten/Wissensträger

1 Einschätzung Meta-Trends
  - Poitische „Hot Topics"
  - Analyse der Medienlandschaft/
    pressure dynamics

2 Einschätzung Verhalten der politischen Akteure,
       z. B. basierend auf
  - Analyse der früheren Verhaltensmuster
  - Public Choice Theorie

3 Synthese in Form eines ausformulierten Szenarios
       für den betreffenden Risikotreiber

Abb. 4.6 Entwicklung von Szenarien für politische Risikotreiber

Die Analyse für politische Risiken mit kontinuierlicher Zufallsvariable erfolgt als Verallgemeinerung der oben beschriebenen Methode. Im Beispiel der Anhebung des Gewinnsteuersatzes wird dann nicht nur ein Wert betrachtet, sondern das gesamte Spektrum der möglichen Werte (z. B. von einer Anhebung um 0 % bis zu 10 %). In diesem Fall wird die Eintrittswahrscheinlichkeit als Funktion der Zufallsvariablen dargestellt. Aufgrund der beschriebenen Schwierigkeiten, Eintrittswahrscheinlichkeiten für politische Risiken überhaupt zu bestimmen, lohnt es sich meist nicht, in diese Aufgabe größere Ressourcen zu investieren. An dieser Stelle ist die umfangreiche Methodik, wie sie für Finanzmarktrisiken entwickelt wurde, auf politische Risiken nicht anwendbar. An ihre Stelle treten dann wieder Szenarioanalysen, die mögliche künftige Entwicklungen möglichst nachvollziehbar und konsistent erfassen.

Wir veranschaulichen die Methodik nun für unser erstes Unternehmensbeispiel.

Beispiel 1: Chemiekonzern

Wie oben dargelegt, hat das Unternehmen in diesem Beispiel lediglich ein relevantes politisches Risiko identifiziert, die Verknappung der CO_2-Emissionszertifikate mit konsequenter Steigerung der Faktorkosten für Strom. Der Treiberbaum kann entsprechend einfach aufgebaut werden, s. Abb. 4.7. Wichtig ist hierbei, dass die übergeordneten

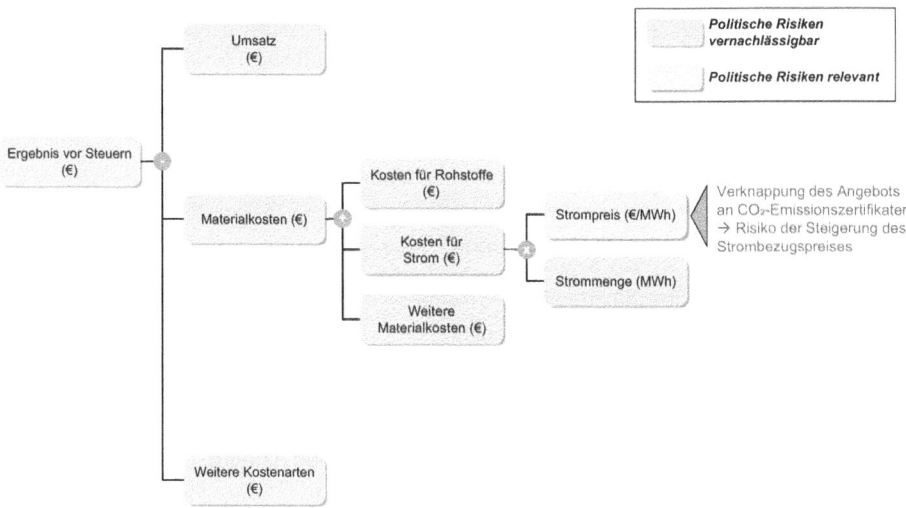

Abb. 4.7   Beispiel 1) Treiberbaum

Größen jeweils vollständig und überschneidungsfrei aus den unteren Treibern gebildet werden können. Mit anderen Worten, dass die Ergebnisgröße als eindeutige Funktion der Treiber geschrieben werden kann. In diesem Beispiel wäre das:

$$EBT = Umsatz - \left(Rohstoffkosten + Strompreis * Menge + Weitere\ Materialk.\right)$$
$$-Weitere\ Kosten$$

Der genaue Zusammenhang zwischen Verknappung und Strompreis kann dabei aus historischen Daten oder mittels einer Fundamentalanalyse ermittelt werden. Letztere bildet die Nachfrage- sowie Angebotskurve für CO_2-Zertifikate nach und überträgt das preisliche Resultat einer Verknappung auf die Angebotskurve der Stromerzeuger, mit den spezifischen CO_2-Intensitäten je Erzeugungstechnologie. Diese Analyse kann das Unternehmen möglicherweise auch von einem Dienstleister beziehen.

Damit sind die wesentlichen Voraussetzungen geschaffen, um die Schadenshöhe für ein konkretes Szenario zu quantifizieren. Das Unternehmen entwirft dafür das Szenario, in dem die CO_2-Zertifikatemenge in 3 Jahren um 20 % gegenüber dem aktuellen Niveau verknappt wird. ◄

4.2.2   Bewertung mehrerer Risiken

Sieht sich das Unternehmen mehreren potenziellen Schadensereignissen ausgesetzt, so genügt es nicht, für jedes Einzelrisiko die zuvor aufgeführte Bewertung von Schadenshöhe und Eintrittswahrscheinlichkeit durchführen. Die Risiken können nämlich voneinander abhängen, mit anderen Worten, gekoppelt sein. Die Aggregation solcher Einzelrisiken zu einem Gesamtrisiko kann dann grundsätzlich auf zwei Arten erfolgen:

1. Ermittlung der Kopplung (engl. „copula") zwischen den Einzelrisiken und Bildung der „Kopplungs-gewichteten Summe"; im einfachsten Fall entspricht die Kopplung der Korrelation zweier diskreter Ereignisse;
2. Szenario-basierte Aggregation, z. B. in Form einer Monte-Carlo-Simulation.

Die Bank für Internationalen Zahlungsverkehr hat im Zusammenhang mit regulatorischen Vorgaben diese beiden Methoden gut verständlich aufbereitet [6].

Die erste Methodik setzt voraus, dass ausschließlich solche Risiken vorliegen, die mit einiger Genauigkeit quantifizierbar sind, inklusive der Kopplungen zwischen den Risiken. Für ein gesamtes Unternehmen ist dieser Ansatz schwierig: Zum einen werden sich die Wissensträger des Unternehmens mit der Schätzung von Kopplungen schwertun. Zum anderen liegen typischerweise nicht ausschließlich diskrete potenzielle Schadensereignisse vor – Beispiel: Firma wird in einem Land vollständig oder überhaupt nicht enteignet –, sondern auch die oben eingeführten mehr oder weniger kontinuierliche Risikovariablen wie Steuersätze, Preis- oder Mengenvorgaben, Härte der Compliance-Anforderungen, etc. Der Versuch, eine solch komplexe Risikostruktur mathematisch exakt abzubilden, wird meist nur Scheingenauigkeit erzeugen oder vollständig scheitern.

Die zweite Methodik ist insofern für die Aggregation politischer Risiken in aller Regel vorzuziehen. Die Bildung von Szenarien wurde in Abschn. 4.2.1 bereits angesprochen. Viele Unternehmen setzen diese Methode bereits ein, beispielsweise zum sogenannten Stress-Testing. Dabei wird für Größtrisiken eine isolierte Stresstestbetrachtung (univariater Stresstest) durchgeführt, z. B. im Rahmen der Bewertung von Risiken gemäß dem Gesetz zur Kontrolle und Transparenz im Unternehmensbereich, KonTraG.

Multivariate Szenarioanalysen sind wiederum beispielsweise bei Banken, zur Prognose von Wertpapierpreisen, oder Rohstoffhändlern, betreffend die Rohstoffpreise, gängige Praxis. Dieser Ansatz bildet Risiken und Kopplungen zwischen Risiken anhand von mehreren Szenarien ab, welche einzeln analysiert und ausgewertet werden können. Ein Szenario beschreibt dabei ein Set möglicher Ausprägungen von stark korrelierten Risikovariablen. Die Nutzung dieser Methode für die Aggregation politischer Risiken führen wir im Folgenden aus.

Das vollständige Vorgehen erscheint auf den ersten Blick komplex, hat sich in der Praxis aber bewährt. Es lässt sich in fünf Schritte unterteilen (s. Abb. 4.8), von denen wir die ersten beiden bereits behandelt haben [7]:

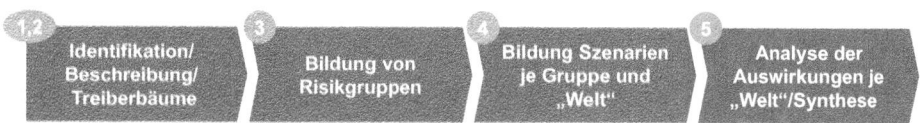

Abb. 4.8 Vorgehen zur Bewertung bei mehreren Risiken

Schritt 1 *Identifikation* und Beschreibung der *Risiken*, s. Abschn. 4.1

Schritt 2 Verknüpfung der Risiken mit finanziellen Indikatoren: Entwicklung von *Treiberbäumen*, s. Abschn. 4.2.1

Schritt 3 Qualitative Einschätzung der Kopplungen zwischen Einzelrisiken: *Ableitung von Risikogruppen*.

Die Einzelrisiken werden so gruppiert, dass Risiken in derselben Gruppe signifikante Kopplungen zueinander aufweisen. Unterschiedliche Risikogruppen dagegen sind weitgehend oder vollständig entkoppelt. Die Notwendigkeit, Kopplungen exakt zu ermitteln, entfällt damit. Prinzipiell können aber auch quantifizierte Kopplungen mathematisch verarbeitet werden, z. B. mithilfe der Erfassung der jeweiligen Korrelationskoeffizienten (r_{ij}) zwischen zwei Einzelrisiken i und j. In diesem Fall hängen die Eintrittswahrscheinlichkeiten der Szenarien beziehungsweise der Szenariokombinationen von den jeweiligen r_{ij} ab.

Schritt 4 Bildung von *Szenarien je Risikogruppe*: Für jede Risikogruppe wird eine sinnvolle Anzahl von Szenarien beschrieben, inklusive deren quantitative Auswirkung auf die Risiken in der Gruppe. In dieser Form wird die künftige Entwicklung im betrachteten Zeitraum für alle Risikotreiber der Gruppe beschrieben. Zusätzlich werden Eintrittswahrscheinlichkeiten je Szenario ermittelt.

Wie bereits oben erwähnt, empfehlen sich für diesen Schritt mehrere Instrumente wie z. B. historische und geografische Analogien sowie Expertenworkshops und Meinungsumfragen, wenn keine zuverlässigen historischen Vergleichswerte herangezogen werden können. Wichtig ist, dass diese meist nicht ad hoc aufgebaut werden, sondern sich mit der wiederholten Durchführung des hier skizzierten Risikomanagementprozesses fortlaufend weiterentwickeln. Ebenfalls wichtig: Szenarien müssen im zeitlichen Verlauf dargestellt werden, aus dem Trigger Points beziehungsweise Verästelungen eines Entwicklungspfades ersichtlich werden. Entlang dieses Pfades können die zu treffenden unternehmerischen Entscheidungen antizipiert werden.

Für legislative Risiken kann beispielsweise der Gesetzgebungsprozess herangezogen werden, inklusive der Rollen von Exekutive und Judikative unter Berücksichtigung der handelnden Personen („Power Map im Zeitverlauf").

Bildung der *Szenario-Welten*: Sind die Szenarien *für jede Risikogruppe* erarbeitet worden, so werden sie kombiniert zu sogenannten Szenario-Welten, also z. B. Szenario A1 (1. Szenario der Risikogruppe A) kombiniert mit Szenario B4 (4. Szenario für Risikogruppe B) ergibt Szenario-Welt „A1-B4". Die Welten beinhalten dabei Annahmen zu mehreren unkorrelierten Risiken, ggf. aus verschiedenen Treiberbäumen, und bilden damit eine Einschätzung für alle unternehmensrelevanten Entwicklungen ab. Wurden im vorigen Schritt auch die Eintrittswahrscheinlichkeiten je Szenario quantifiziert, so lassen sich daraus die kombinierten Eintrittswahrscheinlichkeiten je Welt als einfaches Produkt ermitteln.[2]

Schritt 5 Modellierung der *Auswirkungen* auf das Portfolio beziehungsweise Unternehmen.

Je Szenario-Welt werden schließlich die Auswirkungen mithilfe der Treiberbäume ermittelt. Sprich, für jede Welt werden die für die Unternehmenssteuerung kritischen Kennzahlen berechnet, typischerweise auf Basis des jährlichen Kapitalflusses (Discounted Cash Flow Methode). Je Welt ergeben sich somit eine oder mehrere Kennzahlen. Damit ist die Bewertung im Kern abgeschlossen und kann weiter genutzt werden, z. B. für die Auswahl der Handlungsoptionen.

Bei ausreichend vielen Datenpunkten kann sie im Sinne einer Monte-Carlo-Simulation hinsichtlich Erwartungswert und Varianz weiter analysiert werden; hier kann wiederum die Gewichtung der Welten anhand von Eintrittswahrscheinlichkeiten einfließen. Falls die Datenbasis für eine Monte-Carlo-Simulation nicht ausreicht, ergibt sich einfach ein Set an Welten mit zugehörigen Kennzahlen, die der Unternehmensführung die handlungsrelevanten Informationen liefern.

Wichtig ist die finale Aufbereitung der Analyseergebnisse in einer übersichtlichen und verständlichen Synthese für die Entscheidungsträger.

Das beschriebene Vorgehen lässt sich unterstützen durch ein Tool wie es im Appendix, Kap. 10, vorgestellt wird. Abb. 4.9 zeigt den durch das Tool unterstützten Prozess im

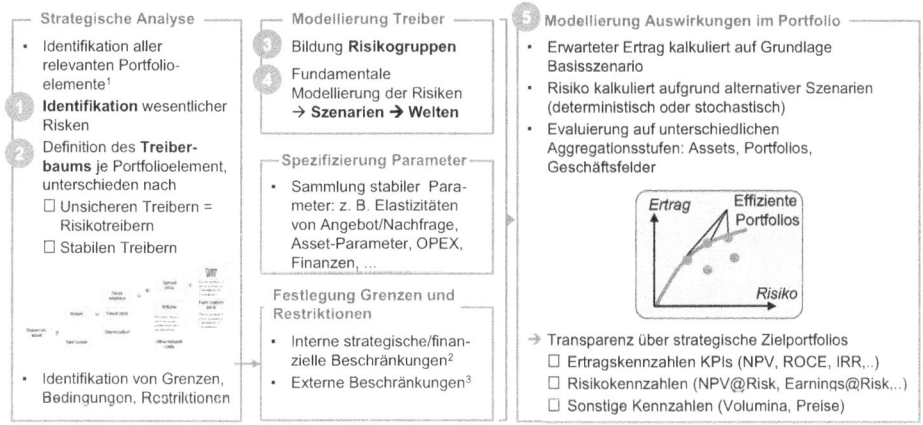

Abb. 4.9 Detailliertere Darstellung des Vorgehens zur Bewertung

---

[2] Dies setzt in der Theorie voraus, dass die Risikogruppen vollständig unkorreliert, also entkoppelt sind. In der Praxis ist der Fehler, der bei Vernachlässigung geringfügiger Kopplungen entsteht, aber kleiner als die Unsicherheiten der Schätzung und unkritisch für die Aussagekraft des Analyseergebnisses.

Überblick. Die Verwendung eines solchen einheitlichen Tools bietet klare Vorteile hinsichtlich Konsistenz und Übersichtlichkeit, verglichen z. B. mit einer auf mehrere Tools verteilten Analyse. Wir kommen nun wiederum auf unsere Praxisbeispiele zurück.

Beispiel

Beispiel 2: Stromerzeuger

Die Treiberbaum-Analyse ergibt für die konventionellen Kraftwerke fünf relevante Risikotreiber, wie in Abb. 4.10 dargestellt: einerseits drei Marktpreis-relevante Treiber (Strom, Primärenergie, CO_2-Zertifikate), andererseits zwei Technologie-spezifische Treiber (Verbote/Phase-out bestimmter Technologien sowie steigende regulierte Risiko-Provisionen). Für Kraftwerke mit erneuerbarer Stromerzeugungstechnologie kommen drei weitere Risikotreiber hinzu, die einerseits die Subventionshöhe, andererseits die Regulierung der Rangfolge bei der Stromeinspeisung in das Netz betreffen, s. Abb. 4.11.

Diese insgesamt acht Treiber stehen über das Thema „Energiepolitik" miteinander in einer Beziehung, sind also zumindest teilweise positiv oder negativ korreliert. Entsprechend formuliert das Unternehmen umfassende Szenarien oder Szenario-Welten, die die Ausprägungen für alle Treiber beschreiben:

- Szenario (A) „Fortführung Energiewende": In diesem Szenario materialisieren sich die Risikotreiber für erneuerbare Technologien nicht, Subventionshöhe und Einspeisevorrang für Erneuerbare werden beibehalten, womit sich auch das erstgenannte Risiko für Konventionelle nicht materialisiert. Das Angebot an CO_2-Zertifikaten wird innert 15 Jahren um 30 % reduziert sowie ein phase-out aller fossilen Erzeugungstechnologien innert 30 Jahren beschlossen. Die verbleibenden beiden Risiken (Sanktionen/Risikoprovisionen) materialisieren sich nicht.

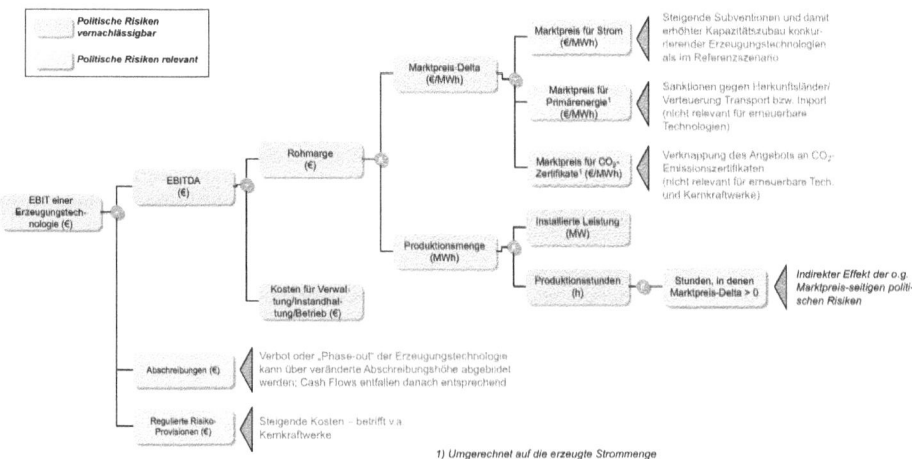

Abb. 4.10 Beispiel 2) Treiberbaum für konventionelle Kraftwerke

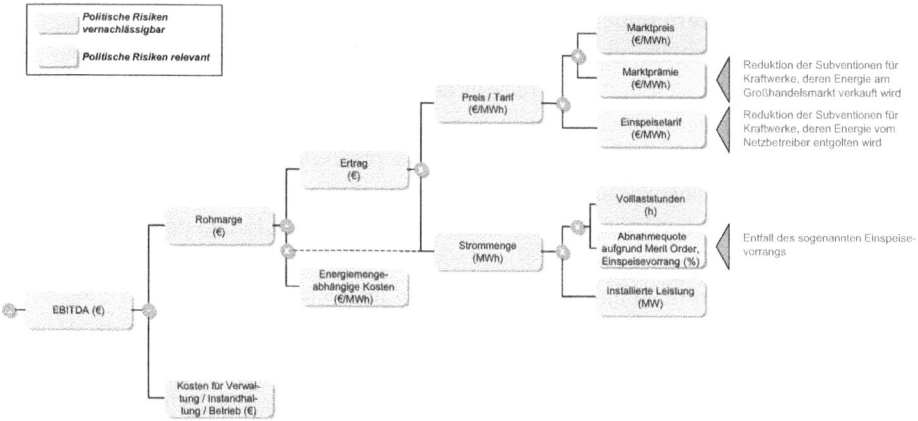

Abb. 4.11 Beispiel 2) Treiberbaum für erneuerbare Technologien

- Szenario (B) „Neuer Fokus auf nationale Autarkie": Sanktionen, Zölle und andere Maßnahmen bewirken eine gleichmäßige Steigerung der Primärenergiepreise für Steinkohle, Erdgas und Erdöl um 100 % innerhalb von 10 Jahren. Die anderen Risiken materialisieren sich nicht.
- Szenario (C) „Neuer Fokus auf Wirtschaftlichkeit": Subventionen für Erneuerbare werden gleichmäßig über 20 Jahre zurückgefahren, der Einspeisevorrang entfällt in 10 Jahren. Die anderen Risiken materialisieren sich nicht.
- Szenario (D) „Status Quo": In diesem Szenario ändern sich die politischen beziehungsweise regulatorischen Randbedingungen nicht. Es dient als Vergleichsbasis zur Quantifizierung der Auswirkungen der anderen Szenarien.

Mittels dieser Szenarien kann der Stromerzeuger nun die jeweilige Schadenshöhe für sein Kraftwerksportfolio quantifizieren. Je nach Portsodassönnen die resultierenden Werte durchaus auch negativ sein, sodass das Unternehmen gegenüber dem Referenzszenario (D) von den politischen Änderungen profitiert. Um das Beispiel fortzuführen, nehmen wir an, dass die Quantifizierung der Schadenshöhe die folgenden Ergebnisse bringt:

- Szenario A stellt aufgrund des Phase-Out fossiler Erzeugungstechnologien eine wesentliche Bedrohung des Unternehmens dar, die seinen Substanzwert ceteris paribus innert 30 Jahren um 80 % gegenüber Szenario (D) reduziert. Gleichzeitig bietet es auch wesentliche Chancen, wie ab Kap. 6 erörtert wird.
- Szenario (B) resultiert dagegen nur in einer Substanzwertreduktion um 15 % innert 10 Jahren, ceteris paribus, versus (D).
- In Szenario (C) verbessert sich der Substanzwert innert 20 Jahren um 10 % gegenüber (D).

Beispiel 3: Rohstoffhändler

Ein Treiberbaum, über den die oben genannten politischen Risiken abgebildet werden können, findet sich in Abb. 4.12. Auf oberster Ebene wird hier zwischen dem Asset-intensiven Speichergeschäft sowie dem reinen Handelsgeschäft unterschieden, um das vierte Risiko (Enteignung der Speicher) zu separieren. Die regulatorischen Risiken „Verschärfung Finanzmarktregulierung" und „Lieferkettengesetze" beeinflussen die hier funktional gegliederten Betriebskosten des Handels. „Lieferkettengesetze" sowie „Embargo/Sanktionen" wirken sich schließlich auf die Ertragspotenziale für spezifische Handelswaren (Commodities) sowie Geographien (Länder) aus.

Nun stellt sich die Frage, inwiefern diese Risiken korrelieren. Verschärfte Finanzmarktregulierung und Lieferkettengesetze resultieren einerseits beide aus einem interventionistischen Staatsverständnis heraus. Andererseits sind sie politisch unterschiedlich motiviert: im ersten Fall primär „stabilitätspolitisch" und erst sekundär „ethisch-ideologisch"; im Fall der Lieferkettengesetze dagegen primär „ethisch-ideologisch", Stabilität spielt hier kaum eine Rolle. Risiken (c) und (d) schließlich sind weitestgehend entkoppelt von (a) und (b). Zwischen (c) und (d) wiederum besteht eine schwache Kopplung über das Thema „geopolitische Stabilität", insbesondere wären Sanktionen gegen solche Länder denkbar, die eine Enteignungspolitik durchsetzen. Andererseits ist auch diese Kopplung eher schwach.

Der Einfachheit halber – und um dieses Beispiel vom vorherigen Beispiel abzugrenzen, gehen wir im Folgenden von einer vernachlässigbaren Korrelation der Einzelrisiken aus. Dann sind für jedes der Risiken je eigene Szenarien zu entwerfen, und zwar immer mindestens ein Referenzszenario sowie eines, das den Eintritt des Risikos beschreibt. Die Referenzszenarien schreiben in unserem Beispiel einfach den Status Quo fort. Das muss in der Praxis nicht der Fall sein, vereinfacht die Analyse aber. Im Fol-

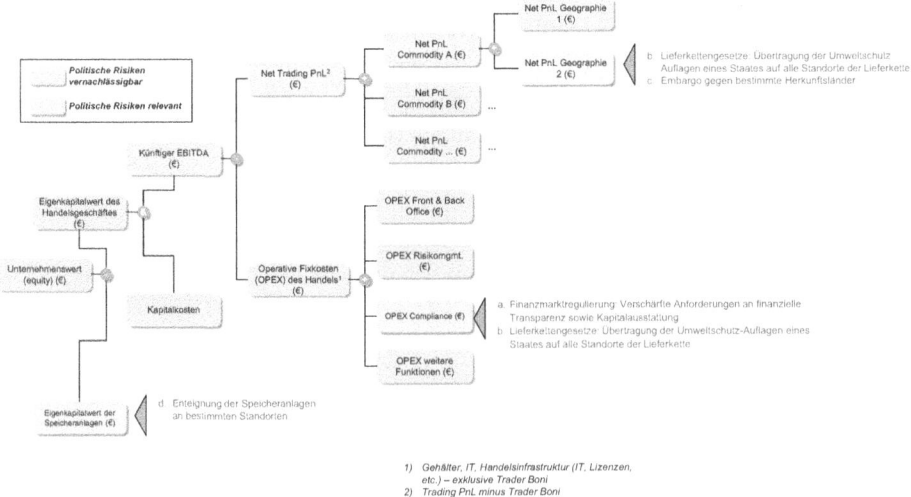

Abb. 4.12 Beispiel 4) Treiberbaum für Rohstoffhändler

genden fokussieren wir deshalb auf jeweils ein Risikoszenario und beschreiben auch direkt die Ergebnisse der Quantifizierung. Der Einfachheit halber können wir dann das Szenario, in dem sich Risiko (a) materialisiert, als „Szenario A" bezeichnen, und analog für die anderen Risiken:

- Szenario A = Szenario „Eintritt Risiko (a)": Hier wird innert 5 Jahren ein „Gesetz gegen missbräuchlichen Handel" eingeführt, das weitergehende Transparenzvorschriften macht, für unseren Rohstoffhändler aber keine Änderung des Geschäftsmodells oder der Handelsstrategien nach sich zieht. Die zusätzlichen Kosten für Compliance werden auf 0,5 % des unternehmensweiten EBITDA ermittelt.
- Szenario B: Hier fordert die Jurisdiktion, in der das Unternehmen seinen Hauptsitz und auch die führende Handelseinheit hat, innerhalb von 5 Jahren neu die Einhaltung der inländischen Umweltschutzauflagen für alle Standorte des Unternehmens sowie auch für dessen direkte Zulieferer (tier one). Die damit verbundenen Kosten sind für das Unternehmens wesentlich, möglicherweise auch bestandsgefährdend. Eine Quantifizierung ist nicht sinnvoll durchführbar, da stark abhängig von der konkreten Ausgestaltung des Gesetzes, die noch nicht vorliegt.
- Szenario C: Im Risikofall wird ein weiterer wesentlicher „Rohstoff-Staat", z. B. die russische Föderation, sowie der größte „Industrie-Staat", z. B. die chinesische Volksrepublik, innert 2 Jahren vom Handel mit den anderen Ländern, in denen das Unternehmen tätig ist, abgeschnitten. In erster Ordnung entfallen dadurch die Rohmargen (PnL) in diesen Ländern; in zweiter Ordnung steigt die Preisvolatilität in den verbleibenden Märkten, was einem Zuwachs der betroffenen PnL um 10 % entspricht.
- Szenario D: Die Speicheranlagen des Unternehmens werden innert 10 Jahren in zwei wesentlichen Jurisdiktionen entschädigungslos enteignet. Die Quantifizierung der Schadenshöhe ergibt eine Reduktion des Anlagevermögens um 30 %. ◄

Nach dieser Darstellung der Bewertungsmethodik für politische Risiken gehen wir im Folgenden auf das Thema der laufenden Risiko- und Umsetzungskontrolle ein.

4.3 Controlling und Monitoring

Im etablierten Risikomanagementprozess folgt das Controlling auf die Entscheidung, wie mit dem Risiko umzugehen ist. Wir gehen bereits an dieser Stelle darauf ein, da das Controlling methodisch auf der Bewertung aufsetzt.

Zunächst unterscheiden wir die Risiken anhand ihrer Quantifizierbarkeit. Leicht quantifizierbare Risiken (vgl. Abschn. 4.2.1) werden anhand der für sie passenden Methode regelmäßig neu bewertet, beispielsweise durch Auswertung der vorliegenden Marktpreise für eine Kategorie von Materialkosten oder Wertpapieren. Im Handel mit liquiden Produkten wie Wertpapieren, Rohstoffen, etc. ist eine umfangreiche Disziplin des Risikomanagements und -controllings aufgebaut worden, die unter anderem die folgenden Schritte umfasst [8]:

a. Definition der Risikotragfähigkeit und des Risikoappetits
b. Definition der sogenannten Steuerungselemente, z. B. Zusammenfassung einzelner Assets oder Deals zu einem Buch, sowie der Steuerungskennzahlen, z. B. Value-at-Risk
c. Festlegung von Grenzwerten je Buch und Kennzahl, den sogenannten Risikolimiten, sowie der Maßnahmen, die bei Überschreiten einer Limite zu ergreifen sind
d. Regelmäßige Berechnung der Kennzahlen und gegebenenfalls Umsetzung der definierten Maßnahmen

Das Management und Controlling schwer quantifizierbarer Risiken ist nicht standardisierbar. Je nach Risiko ist eine spezifische Handhabung erforderlich. Auch für solche Risiken ergibt es grundsätzlich Sinn, im Vorhinein die möglichen Maßnahmen zu definieren, die bei Eintritt des Risikos, beziehungsweise bei Überschreiten eines Schwellwertes, der im Zusammenhang mit dem Risiko steht, zu ergreifen sind. Dies spart im Krisenfall wertvolle Zeit und richtet die Organisation des Unternehmens auf dasselbe Ziel aus. Anstelle einer berechenbaren Kennzahl treten aber andere beobachtbare Ereignisse; insbesondere die oben eingeführten Trigger Points kommen hierfür in Frage.

Letztendlich handelt es sich bei politischen Risiken um menschengemachte, der Eintritt des Risikos steht am Ende eines menschlichen Handlungsstranges. Deshalb gilt es, in regelmäßigen Abständen die Antizipation des Risikos zu vergleichen mit der eingetretenen Realität, um daraus Rückschlüsse über Eintrittswahrscheinlichkeit und Schadenshöhe zu ziehen. Je griffiger die vorige Beschreibung des Risikos, umso leichter gestaltet sich dieser spätere Abgleich im Rahmen des Monitorings. Wird dabei ein definierter Schwellwert überschritten, so greifen wiederum die Maßnahmen, z. B. der Rückzug aus einer Jurisdiktion im Falle eines unrechtmäßigen Regierungswechsels („Putsch").

Insbesondere ermöglicht der regelmäßige Abgleich von Antizipation und Realität, die Antizipation zu verbessern. Im Idealfall wächst im Laufe der Zeit das Wissen der Organisation über die Treiber, Trigger Points und zeitlichen Entwicklungen der für das Unternehmen wichtigen Risiken kontinuierlich an, unabhängig von einzelnen Wissensträgern.

Beispiel

Beispiel 1: Chemiekonzern

Das Risiko der Zertifikateverknappung ist ein klassisches politisches Risiko in Form von Gesetzesänderungen beziehungsweise neuen Verordnungen, das maßgeblich von den jeweiligen politischen Entscheidungsträgern abhängt. Um die Entwicklung der Eintrittswahrscheinlichkeit sowie Schadenshöhe kontinuierlich zu prüfen, definiert das Unternehmen kritische Entscheidungspunkte, sogenannte Trigger Points, die sich in erster Linie am Gesetzgebungsprozess der fraglichen Jurisdiktionen orientieren.

Abb. 4.13 zeigt beispielhaft das deutsche Gesetzgebungsverfahren im Überblick auf. In der einfachsten Form lassen sich drei Stufen definieren:

1. *Öffentliche Diskussion* eines Gesetzgebungsvorhabens. Diese ist zumeist bereits eingetreten, da das Unternehmen das Risiko andernfalls kaum als kritisch erkannt hätte.

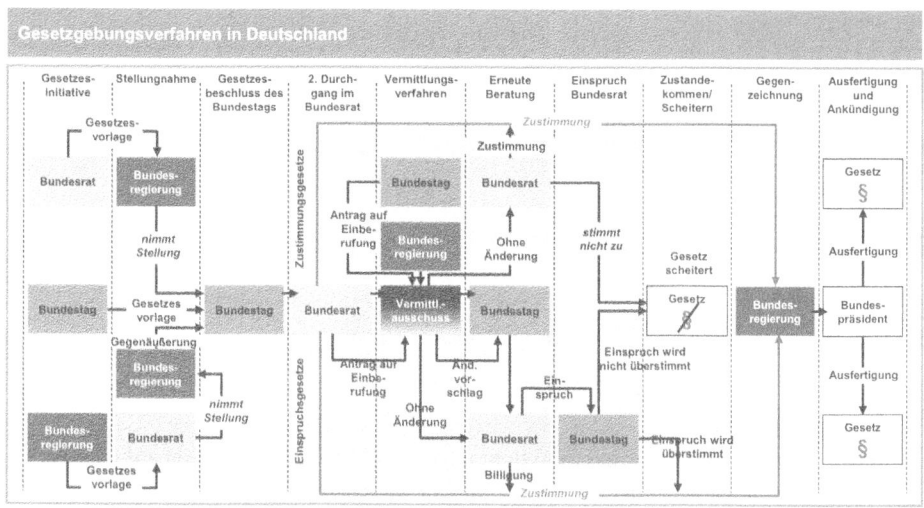

Abb. 4.13 Überblick des deutschen Gesetzgebungsverfahrens

2. *Gesetzesvorlage;*
3. *Verabschiedung des Gesetzes.*

Im Falle unklarer Mehrheitsverhältnisse kann es sinnvoll sein, die Phase zwischen Gesetzesvorlage und Verabschiedung weiter zu unterteilen. In dem vom Unternehmen entworfenen Szenario, in dem die CO_2-Zertifikatemenge in 3 Jahren um 20 % gegenüber dem aktuellen Niveau verknappt wird, ist klarerweise der entsprechende Zeitraum im Fokus.

Die Analyse der Mehrheitsverhältnisse gibt darüber hinaus einen Hinweis auf die Eintrittswahrscheinlichkeit der Gesetzesänderung. Sie kann anhand von öffentlichen oder proprietären Meinungsumfragen oder durch Expertenschätzung erfolgen.

Zur Dokumentation können den Entscheidungspunkten die neuen Eintrittswahrscheinlichkeiten des Risikos sowie die zu ergreifenden Maßnahmen zugeordnet werden, die in den folgenden Kapiteln näher zu definieren sind, s. Abb. 4.14.

Beispiel 2: Stromerzeuger

Alle der acht oben dargestellten Einzelrisiken entsprechen wiederum bestimmten Änderungen von Gesetzen oder Verordnungen und können mithin via Trigger Point Methode analog zu Beispiel 1 verfolgt und bei Bedarf neu bewertet werden.

Beispiel 3: Rohstoffhändler

Hier unterscheiden wir zwischen den Risiken (a) Finanzmarktregulierung und (b) Lieferkettengesetze auf der einen Seite: Diese stellen „gewöhnliche" Gesetzesänderungen dar und sind wie in den ersten beiden Beispielen zu überwachen. Risiken wie die Beispiele (c) Sanktionen beziehungsweise Embargos sowie (d) Enteignung Speicheranlagen dagegen resultieren nicht nur aus einer regulären inländischen Entwicklung, sondern haben zusätzlich oder stattdessen außenpolitische sowie „revolutionäre", dis-

Entscheidungspunkt	Eintrittswahrschein-lichkeit neu	Optional: Schadens-höhe neue	Maßnahme
a) Exekutive nimmt Beratungen zum Thema auf	50 %	unverändert	Im Folgenden zu definieren (z. B. Aufnahme Gespräche mit Regierungsvertretern zur Mitge-staltung des Gesetzesvorschlag → Lobbying)
b) Exekutive bringt Gesetzesvorschlag in die Legislative ein	75 %	unverändert	Im Folgenden zu definieren
c) Legislative verabschiedet Gesetz	95 %	unverändert	Im Folgenden zu definieren
d) Gesetz tritt in Kraft	100 %	unverändert	Im Folgenden zu definieren

Abb. 4.14 Beispiel 1) Beschreibung der Entscheidungspunkte für das Risiko „Verknappung CO_2-Zertifikate"

ruptive Komponenten. So sind Sanktionen typischerweise die Reaktion auf eine verän-derte außenpolitische Situation; Enteignungen wiederum werden zumeist spontan vor-genommen, andernfalls sie kaum erfolgreich durchführbar wären, und haben oftmals „außenpolitische Reaktionen", also Maßnahmen anderer Jurisdiktionen, zur Folge. Ein Trigger Point Monitoring muss also auch diese Dimensionen berücksichtigen. Für eine erste Einschätzung der außenpolitischen Dimension bieten sich einschlägige Periodi-cals an, z. B. das Magazin „Foreign Affairs" für die USA, auch wenn diese kaum quan-tifizierbare Informationen liefern. Für die innenpolitisch-disruptive Dimension sind wiederum politische Volatilitätstreiber wie z. B. die Verteuerung von Gütern zur Befrie-digung von Grundbedürfnissen wie Nahrung oder Wohnung relevant. ◄

In der Praxis wird sich das Controlling und Monitoring politischer Risiken deutlich nach deren strategischer Bedeutung für das Unternehmen unterscheiden. Im folgenden Abschnitt gehen wir näher auf diese Dimension ein.

4.4   Unterschied zwischen taktischen und strategischen Risiken

Die Unterscheidung zwischen politischen Risiken taktischer und strategischer Natur ist wesentlich für die Frage, wie mit ihnen umzugehen ist. Im Allgemeinen gilt: Taktische Ri-siken beeinflussen beziehungsweise erschweren die Umsetzung der Unternehmensstrate-gie. Die Strategie beziehungsweise das Geschäftsmodell des Unternehmens werden bei taktischen Risiken vorausgesetzt. Das Management dieser Risiken fokussiert deshalb auf deren Vermeidung beziehungsweise Verringerung. Für politische Risiken können wir hier deshalb den klassischen Methoden des Risikomanagements folgen. Strategische Risiken dagegen sind wesentlicher Bestandteil der Unternehmensstrategie. Einerseits können sie den Bestand des Unternehmens gefährden. Andererseits können sie die Wettbewerbsposi-tion maßgeblich beeinflussen, sowohl im positiven wie auch negativen Sinn. Generell gilt: Politische Risiken erlangen heute zunehmend strategische Bedeutung für das Unternehmen.

Wir differenzieren also anhand zweier Kriterien: der Größe des Risikos sowie seiner strategischen Bedeutung.

Unterscheidung anhand der Größe   Strategische Risiken beeinflussen die Unternehmensstrategie aufgrund ihrer möglichen Schadenshöhe in wesentlicher Form. Insbesondere können sie die Risikotragfähigkeit des Unternehmens überschreiten oder gefährden. Taktische Risiken gefährden die Erreichung der aus der Strategie abgeleiteten Ziele. Sie überschreiten die Risikotragfähigkeit des Unternehmens nicht.

Unterscheidung anhand der strategischen Bedeutung   Auch Risiken, deren Größe für das Unternehmen nicht kritisch ist, können strategische Bedeutung erlangen und ein bewusst gewähltes Element der Strategie sein. Eine notwendige Voraussetzung dafür ist, dass sich das Unternehmen aus dem Tragen des Risikos im Saldo einen Vorteil verspricht, wenn also die Chancen gegenüber den Risiken überwiegen. Ein solcher Vorteil kann einerseits unabhängig von den Wettbewerbern des Unternehmens bestehen; wir sprechen dann von einem *absoluten* Vorteil. Andererseits kann der Vorteil aber lediglich *relativ* zu den Wettbewerbern bestehen. In beiden Fällen fokussiert das strategische Risikomanagement auf das Identifizieren beziehungsweise Ausbilden von *Wettbewerbsvorteilen* im Zusammenhang mit dem Risiko.

Auf oberster Ebene kommen hierfür zwei Gründe in Betracht:

1. Das Unternehmen verfügt über einen Wettbewerbsvorteil im *Umgang* mit dem Risiko, z. B. über ausgeprägte Kompetenzen zur Bewirtschaftung und Reduktion des Risikos. Als Beispiel seien hier Finanz- und Commodity-Händler genannt.
2. Das Unternehmen verfügt über einen Wettbewerbsvorteil im *Tragen* des Risikos, z. B. eine starke Bilanz. Dies ist das Kerngeschäft von Versicherungen.

Auch für symmetrische Risiken, bei denen sich die unmittelbaren Chancen und Risiken für das Unternehmen ausgleichen, kann dieser Fall vorliegen. Dies ist typischerweise dann der Fall, wenn das Unternehmen über besondere Fähigkeiten in der operativen Risikobewirtschaftung verfügt.

Letztendlich handelt es sich um eine fließende Grenze. Die Unterscheidung ist zu einem guten Teil eine unternehmerische Entscheidung.

Zur Illustration der Unterscheidung zwischen taktischen und strategischen Risiken kommen wir auf unsere drei Beispiele zurück.

Beispiel

Beispiel 1: Chemiekonzern

   Das oben beschriebene Einzelrisiko, die Verknappung des Angebots an CO_2-Zertifikaten um 20 %, stellt ein taktisches Risiko für das Unternehmen dar, da es die

Unternehmensstrategie nicht wesentlich beeinflusst und eine Ausbildung von Wettbewerbsvorteilen entlang diesem Risiko nicht realistisch erscheint. Eine deutlich weitergehende Verknappung dagegen könnte zu einer ernsthaften Bedrohung des Unternehmens führen und damit ein strategisches Risiko begründen. Das Unternehmen kann mithin einen Schwellwert definieren, z. B. die Verknappung um ≥ 50 %, ab dem das Risiko strategisch wird.

Beispiel 2: Stromerzeuger

In Abschn. 4.2.2 haben wir die Szenariowelten dargestellt, mittels derer das Unternehmen die korrelierten Einzelrisiken bewertet:

- (A) „Fortführung Energiewende" → Reduktion Substanzwert innert 30 Jahren um 80 %; andererseits auch wesentliche Chance
- (B) „Neuer Fokus auf nationale Autarkie" → Substanzwertreduktion um 15 % innert 10 Jahren
- (C) „Neuer Fokus auf Wirtschaftlichkeit" → Steigerung Substanzwert innert 20 Jahren um 10 %

(A) ist damit strategischer, (B) und (C) sind dagegen taktischer Natur. Die Welten sind allerdings vollständig antikorreliert, da der Eintritt einer Szenariowelt ja gerade bedeutet, dass die beiden anderen nicht eintreten werden. Zur Untersuchung der Handlungsoptionen betrachtet das Unternehmen das gesamte Risikocluster deshalb als ein strategisches politisches Risiko.

Beispiel 3: Rohstoffhändler

Hier stellt sich die Situation, kurzgefasst, folgendermaßen dar:

- Szenario A → Steigerung der Kosten für Compliance um 0,5 % des EBITDA → taktisches Risiko (a)
- Szenario B → Die damit verbundenen Kosten sind für das Unternehmens wesentlich, möglicherweise auch bestandsgefährdend → strategisches Risiko (b)
- Szenario C → Entfallen der Rohmargen (PnL) in betroffenen Ländern sowie Zuwachs PnL in Restmärkten für die betroffenen Commodities um 10 % → taktisches Risiko (c)
- Szenario D → Reduktion des Anlagevermögens des Unternehmens um 30 % → strategisches Risiko (d). ◄

▶   **Wichtig** Gemäß der Unterscheidung führen wir die Beispiele beziehungsweise Szenarien in unterschiedlichen Kapiteln weiter aus, und zwar:

- Taktische Risiken: Beispiele (1) sowie (3A) und (3C) → Kap. 5;
- Strategische Risiken: Beispiele (2 – Risikocluster) sowie (3B) und (3D) → Kap. 6 und 7.

Zusammenfassung

Die wichtigsten Elemente dieses Kapitels seien kurz zusammengefasst:

- Die Identifikation politischer Risiken erfolgt typischerweise anhand der in Abschn. 2.3 dargestellten Strukturen; für die Beschreibung eignet sich wiederum das Bow-Tie Framework, Abb. 3.4.
- Die Bewertung dieser Risiken, insbesondere die Quantifizierung der Eintrittswahrscheinlichkeit, ist oftmals schwierig; in dem Fall eignet sich die Darstellung des Risikoeinflusses anhand von Treiberbäumen. Damit werden die wesentlichen finanziellen Kennzahlen so (um)formuliert, dass die wesentlich mit Unsicherheit behafteten Treiber als isolierte Variablen geschrieben werden können, s. z. B. Abb. 4.7, 4.10 oder Abb. 4.12. Szenarien ermöglichen dann die Quantifizierung sowohl der Schadenshöhe als auch der Eintrittswahrscheinlichkeit.
- Für die Bewertung mehrerer Risiken empfiehlt sich dann die Bildung von Risikogruppen, deren Auswirkungen wiederum mittels Szenarioanalyse untersucht werden, s. Abb. 4.9.
- Das Controlling/Monitoring erfolgt typischerweise anhand der bei der Risikobeschreibung identifizierten Trigger Points, s. z. B. Abb. 4.14.

Strategische Risiken unterscheiden sich von taktischen entweder anhand ihrer Größe und/ oder ihrer strategischen Bedeutung für das Unternehmen.

Literatur

1. Damodaran, A. (2007). Strategic risk taking: a framework for risk management. Pearson Prentice Hall.
2. Miller, K. D., & Waller, H. G. (2003). Scenarios, real options and integrated risk management. Long range planning, 36(1), 93–107.
3. Sharpe, W. F.: Capital Asset Prices: A Theory of Market Equilibrium under Conditions of Risk. In: Journal of Finance, 19 (1964), S. 425–442
4. Lintner, J.: The Valuation of Risk Assets and the Selection of Risky Investments in Stock Portfolios and Capital Budgets. In: Review of Economics and Statistics, 47 (1965), S. 13–37;
5. Klauck, S. (2015). Enterprise Simulations based on Value Driver Trees. Proceedings of the 8th Ph. D. retreat of the HPI research school on service-oriented systems engineering, 8, 111.
6. https://www.bis.org/publ/joint25.pdf.
7. Figge, L., Otto, M.-F. (2013): Regulatorische Unsicherheiten als Herausforderung für das Risikomanagement. In: Energie – Markt – Wirtschaft, Heft 1.13.
8. Hopkin, P. (2018). Fundamentals of risk management: understanding, evaluating and implementing effective risk management. Kogan Page Publishers.

Umgang mit taktischen politischen Risiken 5

Ausgangspunkt dieses Kapitels ist die Natur taktischer politischer Risiken: Sie entstehen aufgrund der Strategie des Unternehmens, verändern diese aber nicht. Sie sollen so bewirtschaftet werden, dass (a) der aus ihnen zu erwartende Schaden auf das Minimum reduziert und/oder (b) die Eintrittswahrscheinlichkeit verringert wird. Die beiden Ansatzpunkte unterscheiden sich in der Theorie, können sich in der Praxis aber ergänzen. In Abschn. 3.3 wurde ein Entscheidungsbaum für den Umgang mit allgemeinen Risiken dargestellt, der die Optionen des Unternehmens *vor dem Eintritt des Schadensereignisses* aufzeigt. Diese Perspektive wenden wir in Abschn. 5.1 auf politische Risiken an.

Dann gehen wir der Frage nach, wie das Unternehmen *nach dem Eintritt des Ereignisses* auf die mögliche Schädigung durch die Jurisdiktion reagieren kann, Abschn. 5.2. Dabei berücksichtigen wir, dass es menschliche Institutionen sind, die politische Risiken verursachen. Der Umgang mit einem eingetretenen politischen Risiko kann also als Interaktion zwischen den beiden Parteien „Jurisdiktion" und „Unternehmen" betrachtet werden. Diese Perspektive baut auf den Ausführungen in Abschn. 2.2 und Kap. 9 auf. Die Kombination beider Sichtweisen, *ex ante* und *ex post*, ergibt eine differenziertere und vollständigere Sicht auf die Handlungsoptionen in Abschn. 5.3.

Schließlich gehen wir darauf ein, wie die Handlungsoption in der Praxis ausgewählt wird (Abschn. 5.4) beziehungsweise welche Faktoren bei der Umsetzung zu berücksichtigen sind (Abschn. 5.5).

M.-F. Otto, *Management politischer Risiken*, https://doi.org/10.1007/978-3-658-41759-8_5

5.1   Handlungsoptionen vor dem Eintritt

In der klassischen Betrachtungsweise, die sich auf die Phase vor der Materialisierung des Risikos bezieht (ex ante), bestehen für den Umgang mit taktischen Risiken grundsätzlich fünf, „übervollständige", Handlungsoptionen, s. Abschn. 3.3, Abb. 3.6:

1. Risiko vermeiden,
2. Risiko reduzieren,
3. Risiko tragen,

die anhand des Handlungsbedarfs („Was?") unterscheiden, sowie

4. Risiko abwenden und
5. Risiko transferieren,

die das „Wie?" der Risikoreduktion auf oberster Ebene beschreiben. Dieses generische Menü an Optionen wollen wir im Folgenden mittels eines praxisnahen Entscheidungsbaumes für politische Risiken spezifizieren.

In der Praxis stellt sich zunächst die Frage, ob sich das politische Risiko für das Unternehmen *transferieren* oder *abwenden* lässt. Mit Option 4, der Abwendung des Risikos, bezeichnen wir den Fall, in dem die Eintrittswahrscheinlichkeit des Risikos für alle betroffenen Wirtschaftssubjekte in der Jurisdiktion effektiv reduziert beziehungsweise eliminiert wird. Der Risikotransfer, Option 5, fokussiert dagegen auf die Reduktion der potenziellen Schadenshöhe konkret für das Unternehmen. Sofern möglich, ist ein Risikotransfer also meist einfacher umsetzbar als die vollständige Abwendung des Risikos; deshalb ziehen wir die Frage, ob das Risiko sinnvoll transferiert werden kann, vor.

Ein *Risikotransfer* ist wertschöpfend, wenn sich ein besserer Risikoträger findet. Ein solcher zeichnet sich dadurch aus, dass er einen geringeren (relativen) Schaden aus dem Risiko erwartet als das Unternehmen selbst. Sei es aufgrund interner Pooling- oder Portfolioeffekte – wie dies z. B. bei Versicherungsunternehmen der Fall ist –, oder aufgrund besserer Kompetenzen in der Risikohandhabung, z. B. einem Informationsvorsprung betreffend den möglichen Risikoeintritt. Mit anderen Worten hat der bessere Risikoträger einen Kompetenzvorsprung im Zusammenhang mit dem Risiko. Für den Risikotransfer gibt es die folgenden Unteroptionen:

a. Oftmals kann das Risiko teilweise oder vollständig *versichert* werden; der bessere Risikoträger ist dann die Versicherung, die Pooling-Effekte sowie eine starke Kapitalstruktur einsetzen kann. Versicherungen gegen politische Risiken werden insbesondere bei Investitionen in Entwicklungsländern angeboten. Beispiele sind die U.S. International Development Finance Corporation (DFC) als Agentur der US-Regierung oder die Multilateral Investment Guarantee Agency (MIGA), eine Einheit der Weltbank-Gruppe.

Ein anderes Beispiel ist die International Credit Insurance & Security Association (ICISA), eine Assoziation von Versicherern, die US-Exporteure gegen Zahlungsausfälle absichert. Diese Absicherung ist unabhängig davon, ob politische oder privatrechtliche Akteure den Zahlungsausfall verursachen [1].

b. Versicherungen politischer Risiken in Industrieländern sind dagegen untypisch.

c. Zum Zweiten kann das Unternehmen die risikobehafteten Aktivitäten auch *verkaufen*. Der bessere Risikoträger ist dann der Käufer, der die risikobehafteten Aktivitäten übernimmt. Diese Handlungsoption ist meist strategierelevant und erfordert entsprechend hohe Management Attention.

d. Schließlich wird auch die *Diversifikation* des Risikos in der Literatur meist unter der Rubrik des Risikotransfers subsummiert. Bei einer Diversifikation tätigt das Unternehmen Investitionen – oder verfolgt analoge Aktivitäten –, die einen unternehmensinternen Ausgleich der möglichen schädlichen Effekte des Risikos bewirken. Bei der Variante der Absicherung (englisch, Hedging) erfolgt dies über die Nutzung von Finanzmarktprodukten. Streng genommen verbessert das Unternehmen damit seine Kompetenz zum Tragen des Risikos, wird also selbst zum besseren Risikoträger.

Beispiele: Ein Großhändler, der die Erhebung von Importzöllen befürchtet, baut zusätzliche Lieferantenbeziehungen im Inland auf, die hiervon nicht betroffen wären. Ein Stromerzeuger, der einen sinkenden Strommarktpreis aufgrund von Technologiesubventionen befürchtet, investiert in diese Technologien.

Findet das Unternehmen keinen besseren Risikoträger, so stellt sich im zweiten Schritt die Frage nach der *Abwendbarkeit* des Risikos. In der Praxis müssen dafür die relevanten politischen Entscheidungsträger erfolgreich beeinflusst werden. Solcherart Lobbying illustrieren wir im folgenden Abschnitt. In der Realität wird sich das Unternehmen kaum ausschließlich auf Lobbying verlassen können, allein schon, weil über kurz oder lang andere politische Entscheider auftreten werden, deren Motivationslage heute noch nicht eingeschätzt werden kann. Die ausschließliche Fokussierung auf das Abwenden in der Praxis stellt allerdings einen Sonderfall dar.

Im dritten Schritt stellt sich die Frage nach der *Tragbarkeit* des Risikos. Die absolute Obergrenze leitet sich aus der finanziellen Tragfähigkeit des Unternehmens ab. Wenn diese nicht überschritten wird, wird die Wirtschaftlichkeit der Handlungsalternativen untersucht. Im einfachsten Fall wird hierfür der Wert der risikobehafteten Geschäftsaktivitäten – ohne Berücksichtigung des Risikos – mit dem Erwartungswert des Risikos beziehungsweise des entsprechenden Szenarios verglichen. Übersteigt der Risikoerwartungswert den Wert der Aktivitäten, so ist vom Tragen des Risikos klar abzuraten. Auch wenn der Risikoerwartungswert leicht unter dem Wert der Geschäftsaktivitäten liegt, kann ein Ausstieg vorgezogen werden. Konkret empfiehlt sich dann die Beendigung der entsprechenden Aktivitäten: Die Suche nach einem Käufer misslang ja bereits im ersten Schritt.

Kann und will das Unternehmen das Risiko allerdings tragen, kann es im letzten Schritt noch untersuchen, ob sich das Risiko in seiner Schadenshöhe durch flankierende Maß-

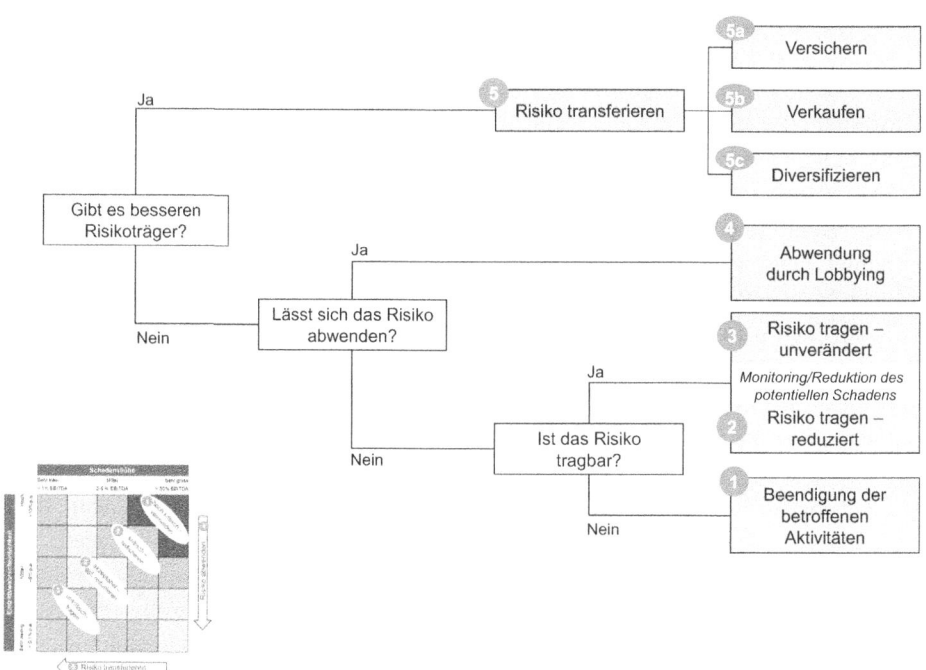

Abb. 5.1 Entscheidungsbaum für den ex ante Umgang mit taktischen politischen Risiken

nahmen *reduzieren* lässt. Hierfür kommen alle der oben genannten Optionen wieder ins Spiel – nun allerdings als graduelle Maßnahmen wie beispielsweise eine Teil-Versicherung oder eine teilweise Rückführung der risikobehafteten Geschäftsaktivitäten. Auch ein Lobbying mit dem realitätsnäheren Ziel, die Eintrittswahrscheinlichkeit beziehungsweise die Schadenshöhe zu reduzieren, gehört dazu. Summarisch ergibt sich der in Abb. 5.1 dargestellte Entscheidungsbaum.

Immer dann, wenn das Unternehmen das Risiko trägt, ob vollständig oder reduziert, sollte es Maßnahmen zum umfassenden Risikomanagement ergreifen. Dazu gehört einerseits das Monitoring, also die regelmäßige Kontrolle der Entwicklungen rund um das Risiko, sodass beispielsweise regulatorische Änderungen frühzeitig erkannt werden. Andererseits ein definierter Prozess für den Fall der Verschlechterung der Situation, z. B. in Form der Ergreifung weiterer Maßnahmen zur Risikoreduktion.

Im Folgenden betrachten wir nun die Situation, in der das Risiko bereits eingetreten ist.

5.2   Handlungsoptionen nach dem Eintritt

Um die Handlungsoptionen nach Eintritt des Risikos zu untersuchen, machen wir uns bewusst, dass politische Risiken ausnahmslos von Menschen verursacht werden: Während Naturrisiken zumeist eine exogene, unveränderliche Rahmenbedingung darstellen, können die Verursacher politischer Risiken, die politischen Akteure, als *Gegenpartei des Unternehmens* betrachtet werden. Die Änderung eines für das Unternehmen relevanten Gesetzes sowie eine unerwartete direkte Schädigung durch Exekutive oder Judikative stellen dann mögliche Handlungen der Gegenpartei dar.

Aufgrund des in Industrieländern im allgemeinen vorhandenen Gewaltmonopols des Staates werden dessen Akteure nur in Ausnahmefällen beziehungsweise Extremsituationen unilateral handeln, z. B. in Form einer Kontensperrung. Im weit überwiegenden Regelfall werden sie dagegen ihre Ziele mittels geänderter Gesetze oder Verordnungen verfolgen, deren Nichtbefolgung mit bestimmten Strafen bedroht ist: Hiermit werden die Umsetzungskosten auf das Unternehmen verlagert, was für die Jurisdiktion effizienter ist. In dieser Perspektive handelt es sich bei der Materialisierung eines politischen Risikos um eine Drohung, mit der das Unternehmen zur Akzeptanz der geänderten rechtlichen Situation gebracht werden soll.[1] Dann stellt sich die Frage, wie das Unternehmen auf eine solche Drohung *reagieren* sollte.

In einer Modellsituation mit nur zwei Parteien, dem Initiator und dessen Adressaten, lassen sich die Reaktionsmöglichkeiten auf eine Drohung anhand des Optionenbaumes von Abb. 5.2 aufgliedern. In unserem Fall entspricht der Initiator der Jurisdiktion, der Adressat dem Unternehmen. Im ersten Schritt stellt sich die Frage, ob das Unternehmen die Drohung der Jurisdiktion ernst nimmt, also tatsächlich davon ausgeht, im Falle der Nichtbefolgung bestraft zu werden. Ist dies der Fall, so kann es nur noch unterscheiden

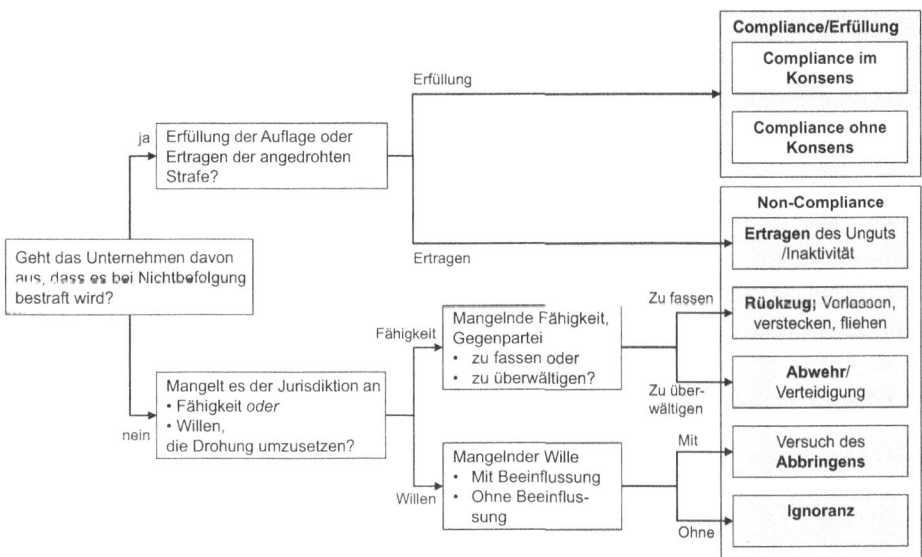

Abb. 5.2 Optionenbaum für Reaktion auf Drohung

---

[1] In Kap. 9 klassifizieren wir solche Drohungen als wesentlichen Bestandteil einer sog. kratischen Handlung.

zwischen Befolgung oder Ertragen der Strafe (oberer Ast des Entscheidungsbaumes). Andernfalls kann näher untersucht werden, aus welchen Gründen das Unternehmen der Auffassung ist, dass die Jurisdiktion der Drohung nicht erfolgreich Taten folgen lassen wird (unterer Ast).

Im Ergebnis erhalten wir sechs prinzipielle Optionen, in Abb. 5.2 als blaue Kästen dargestellt:

- *Compliance* oder Erfüllung der Forderung der Jurisdiktion; diese kann mit oder ohne Konsens des Unternehmens erfolgen, was für das Risikomanagement aber von geringer Bedeutung ist.
- *Ertragen* der Konsequenzen aus der Nicht-Erfüllung, also Passivität aufseiten des Unternehmens.
- *Rückzug* des Unternehmens, z. B. durch Wegzug aus der Jurisdiktion.
- *Abwehr* der Jurisdiktion, z. B. durch physische Verhinderung der Durchsetzung eines Gesetzes.
- *Abbringen* der Jurisdiktion von ihrer Forderung, z. B. in Form von Lobbying mit dem Ziel, die politische Maßnahme im Nachhinein rückgängig zu machen.
- *Ignoranz* der Jurisdiktion.

Die Optionen der Abwehr und der Ignoranz entfallen, wenn das Gewaltmonopol der Jurisdiktion intakt ist. Auch das Ertragen der angedrohten Konsequenz bei unterbleibender Kooperation wird selten die optimale Reaktion des Unternehmens darstellen: Der politische Akteur wird die entsprechende Strafe höher ansetzen als die Kosten für die Compliance. Es verbleiben in diesem Fall also als relevante Optionen:

1. Compliance,
2. Abbringen sowie
3. Rückzug.

Erweitert man das Modell, so kann das Unternehmen auch eine dritte Partei einbeziehen. Falls diese an Stärke der Jurisdiktion nicht nachsteht, kommen die Optionen der Verteidigung beziehungsweise des Ignorierens (in der Hoffnung auf nicht-Exekution) wieder in Betracht. Ein Beispiel ist ein in den USA beheimatetes Unternehmen, dessen Investition in einem Entwicklungsland einen – impliziten oder expliziten – Bestandsschutz durch seinen „Guarantor", die Regierung seines Heimatlandes, genießt. Schließlich kann das Unternehmen einem Dritten auch die Risikofolgen im Sinne einer Versicherung übertragen. Wie oben dargelegt, fällt diese Entscheidung anhand der Betrachtung, wer der beste Risikoträger ist.

Im Folgenden illustrieren wir die drei praxisrelevanten ex-post Handlungsoptionen und beleuchten sie auch unter normativen und praktischen Aspekten.

5.2.1 Compliance

Diese Option ist der Standard bei politischen Risiken, die nur eine geringe Schadenswirkung entfalten. Die Sicherstellung der Compliance, auch Compliance Management genannt, genießt eine hohe Aufmerksamkeit in der betriebswirtschaftlichen Literatur. Es haben sich sogar Standards etabliert, in Deutschland beispielsweise der TR CMS:101 des TÜV Rheinland [8]. Die Abkürzung CMS steht für „Compliance Management System", das in die folgenden Themenbereiche untergliedert wird:

- Ziele des Compliance Management – hierunter fällt auch der Abgleich zwischen den Werthaltungen des Unternehmens und den regulatorischen Vorgaben; im Verständnis des klassischen Compliance Management können dabei die Werthaltungen des Unternehmens ausschließlich zusätzliche Rahmenbedingungen für das Handeln begründen
- Compliance Management Programm
  - Analyse der regulatorischen Vorgaben sowie der mit Compliance verbundenen Risiken
  - Richtlinien, deren Befolgung die Zielerreichung sichern soll
  - Organisatorische und kulturelle Aspekte
  - Kommunikation und Information, sowohl intern als auch extern
  - Überwachung der Einhaltung der Richtlinien
  - IT-Systemunterstützung [9]
- Governance, also Verantwortlichkeiten, Berichtslinien und Maßnahmen bei Verstößen gegen die Richtlinien

Die Erfolgsfaktoren im Compliance Management entsprechen weitgehend denjenigen im Risikomanagement. Zum einen ist auf eine unternehmensgerechte Ausgestaltung des Programms zu achten. Dazu gehört die Berücksichtigung der aktuellen Praxis, der Größe der Organisation sowie der Unternehmensgeschichte. Wesentlich ist, dass die Unternehmenswerte klar in die Richtlinien des Compliance Management überführbar sind. Zum anderen ist darauf zu achten, dass die Unternehmensführung ausreichendes Commitment zeigt, dass die richtigen Werkzeuge zur Aufdeckung von Verstößen genutzt werden, dass die Maßnahmen bei Verstößen zielführend definiert und eingehalten werden sowie dass die Mitarbeiter angemessen in dem Thema ausgebildet werden. Weiterführende Informationen zu diesem Thema bieten beispielsweise [4] oder [5].

Aus der Perspektive des politischen Risikomanagements stellt eine Verschärfung der Anforderungen an die Compliance seitens der Jurisdiktion den Eintritt eines politischen Risikos dar. Beispiele sind erhöhte Anforderungen an Transparenz, Erhöhungen von Steuern und Abgaben oder steigende Standards betreffend Umwelt, Mitarbeitern, Lieferanten etc, die unter den Acronymen SHE (Safety, Health, Environment) oder ESG (Environment, Social, Governance) zusammengefasst werden.

In normativer Hinsicht stellt sich die Frage, ob eine Schädigung des Unternehmens gerechtfertigt ist, mit anderen Worten, ob sie aufgrund der Werthaltung des Unternehmens getragen werden sollte. Ein solcher Fall setzt streng genommen voraus, dass das Unternehmen bisher im Widerspruch zu seiner Werthaltung gehandelt hat und sich dieser Widerspruch durch die Compliance aufheben beziehungsweise verringern lässt. Dies ist recht unwahrscheinlich.

Ein Extremfall liegt vor, wenn das Unternehmen über keine eigene Werthaltung verfügt, sondern die seitens der politischen Akteure propagierte Werthaltung laufend und unreflektiert übernimmt. Nur in diesem Fall wäre durchgängige, kompromisslose Compliance die Option der Wahl.

In Abwesenheit dieser beiden Fälle – Unternehmen ohne proprietäre Werte oder aktuell im Widerspruch zu diesen handelnd – spricht der normative Aspekt gegen die Compliance: Immerhin unterstützt das Unternehmen damit ja das Gebaren einer Institution, die aufgrund eines Machtgefälles einseitig die Spielregeln ändert. Es könnte aber auch sein, dass die Schädigung nur gering oder die Position des Unternehmens in dem betroffenen Thema eine neutrale ist. In dem Fall ist die Erfüllung der neuen Regelungen aus pragmatischen Gründen sinnvoll, im Sinne des Mottos „Pick your fights wisely."

5.2.2   Abbringen/Lobbying

Als wesentliches Beispiel für das Abbringen haben wir bereits das Lobbying genannt. Die Erfolge dieses Ansatzes, die sich beispielsweise in der Performance des Börsenindex von Strategas zeigen, wurden bereits in Kap. 1 erwähnt. In der Literatur werden die verschiedenen Spielarten, Zielgruppen und Erfolgsfaktoren des Lobbyings breit behandelt. Es wird auf den folgenden Ebenen unterschieden:

- Direktes vs. Graswurzel-Lobbying: Diese Unterscheidung betrifft die primäre Zielgruppe. Im ersten Fall wendet sich der Lobbyist direkt an die politischen Entscheidungsträger, im zweiten an dessen (potenzielle) Wählerschaft.
- Transaktionaler Ansatz vs. beziehungsbasierter Ansatz: Die Beeinflussung des politischen Entscheidungsträgers im direkten Lobbying kann die Form eines „Handels" annehmen, wenn der Lobbyist in irgendeiner Form dem Entscheidungsträger bei der Erreichung von dessen Zielen hilft. Hierunter würde auch die unmittelbare Bestechung fallen, die zumeist strafbar ist. Der beziehungsbasierte Ansatz dagegen zielt darauf, den Entscheidungsträger auf einer emotionalen beziehungsweise ethischen Ebene zu beeinflussen.
- Individuelles vs. kollektives Lobbying: Die Unterscheidung anhand der Frage, ob das Unternehmen seine Ziele im Alleingang verfolgt oder sich mit Interessensgenossen zusammenschließt.
- Unterscheidung nach der Taktik: Hier geht es um die Frage, welche Mittel in einer spezifischen Situation beziehungsweise Beziehung eingesetzt werden, z. B. Lieferung von Informationen, persönliche Gefälligkeiten oder Unterstützung bei der Gewinnung von Wählern.

Als Erfolgsfaktoren werden u. a. die Folgenden genannt:

- Frühzeitige Erkennung der Chancen und Risiken für das Lobbying, sowie Antizipation der künftigen politischen Entscheidungsträger und der Positionierung sowie Beeinflussbarkeit
- Verhandlungsmacht
- Persönliche Kontakte und Beziehungen
- Konkrete, für den Entscheidungsträger realistisch umsetzbare Lösungen
- Graswurzel-Mobilisierung, als primärer oder begleitender Ansatz
- Kontinuierliche Begleitung des Vorhabens entlang des politischen Prozesses
- Flexibilität betreffend (wenig relevante) Anpassungen des konkreten Vorhabens
- Fähigkeit, den Überblick zu behalten bei gleichzeitiger Beherrschung der relevanten (juristischen) Details
- Gutes Urteilsvermögen, sowohl betreffend Zeitpunkt, Personen als auch die Machbarkeit der konkreten Vorhaben

Gelak (2008) gibt einen Industrie-übergreifenden Überblick zu dieser Handlungsoption im Umgang mit taktischen politischen Risiken [3].

Politische Risiken treten gemäß unserer Definition nur dann ein, wenn politische Akteure den *bis dato bestehenden „gesellschaftlichen Zustand" verändern*, z. B. durch Änderung eines Gesetzes, einer Verordnung oder einer richterlichen Praxis. Ein Unternehmen, das die Akteure von einer solchen Veränderung abbringt, reduziert also meistens das politische Risiko auch für andere Unternehmen oder Privatpersonen. Klarerweise kann es sein, dass anderen eine Chance, also ein „negatives Risiko" genommen wird, wenn der Status Quo fortbesteht. Möglicherweise reduziert das Unternehmen das Risiko auch nur für sich selbst, z. B. durch Aushandeln eines expliziten Vertrages mit der Jurisdiktion. Voraussetzung hierfür ist ein gewisses Kräftegleichgewicht zwischen Unternehmen und Jurisdiktion – entsprechend kommt diese Sub-Option eher in Entwicklungsländern zum Einsatz. [2]

Lobbying kann aber auch für das gegenteilige Ziel eingesetzt werden: um eine bestimmte politische Aktion zu bewirken. In aller Regel werden damit politische Risiken für andere Unternehmen erhöht. In der Praxis verfolgt ein großer Teil der Aktivitäten dieses Ziel. Wir bezeichnen dies als *proaktives Lobbying*, im Gegensatz zum *reaktiven Lobbying*, das den Status Quo zu bewahren und mithin Risiken zu reduzieren versucht. Das reaktive Lobbying entspricht also unserer Handlungsoption „Abbringen".

Aus normativer Sicht ist das letztgenannte, proaktive Lobbying problematisch, es besteht ein fließender Übergang zu Korruption und Bestechung. Ein klarer Fall von Bestechung liegt vor, wenn ein Unternehmen oder, was häufiger vorkommt, eine Institution wie z. B. ein Wirtschaftsverband oder eine NGO, den Gesetzgebern eine Leistung für den Fall verspricht, dass diese ein bestimmtes Gesetz erlassen. Ein solches Gesetz ginge in aller Regel zu Lasten Dritter, z. B. der Steuerzahler oder Verbraucher, deren Wahlmöglichkeiten durch Produktverbote, Importzölle etc. eingeschränkt würden. Hierdurch entstehen volkswirtschaftliche Wohlstandsverluste. In Deutschland sind die deutlicheren Formen der Beeinflussung der Legislative deshalb auch seit 1994 in § 108e des Strafgesetzbuches unter Strafe gestellt.

Als Alternative zu einem solchen „harten" proaktiven Lobbying kommt das „weiche" proaktive Lobbying in Frage. Dieses zielt darauf ab, sich bei bestimmten Akteuren beliebt zu machen, z. B. durch politisch-kulturelle Adaptation oder diverse not-for-profit Aktivitäten. Solche indirekten Maßnahmen sind legal und spielen auch bei der Reduktion von Investitionsrisiken in Entwicklungsländern in der Praxis eine bedeutende Rolle.

5.2.3 Rückzug

Der Standardfall eines Rückzugs entspricht dem Wegzug aus der heutigen Jurisdiktion. Im Gegensatz zum „Lobbying" und „Compliance Management" wird dieser Ansatz im Umgang mit politischen Risiken heute kaum systematisch eingesetzt. Unser Beitrag, um diese Lücke zu schließen, findet sich in Kap. 7. Ein Spezialfall besteht darin, sich „unsichtbar" und dadurch dem kratischen Akteur den Zugriff unmöglich zu machen. Dies stellt für Unternehmen in Industrieländern allerdings kaum eine reale Möglichkeit dar, ist in aller Regel rechtswidrig und wird hier nicht weiter behandelt.

5.3   Synthese der Handlungsoptionen

Wir verbinden nun die Handlungsoptionen vor dem Eintritt des Schadensereignisses mit denjenigen nach dem Eintritt. Abb. 5.3 zeigt den damit entstehenden Optionenraum: Hat das Unternehmen das Risiko bereits *ex ante* transferiert, abgewendet oder die betroffenen Aktivitäten beendet, erübrigt sich die Frage nach der Reaktion auf dessen Materialisierung: Das Unternehmen erleidet dann ja keine Schadenswirkung mehr. Höchstens können noch Effekte „zweiter Ordnung" auftreten, wie z. B. die nachträgliche Erhöhung der Versicherungsprämie aufgrund des eingetretenen Schadensfalles. *Trägt* das Unternehmen das Risiko dagegen – vollständig oder in reduziertem Umfang –, so kommt prinzipiell der gesamte ex-post-Optionenraum in Betracht. In der Praxis stehen drei Optionen im Vordergrund:

1. Die Compliance, also das Anpassen an die geänderten Rahmenbedingungen
2. Das Abbringen der politischen Entscheidungsträger beziehungsweise Lobbying
3. Der Rückzug beziehungsweise Wegzug aus der betroffenen Jurisdiktion

Für Risiken mit begrenzter Schadenswirkung wird das Unternehmen typischerweise reagieren, indem es die Forderung des Gewaltmonopolisten erfüllt. Hieraus erklärt sich die Dominanz der bestehenden Literatur zum Thema „Regulatory Compliance". Für Risiken

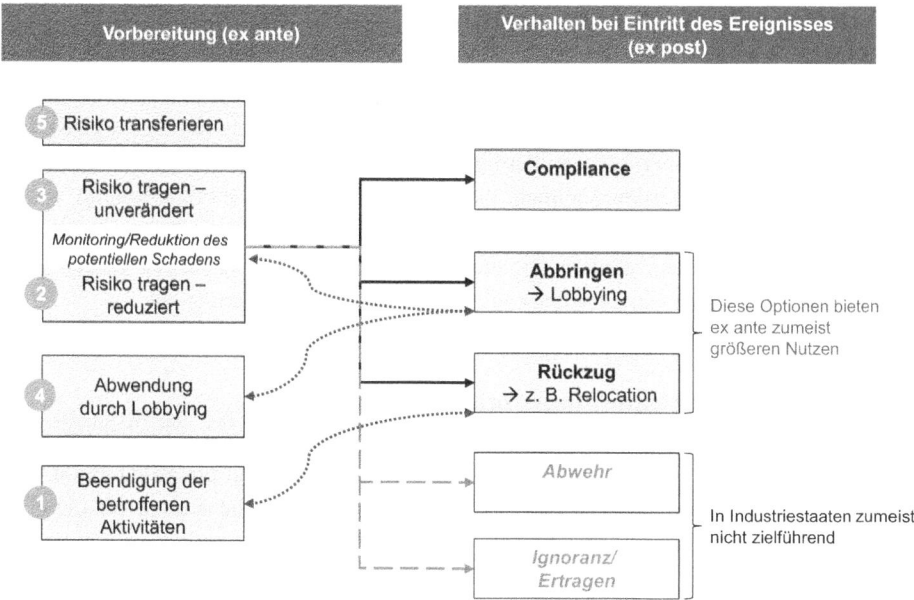

Abb. 5.3 Zusammenfassung der Handlungsoptionen

mit bedeutender Schadenswirkung dagegen sollten auch die Optionen „Abbringen" und „Rückzug" in Betracht gezogen werden. Diese entfalten deutlich größeren Nutzen, wenn sie bereits ex ante ergriffen oder zumindest vorbereitet werden: Einerseits ist ex post die Erfolgswahrscheinlichkeit zumeist geringer als ex ante, andererseits sind die Umsetzungskosten unter hohem Zeitdruck typischerweise deutlich höher. Die gestrichelten kurvigen Pfeile in Abb. 5.3 weisen hierauf hin.

Abbringen und *Rückzug* stellen also gleichzeitig auch Möglichkeiten zur erfolgreichen *Abwendung* des Risikos vor dessen Eintritt dar. Die ausschließliche Fokussierung auf ein „Abbringen" beziehungsweise Lobbying ist meist nicht von Erfolg gekrönt. Realistischer ist es, sich von solchen Maßnahmen eine Reduktion des Risikos zu erwarten, sei es in Form reduzierter Schadenshöhe, z. B. durch einen „Kompromiss" mit der Jurisdiktion, oder reduzierter Eintrittswahrscheinlichkeit. In Verbindung mit der Vorbereitung auf einen Rück- beziehungsweise Wegzug erhöht sich außerdem die Verhandlungsmacht des Unternehmens.

Der *Rückzug* selbst lässt sich wiederum mit der zuvor genannten *Beendigung* in Beziehung setzen: Zusätzlich zur Beendigung der Aktivitäten in der aktuellen Jurisdiktion ist der Aufbau der Aktivitäten in der Ziel-Jurisdiktion für einen erfolgreichen Rück- beziehungsweise Umzug notwendig. Diesem Thema widmet sich Kap. 7.

Hiermit beenden wir die Beschreibung des Optionenraumes und kommen im Folgenden auf die praktischen Aspekte des Umgangs mit taktischen politischen Risiken zu sprechen.

5.4   Auswahl der Handlungsoption

Wie in Abb. 5.3 dargestellt, unterscheidet sich die Wahl der Option je nachdem, ob das Schadensereignis nur antizipiert wird (ex ante) oder bereits eingetreten ist (ex post). Die ex post Handlungsoptionen sollten allerdings nicht erst nach dem Eintritt des Schadensereignisses untersucht werden. Vielmehr klärt das Unternehmen die Fragestellung, wie es sich beim Eintritt des Schadensereignisses verhalten wird, bereits im Rahmen der Vorbereitung. Im Folgenden behalten wir die Unterscheidung zwischen den beiden Zeitpunkten, ex ante vs. ex post, allerdings aus Gründen der Strukturierung bei.

5.4.1   Auswahl der Handlungsoption ex ante

Das Vorgehen entspricht hier einer klassischen Optionsbewertung: Für jede Option werden der Erwartungswert des Schadens (s. Abschn. 4.2) sowie die Kosten für die Umsetzung der Option bewertet. Die Summe hieraus entspricht den gesamten für die Bewertung relevanten Kosten. Diese werden mit derjenigen Wertschöpfung des Unternehmens verglichen, die unvermeidbar mit dem Risiko zusammenhängt. Solange die wertschöpfende Aktivität weiter betrieben wird, ist diejenige Option mit den geringsten Kosten, also der geringsten Summe aus Schadenserwartungswert und Umsetzungskosten, zu präferieren. Falls für jede der Optionen 2–5 die Gesamtkosten die betroffene Wertschöpfung übersteigen, ist der Ausstieg zu wählen, also Option 1.

Für ein *symmetrisches Risiko* nimmt der unmittelbare Schadenserwartungswert beispielsweise den Wert 0 an, die Handlungsoption „Absicherung durch eigenes Risikokapital" dagegen verursacht Opportunitätskosten des Kapitaleinsatzes. Zusätzlich entstehen operative Kosten im Risikomanagement. Diese Kosten werden verglichen mit denjenigen der anderen Optionen innerhalb des Szenarios „Weiterbetrieb". Lohnt sich der Weiterbetrieb allerdings auch für die beste dieser Optionen nicht, so wird der Betrieb verkauft oder eingestellt. Häufig wird man keine exakte quantitative Bewertung vornehmen können und fallweise auf Führungskompetenz und Intuition zurückgreifen.

Neben der quantitativen Analyse können auch qualitative Elemente eine Rolle spielen. So kann beispielsweise der Ausstieg aus einer bestimmten Aktivität die Marktposition des Unternehmens verändern oder das Verhältnis zu den Akteuren der Jurisdiktion insgesamt verbessern oder verschlechtern. Dann beeinflusst die Entscheidung betreffend das eine Risiko indirekt auch die Bewertungen anderer politischer Risiken. Mit zunehmender Komplexität können zudem spieltheoretische Aspekte eine Rolle spielen, insbesondere wenn das Unternehmen für die Jurisdiktion von großer Bedeutung ist beziehungsweise sich auf einem gewissen Feld mit dieser messen kann. Hierauf gehen wir im folgenden Unterabschnitt kurz ein. Schließlich können die zuvor diskutierten normativen Aspekte bei der Optionswahl eine Rolle spielen. Abb. 5.4 zeigt das resultierende Vorgehen im Überblick.

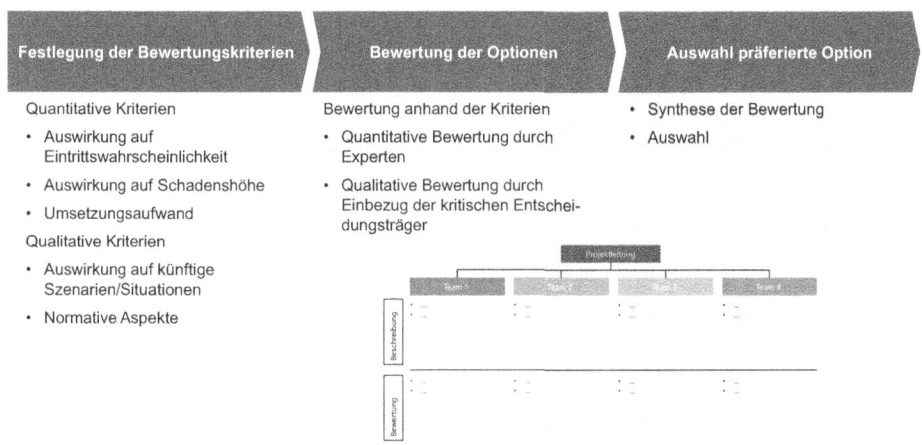

Abb. 5.4 Schematisches Vorgehen zur Optionenwahl

5.4.2   Betrachtung der Handlungsoptionen ex post

Neben der Frage, wie mit dem Risiko vor dessen Realisierung umgegangen wird, sollte das Unternehmen auch analysieren, wie es sich im Schadensfall verhält. Dies dient einer verbesserten, differenzierteren Vorbereitung.

Wie oben bereits ausgeführt, stellt Compliance die Standardoption dar für den Fall, dass das Risiko vollständig oder im reduzierten Umfang getragen wird. Für die Alternativen, die Jurisdiktion ex post von ihrem Vorhaben abzubringen beziehungsweise die Jurisdiktion ex post zu verlassen, kommen spieltheoretische Aspekte direkt zum Tragen, entsprechend der Auffassung der Jurisdiktion als Gegenpartei des Unternehmens; dies ebenso für die theoretischen Optionen der Verteidigung und des Ignorierens. Wir betrachten dafür wieder unseren Optionenbaum für die Reaktion auf die Drohung, Abb. 5.2. Dort befinden wir uns nun auf dem unteren Ast. Die erste Bifurkation im unteren Ast unterscheidet zwischen den Dimensionen „Wille" und „Fähigkeit" der Jurisdiktion, die Drohung umzusetzen. Diese Unterscheidung ist wesentlich, wenn das Unternehmen sich entscheidet, auf Konfrontationskurs zu gehen. Es ergibt sich folgendes Vorgehen:

1. Vergleich der Stärke des Unternehmens mit derjenigen der Jurisdiktion, differenziert nach den Dimensionen „Fähigkeit" (physisches Potenzial) sowie „Wille" (Entschlossenheit, Zustimmungswerte/Legitimität, etc.).
2. Je nachdem, in welcher Dimension das Unternehmen besser abschneidet, wird der nächste Schritt untersucht, entsprechend der nächsten Bifurkation im Optionenbaum.
3. Hat das Unternehmen auf diese Weise die präferierte „Konfrontationsoption" ermittelt, so folgt die differenziertere Untersuchung der möglichen Reaktionen der Jurisdiktion.

Je nach Situation sollte das Unternehmen in Betracht ziehen, die Kräfte mit Partnern zu bündeln, um das Kräfteverhältnis zu verbessern. Schließlich können Ansätze auch kombiniert werden, beispielsweise im Sinne von „Zuckerbrot und Peitsche". Beispielsweise in Form der Drohung mit Abwanderung, um Zugeständnisse der politischen Akteure zu erreichen. Wurde das präferierte Vorgehen im Schadensfall ermittelt, so kann sich das Unternehmen entsprechend vorbereiten.

Zur Veranschaulichung kommen wir auf zwei unserer bekannten Beispiele zurück und zwar diejenigen, die sich mit taktischen politischen Risiken befassen.

Unternehmensbeispiele

Beispiel 1: Chemiekonzern

Wie in Kap. 4 dargelegt, hat das Unternehmen das Risiko der Verknappung von CO_2-Zertifikaten um 20 % innert drei Jahren als taktisches Risiko klassifiziert und eine einfache Liste von Entscheidungspunkten zu dessen Monitoring entworfen, s. Abb. 4.14. Um zu entscheiden, wie es sich ex ante, also vor dem Eintritt des Risikos, verhält, durchläuft es den Entscheidungsbaum Abb. 5.1. Es sieht einerseits keine Möglichkeit, das Risiko wertsteigernd an einen besseren Risikoträger abzugeben – der Zertifikatemarkt ist für den relevanten Zeitraum nicht ausreichend liquide – oder abzuwenden. Andererseits stuft es das Risiko als tragbar ein und entscheidet sich schließlich, dieses unverändert zu tragen (Option 3).

Zusätzlich untersucht es bereits jetzt, wie es sich im Schadensfall verhalten sollte: Aufgrund der hohen Umsetzungskosten entscheidet es, die Option „Rückzug", also beispielsweise Relocation, Abstossen oder Outsourcing der betroffenen Unternehmenseinheit, nicht weiter zu verfolgen. Damit verbleiben die Optionen „Abbringen" und „Compliance". Das Unternehmen verfolgt diese beiden Optionen weiter, einerseits durch aktives Lobbying, andererseits durch allgemeines Regulierungsmanagement, d. h. eine Vorbereitung auf den Fall der Risikomaterialisierung. Nachdem das antizipierte Risiko eingetreten ist, fokussiert das Unternehmen darauf, innerhalb der neuen Rahmenbedingungen ein optimales Ergebnis zu erzielen. Im konkreten Fall kann dies bedeuten, dass bestimmte Maßnahmen zur Steigerung der CO_2-Effizienz ergriffen werden. So zum Beispiel die Umstellung von Öl- auf Gasfeuerung, Modernisierung von Kesseln, Umstellung der Raumwärmeerzeugung von Gas auf Wärmepumpe.

Beispiel 3: Rohstoffhändler

Das Risiko (a) der verschärften Finanzmarktregulierung stellt sich analog dar: Es gibt keinen besseren Risikoträger und das Risiko ist tragbar. Ein „Rückzug" wäre in Anbetracht der geringen Schadenshöhe zu teuer. Das Unternehmen fokussiert entsprechend auf den Versuch, die Gesetzgebung in seinem Sinne zu beeinflussen und bereitet sich ansonsten darauf vor, die künftigen Anforderungen erfüllen zu können. Ex post werden die neuen Anforderungen umgesetzt.

Betreffend Risiko (c), also betreffend Sanktionen gegen Staaten, die mit der Heimat-Jurisdiktion des Unternehmens verfeindet sind, ist die Option (4), das Risiko abzuwenden, dagegen näher zu betrachten: Eine sinnvolle Variante kann darin bestehen, alternative Rohstoffquellen in nicht von Sanktionen gefährdeten Ländern zu erschließen. Die Kosten hierfür sind gering, da ohnehin Teil des Kerngeschäftes. Erst eine vertragliche Bindung an die neuen Quellen könnte externe Kosten verursachen, andererseits aber auch entsprechende Chancen. Eine Verringerung des Risikos durch Lobbying wird in diesem Fall dagegen als aussichtslos eingeschätzt. Durch die Erschließung alternativer Quellen wiederum bereitet sich das Unternehmen gleichzeitig auf die Compliance im Risikofall vor. Ex post verbleibt lediglich die Umsetzung in Form der Nutzung der neuen Quellen beziehungsweise Vertragsbeziehungen. ◄

Im Sinne einer stringenten Kommunikation sind die Entscheidungen zum Umgang mit den Risiken im Unternehmen zu dokumentieren und allen betroffenen Organisationseinheiten zuzustellen. Auf weitere umsetzungsrelevante Aspekte im Umgang mit taktischen politischen Risiken kommen wir im Folgenden kurz zu sprechen.

5.5   Verankerung und Operationalisierung

Die bis hierhin skizzierte Methodik dient dem Unternehmen bei der Entscheidungsfindung betreffend den Umgang mit taktischen politischen Risiken. Im Folgenden gehen wir darauf ein, wie das Management taktischer politischer Risiken im Unternehmen verankert wird und welche operativen Aufgaben zu berücksichtigen sind.

Generell gehen wir davon aus, dass das politische Risikomanagement in ein allgemeines Risikomanagement des Unternehmens eingebettet ist, wie es beispielsweise bei Hopkin (2018) beschrieben wird [6]. Im Rahmen eines Enterprise Risk Managements (ERM) liegt dies auf der Hand. Aber auch wenn kein ERM implementiert ist, sollte die Verantwortung für die Verankerung und Operationalisierung politischer und anderer Risiken in einer geeigneten Funktion zusammenlaufen. Bei den meisten Unternehmen ist diese Funktion in der Führungsebene angesiedelt, bei sehr großen dagegen oft in einer zentralen Stabsstelle. Aufgrund dieser Einbettung beschränken wir uns darauf, die für politische Risiken *spezifischen Aspekte* der Verankerung und Operationalisierung zu beleuchten.

Der operative Aufwand des politischen Risikomanagements hängt klarerweise davon ab, ob das Unternehmen solche Risiken überhaupt trägt oder sie erfolgreich transferiert beziehungsweise abgewendet hat. In letzterem Fall kann sich das Unternehmen darauf fokussieren, die politischen Entwicklungen der relevanten Jurisdiktionen aufmerksam zu verfolgen, um etwaige neue Risiken frühzeitig zu identifizieren. Dies sollte in aller Regel im Rahmen des allgemeinen Risikomanagements zu leisten sein. Falls das Unternehmen aber politische Risiken trägt, sind spezifische Aspekte in den folgenden Dimensionen zu untersuchen:

1. Verankerung durch Führung und Kultur
2. Verankerung in der Aufbauorganisation
3. Operationalisierung in Prozessen und IT

5.5.1 Führung und Kultur

Der für die Unternehmensführung und -kultur zentrale Punkt im Hinblick auf das politische Risikomanagement ist die Konsistenz: Innere Widersprüche, zum Beispiel zu der Frage, ob eine bestimmte politische Maßnahme befürwortet wird, können sich unmittelbar negativ auf die Glaubwürdigkeit und damit auf den Erfolg des Unternehmens gegenüber den politischen Entscheidungsträgern sowie der „Öffentlichkeit" auswirken. Das bedeutet nicht, dass alle Mitarbeiter derselben politischen Auffassung sein müssen. Sobald sie aber im Namen des Unternehmens kommunizieren oder handeln, sollte dies ohne Widerspruch zu den formulierten ethischen Grundsätzen, also den Werten des Unternehmens geschehen. Dies gilt insbesondere für Aktivitäten im Zusammenhang mit politischen Risiken und in Zeiten hoher politischer Polarisierung. Es lassen sich grob vier Gruppen unterscheiden:

1. Das „Schwimmen mit dem Strom", der Weg des geringsten Widerstandes gegenüber politischen Entwicklungen, wird von vielen Unternehmen gewählt; insbesondere große und größte Unternehmen zielen damit auf den Kompromiss zwischen ihren mannigfachen Share- und Stakeholdern.
2. Andere, kleinere bis große, Unternehmen positionieren sich als Speerspitze der wahrgenommenen politischen Hauptströmung in einem „politischen Premium-Segment".
3. Eine dritte Gruppe, typischerweise kleine bis mittlere Unternehmen, positioniert sich als „Contrarians", die sich in einem oder mehreren Aspekten der wahrgenommenen politischen Hauptströmung entgegenstellen.

Die vierte und möglicherweise größte Gruppe von Unternehmen vermeidet – bewusst oder unbewusst – eine politische Positionierung. Der Übergang zur ersten Gruppe ist dabei fließend. Kulturell-psychologisch besteht aber ein deutlicher Kontrast zwischen einem „Mitläufer" der Gruppe 1 und einem „Unbeteiligten" der Gruppe 4.

Diese Positionierung wirkt sich bereits auf die Wahl der Handlungsoptionen aus, konkret via die in Abschn. 5.4.1 angesprochenen normativen Beurteilungskriterien. Die somit gewählte Handlungsweise lässt sich dann konsistent kommunizieren und umsetzen.

Neben der Konsistenz ist die organisatorische Führung zu klären. Hier wird im allgemeinen Risikomanagement häufig von „drei Verteidigungslinien der Risk Governance" gesprochen, vgl. z. B. [6]:

1. Das operative Management und das interne Risk Controlling dienen der laufenden Überwachung einzelner Risiken sowie der Umsetzung der definierten Maßnahmen bei Eintritt;
2. Das zentrale Risikomanagement dient der gesamthaften Überwachung und Steuerung der Risiken;
3. Das interne Audit bildet das Bindeglied zwischen dem Risikomanagement und dem obersten Führungsgremium.

Dieses Konzept lässt sich auch im politischen Risikomanagement nutzen. Der spezifisch wichtige Aspekt der Konsistenz ist dann wiederum bei allen drei „Verteidigungslinien" einzuhalten.

5.5.2 Aufbauorganisation

Wir haben in diesem Kapitel die drei spezifischen Handlungsoptionen betreffend taktische politische Risiken herausgearbeitet: „Compliance", „Lobbying" sowie „Rückzug". Die anderen Optionen, wie z. B. der Risikotransfer, finden sich dagegen auch im allgemeinen Risikomanagement.

Die notwendigen Kompetenzen für die gewählten spezifischen Handlungsoptionen müssen sich wiederum in der Aufbauorganisation wiederfinden. Dafür können eigene Organisationseinheiten gebildet oder die Kompetenzen innerhalb bestehender Bereiche aufgebaut werden. In Abb. 5.5 ist ein Fall illustriert, in dem für alle drei Kompetenzen spezifische Einheiten bestehen, und zwar:

- Die Einheit „Government Relations" als Kompetenzträger für das Lobbying;
- Die Einheit „Compliance/ESG" als Kompetenzträger für die Compliance;
- Die Einheit „Location Strategy" als Kompetenzträger für die Option „Rückzug".

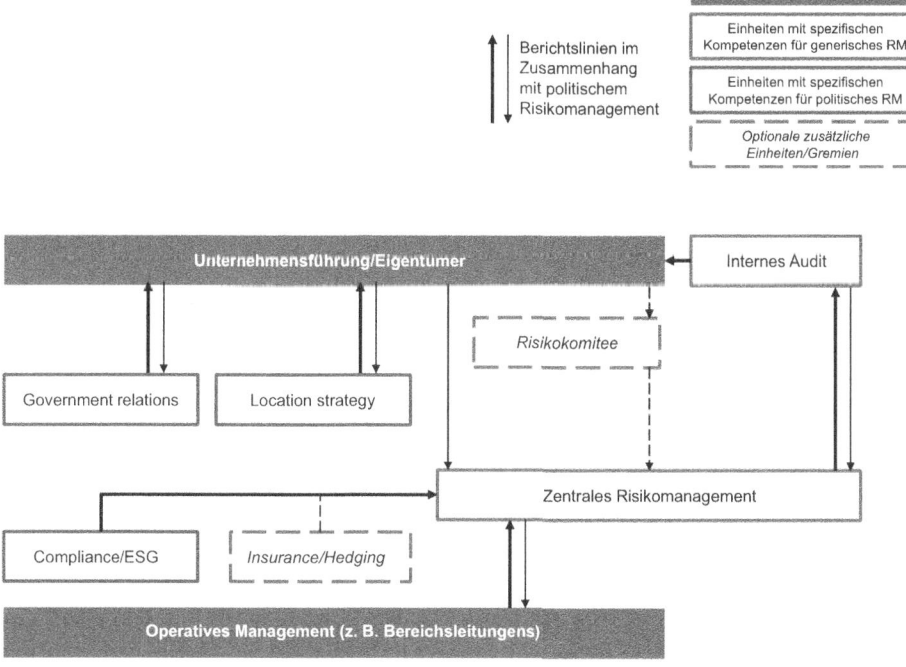

Abb. 5.5 Beispiel Aufbauorganisation

Sind die ersten beiden Funktionen wohlbekannt, so stellt die dritte ein Novum dar. Wie wir in Kap. 7 zeigen, vermuten wir ein hohes Wertschöpfungspotenzial für die geografische Flexibilisierung vieler Unternehmen. In diesem Fall kann sich der Aufbau einer eigenen Organisationseinheit lohnen. Sie spielt dann eine ähnliche Rolle wie eine Funktion „Mergers & Acquisitions": In beiden Fällen geht es um die systematische Identifikation und Bewertung von grundlegenden strategischen Handlungsoptionen – bei „M&A" im Zusammenhang mit dem Investitionsportfolio, bei „Location Strategy" im Zusammenhang mit dem geografischen Portfolio des Unternehmens. Neben diesen spezifischen Fähigkeiten, die das politische Risikomanagement erfordert, sind die Fähigkeiten des allgemeinen Risikomanagements organisatorisch abzubilden. Die weiteren in Abb. 5.5 gezeigten Organisationseinheiten tragen dem Rechnung. Aus den genannten Gründen gehen wir hier aber nicht näher darauf ein.

Nebenbemerkung: Die Anordnung der Compliance-Funktion unterhalb des zentralen Risikomanagements in Abb. 5.5 ist bewusst unorthodox gewählt, um zu verdeutlichen, dass verschiedene Freiheitsgrade bei der Ausgestaltung der Aufbauorganisation bestehen.

5.5.3 Operationalisierung in Prozessen und IT

Auch diesen Abschnitt fokussieren wir auf die spezifischen Themen, die für das politische Risikomanagement zusätzlich zu adressieren sind. Für die Frage, welche zusätzlichen Prozesse auftreten, können wir uns an den oben dargestellten Funktionen orientieren. Die Prozesse im Lobbying und im Compliance Management sind dabei wiederum in der Literatur beschrieben worden, siehe z. B. [3–5]. Die Prozesse, die eine neue Funktion „Location strategy" verantwortet, fassen wir wie folgt zusammen:

- *Schaffung von Transparenz* betreffend politische und regulatorische Situation sowie Entwicklungen in den relevanten Jurisdiktionen.
- Ermittlung der möglichen *Wertsteigerungspotenziale* durch (teilweise) Verlagerung in optimale Jurisdiktionen.
- Identifikation und Reduktion bestehender Hürden betreffend *geografische Flexibilität* des Unternehmens.

Wichtig sind auch die Prozesse an den Schnittstellen zwischen den genannten Funktionen sowie dem zentralen Risikomanagement. Diese illustrieren wir beispielhaft in Abb. 5.6.

Aufseiten der systemtechnischen Unterstützung ist die Diversität der Informationen zu berücksichtigen, die ein politisches Risikomanagement benötigt. Möglicherweise verfügt das Unternehmen bereits über eine datenzentrierte IT-Architektur, die den beteiligten Funktionen das Teilen und Verarbeiten von strukturierter sowie unstrukturierter Information erlaubt. Die dafür notwendigen Maßnahmen, wie der Aufbau eines „Data Lake" mit flexiblen Schnittstellen und ereignisgetriebenen Datenflüssen, werden in der Literatur breit behandelt, siehe z. B. [7].

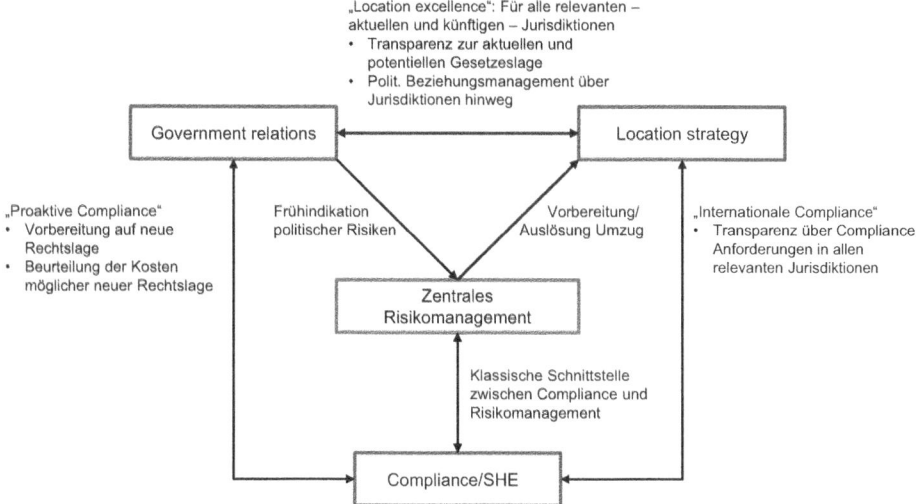

Abb. 5.6 Wichtigste spezifische Prozesse an den Schnittstellen

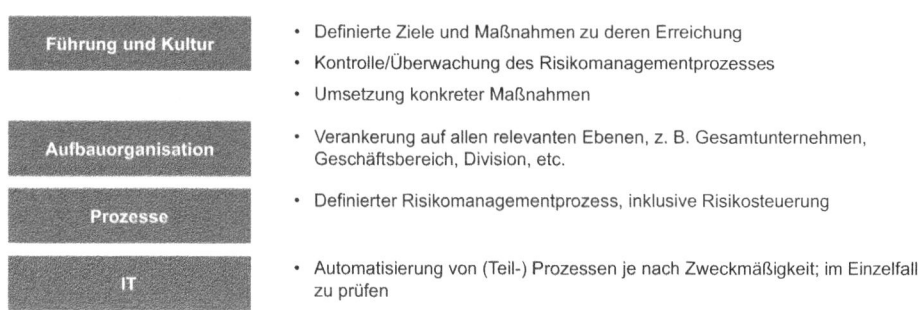

Abb. 5.7 Ausgewählte generische Elemente der Umsetzung

Ergänzend hierzu zeigt Abb. 5.7 einen Überblick über die wichtigsten generischen Elemente der Umsetzung des Managements taktischer politischer Risiken auf.

Abschließend untersuchen wir kurz, wie unsere bekannten Beispiel-Unternehmen das Management politischer Risiken in ihren Organisationen verankern.

Beispiel

Beispiel 1: Chemiekonzern

Wie oben beschrieben, hat sich das Unternehmen zum Tragen des Risikos entschieden und verfolgt begleitend ein aktives Lobbying. Zusätzlich bereitet es sich im Compliance Management auf den Fall des Risikoeintrittes vor.

Betreffend Kultur und Werthaltung entscheidet sich der Chemiekonzern für das „Schwimmen mit dem Strom", einer Positionierung, die tendenziell dem Erfolg des

Lobbyings zuträglich ist. Die wesentlichen Erfolgsfaktoren bestehen hierbei in der ziel-gerichteten Bewirtschaftung der unterschiedlichen legislativen Ebenen (z. B. Staat, Re-gion, Gemeinde) sowie der einzelnen Akteure, z. B. mithilfe des Tools „Power Map".
Betreffend Compliance unterscheiden sich die Erfolgsfaktoren nicht wesentlich von denen des allgemeinen Risikomanagements: Einerseits ist ein stringenter Prozess zu befolgen, andererseits sind die Verantwortlichkeiten für die einzelnen Prozessschritte innerhalb der Unternehmensorganisation zu klären.

Aufbauorganisatorisch sind die Funktionen „Compliance" und „Government Rela-tions" getrennt, analog Abb. 5.5. Wesentlich ist deshalb, im „Zentralen Risiko-management" die Fäden aus Sicht des Konzerns zusammenzuhalten und z. B. früh-zeitig neue Gesetzesvorlagen auf ihre qualitativen und quantitativen Auswirkungen hin zu prüfen. Hierfür richtet das Unternehmen eine ad hoc tagende Task Force „Political Risk" ein, bei der auch die Konzernleitung und -strategieabteilung vertreten sind. Das zentrale Risikomanagement übernimmt die Aufgabe, die Task Force bei Bedarf einzu-berufen, zu informieren und die entsprechende Entscheidungsfindung vorzubereiten.

Bespiel 3: Rohstoffhändler

Das oben genannte Risiko (a) wird analog zu Beispiel (1) behandelt und organisato-risch verankert. Risiko (c) wird im Rahmen des Handelsgeschäftes behandelt, durch die Erschließung neuer Rohstoffquellen und den Aufbau entsprechender Vertrags-beziehungen. Das Unternehmen kann die entsprechenden Aktivitäten zusätzlich incen-tivieren, also einen spezifischen Bonus ausloben, der der Risikoreduktion der Aktivi-täten Rechnung trägt. Dadurch kann ein möglicherweise niedrigeres Ergebnis aus dem Handel mit den alternativen Quellen kompensiert werden. ◀

Zusammenfassung

Die wichtigsten Ergebnisse dieses Kapitels in Kürze:

• Politische Risiken sind menschengemacht. Das Unternehmen sollte auch Formen der Interaktion mit den politischen Akteuren in Betracht ziehen und nicht nur reaktiv denken.
• Die Handlungsoptionen haben wir deshalb in die Kategorien „ex ante" und „ex post" gegliedert; Abb. 5.3 fasst den Optionenraum zusammen.
• Die Auswahl aus diesen Optionen basiert – neben der klassischen Analyse – auch auf normativen Aspekten.
• Die Umsetzung erfolgt entlang der klassischen drei Dimensionen – Strategie, Aufbau- und Ablauforganisation, IT.

Literatur

1. https://www.dfc.gov/, https://www.miga.org/, https://icisa.org/
2. Weimer, D. L. (2000). [Review of The Nature, Estimation, and Management of Political Risk, by J. Monti-Belkaoui & A. Riahi-Belkaoui]. The Journal of Risk and Insurance, 67(4), 668–670. https://doi.org/10.2307/253856
3. Gelak, D. (2008). Lobbying and Advocacy: winning strategies, recommendations, resources, ethics and ongoing compliance for lobbyists and Washington advocates. The Capitol. Net Inc.
4. Singh, N., & Bussen, T. J. (2015). Compliance Management: A How-to Guide for Executives, Lawyers, and Other Compliance Professionals: A How-to Guide for Executives, Lawyers, and Other Compliance Professionals. ABC-CLIO.
5. Schulz, M. R. (2020). Compliance Management im Unternehmen: Erfolgsfaktoren und praktische Umsetzung. Fachmedien Recht und Wirtschaft.
6. Hopkin, P. (2018). Fundamentals of risk management: understanding, evaluating and implementing effective risk management. Kogan Page Publishers.
7. McComb, D. (2019). The Data-Centric Revolution: Restoring Sanity to Enterprise Information Systems. Technics Publications.
8. https://www.tuv.com/content-media-files/germany/bs-systems/pdfs/1214-tuv-rheinland-compliance-management-certification/tuv-rheinland-der-compliance-standard-de.pdf
9. https://www.softguide.de/software/compliance-management

Umgang mit strategischen politischen Risiken

Die Betrachtung des Risikomanagements als strategische Disziplin hat in den letzten zwei Jahrzehnten deutlich an Bedeutung gewonnen. Abb. 6.1 illustriert vereinfacht die Abgrenzung vom traditionellen Risikomanagement. In diesem Kapitel werden die dort entwickelten Methoden auf politische Risiken angewendet.

Die zuvor in Kap. 5 aufgeführten Handlungsoptionen zur Risikovermeidung beziehungsweise -reduktion bleiben für strategische Risiken grundsätzlich bestehen. Der Fokus liegt aber nun darauf, im Umgang mit dem Risiko eine *Wertsteigerung* des Unternehmens zu erzielen. Das ist gewissermaßen eine Erweiterung der Zielsetzung, das Risiko zu vermeiden beziehungsweise zu reduzieren. Es erfordert eine andere Herangehensweise, aus der typischerweise auch ein erweiterter Handlungsbedarf resultiert.

Wie in Abschn. 4.4 ausgeführt, kann ein Risiko aus zwei Gründen strategischen Charakter entfalten – aufgrund seiner Schadenshöhe sowie aufgrund überlegener Fähigkeiten des Unternehmens, das Risiko zu bewirtschaften.

> Im Folgenden bezeichnen wir Risiken, die aufgrund ihrer Schadenshöhe strategischen Charakter gewinnen, als Risiken des *Typs A*. Risiken, die wiederum aufgrund spezifischer Fähigkeiten des Unternehmens strategischen Charakter haben, bezeichnen wir als Risiken des *Typs B*. Ein einzelnes Risiko kann prinzipiell auch beide Eigenschaften haben, es ist dann sowohl von Typ A als auch von Typ B.

In Abschn. 6.1 illustrieren wir den Zusammenhang zwischen politischen Risiken und dem Unternehmenswert anhand der Analogie zu finanziellen Optionen. Im darauffolgenden Abschn. 6.2 wird die Methodik entwickelt, um Wettbewerbsvorteile im Zusammenhang Risiken von „Typ B" zu identifizieren und auszubauen. Im besten Fall erlangt das Unternehmen die Fähigkeit, aus einer Krise gestärkt, also mit verbesserter Wettbewerbsposition, hervorzugehen. In diesem Fall kann man ihm nach N.N. Taleb Anti-

M.-F. Otto, *Management politischer Risiken*, https://doi.org/10.1007/978-3-658-41759-8_6

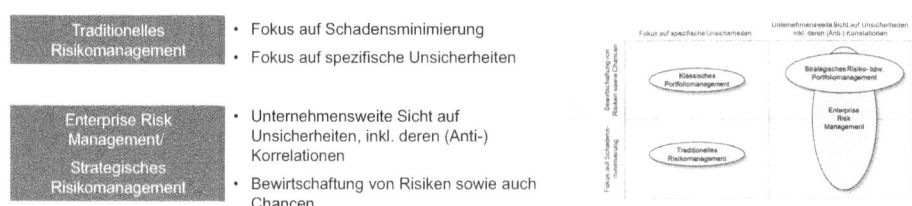

Abb. 6.1 Rolle des Risikomanagements im Unternehmen

fragilität bescheinigen. Die resultierenden Handlungsoptionen hängen von der Unternehmensstrategie ab; der Optionenraum ist prinzipiell unbegrenzt. Von den zuvor genannten Handlungsoptionen fließen hier beispielsweise das Lobbying oder Rückzug aus der Jurisdiktion ein, im Sinne strategischer Maßnahmen, die auf die Sicherung oder Erzeugung einer strategischen Erfolgsposition zielen. Entsprechend der klassischen Portfoliotheorie besteht unter bestimmten Bedingungen eine Korrelation zwischen dem Risiko und dem erwarteten Ertrag eines Investitionsportfolios.[1] Inwiefern sich dieser Grundgedanke auf ein einzelnes Unternehmen übertragen lässt, wird in Abschn. 6.3 untersucht. Der Abschnitt zeigt also die strategische Dimension einer *Diversifikation* politischer Risiken auf.

Während die ersten Abschnitte den „Typ B" strategischer Risiken behandeln, geht Abschn. 6.4 auf politische Risiken vom „Typ A" ein, die bestandsgefährdenden Risiken. Für diese steht der drohende Schaden im Vordergrund, nicht die Chancen, weshalb hier die Methoden des klassischen Risikomanagements anzuwenden sind. Von den zuvor genannten Handlungsoptionen kommen vor allem der Risikotransfer sowie der Ausstieg aus der betroffenen Geschäftsaktivität zum Einsatz.

In Abschn. 6.5 wird beschrieben, wie sich das Management strategischer politischer Risiken in den allgemeinen Strategieprozess einfügt. Der dargestellte Zusammenhang des strategischen Managements politischer Risiken mit dem Strategieentwicklungsprozess dient gleichzeitig als Zusammenfassung der bis hierhin behandelten Methoden. In Abschn. 6.6 werden schließlich die Aspekte der organisatorischen Verankerung und Operationalisierung behandelt.

6.1   Strategische Risiken als Realoption

Das Tragen strategischer politischer Risiken vom Typ B bringt dem Unternehmen im Saldo einen Vorteil. Dies kann ein absoluter Vorteil sein – oder auch nur ein relativer im Vergleich zum Wettbewerb, der mithin die Position des Unternehmens stärkt. Der strategische Fokus liegt in beiden Fällen auf *Wettbewerbsvorteilen* im Zusammenhang mit dem Risiko, über die das Unternehmen bereits verfügt oder die es aufbauen kann.

---

[1] Risiko-Rendite Profil, „efficient frontier".

Bevor wir auf die Möglichkeiten für solche Wettbewerbsvorteile breiter eingehen, wollen wir einen wichtigen Spezialfall ansprechen. Dieser liegt vor, wenn der Wettbewerbsvorteil des Unternehmens in dessen Fähigkeit besteht, auf den Eintritt des Risikos asymmetrisch zu reagieren, also wenn es den Schaden aus einer ungünstigen Entwicklung begrenzen, den Nutzen aus einer günstigen Entwicklung aber maximieren kann. In der Finanztheorie spricht man dann von einer *Realoption*. Zur Illustration, welche Form solche Realoptionen annehmen können, verwenden wir zwei Beispiele.

Im ersten Beispiel erwägt ein Unternehmen die Investition in eine Produktionsanlage in einer instabilen Jurisdiktion. Dort plant es mit deutlich tieferem Investitionsbedarf sowie laufenden Kosten, inklusive Steuern und Abgaben, als in einer vergleichsweise sicheren Jurisdiktion. Die politischen Unsicherheiten würden sich ausschließlich nachteilig auf das Unternehmen auswirken, bis hin zur entschädigungslosen Enteignung der Anlage. Das Unternehmen ist allerdings in der Lage, besser als der Wettbewerb solche Entwicklungen zu antizipieren und auf sie zu reagieren. Es hat also einen relativen Vorteil. Es kann den maximalen Schaden so begrenzen, dass die Investition im instabilen Gebiet einen höheren erwarteten Wert hat als im stabileren.

Der Unternehmenswert hängt dabei von der politischen Entwicklung in der Jurisdiktion ab, s. Abb. 6.2. Wir interpretieren ihn nun als Auszahlungsprofil einer Option. Konkret entspricht der Unternehmenswert dem Auszahlungsprofil, das sich aus dem Verkauf einer Call Option ergibt („Short Call"). Die Fähigkeit des Unternehmens, mit gewissen Maßnahmen auf eine nachteilige politische Entwicklung zu reagieren, entspricht dann einer Verlustgrenze im Auszahlungsprofil und bewirkt eine relative Wertsteigerung des Unternehmens. Zur korrekten Bewertung einer solchen Realoption benötigt man prinzipiell die Verteilung der Eintrittswahrscheinlichkeit entlang der inkrementellen Szenarien auf der

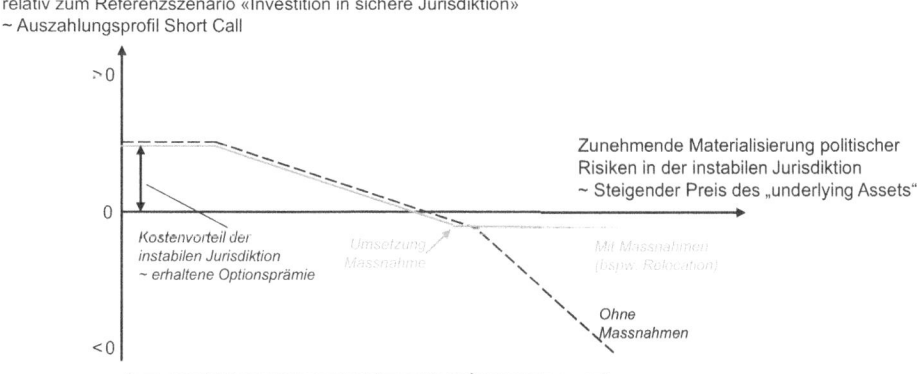

Abb. 6.2 Analogie zwischen Auszahlungsprofil einer Short Call Option und dem Unternehmenswert als Funktion der politischen Entwicklung

x-Achse. In der Praxis wird es typischerweise genügen, die Eintrittswahrscheinlichkeiten für die unterschiedlichen diskreten Szenarien abzuschätzen, wie in der Abbildung illustriert.

Im zweiten Beispiel erwägt das Unternehmen die frühzeitige Investition in einem Gebiet, dessen politische Rahmenbedingungen sich künftig signifikant verbessern könnten. Ein früher Markteintritt ist eine Voraussetzung für die künftige Partizipation am Wachstum, weil wichtige Vorteile für „early movers" bestehen, z. B. aufgrund der begrenzten Grösse des Gebietes. Die frühzeitige Investition ist dagegen wertlos, falls es nicht zu der günstigen politischen Entwicklung kommt. In diesem Fall entspricht der Unternehmenswert als Funktion der politischen Chancen dem Auszahlungsprofil, das sich aus dem Kauf einer Call Option ergibt („Long Call"). Wesentlich hierfür ist, dass das Unternehmen den Nutzen aus einer günstigen Risikorealisierung tatsächlich nur dann beanspruchen kann, wenn es das Risiko im ersten Schritt auch eingeht. Könnte es genauso gut abwarten und erst bei Realisierung aktiv werden, entfällt der kausale Zusammenhang, der wesentlich für das Bestehen einer Realoption ist.

In beiden Beispielen ist die Fähigkeit des Unternehmens, auf künftige politische Entwicklungen zu reagieren, der zentrale Aspekt im Hinblick auf den Unternehmenswert und damit bei der Auswahl der Handlungsoption. Wie solche Optionen systematisch identifiziert und entwickelt werden können, ist Gegenstand des folgenden Abschnitts.

6.2   Strategische Wettbewerbsvorteile versus politische Risiken

Wir befassen uns nun mit der Methodik zur Identifikation beziehungsweise Ausbildung strategischer Wettbewerbsvorteile im Zusammenhang mit politischen Risiken des Typs B. Dafür unterscheiden wir zwischen zwei Arbeitsrichtungen:

 I. Die erste Richtung untersucht daraufhin, ob das Unternehmen bezüglich der identifizierten politischen Risiken Wettbewerbsvorteile hat oder aufbauen kann.
II. Die zweite Richtung überprüft die bestehenden Wettbewerbsvorteile unter dem Aspekt politischer Risiken: Sind sie gefährdet oder werden sie vielleicht sogar verstärkt? Was kann das Unternehmen tun, um sie zu sichern beziehungsweise zu verstärken?

Abb. 6.3 illustriert diese beiden Arbeitsrichtungen, die im Folgenden detailliert werden.

6.2.1   Untersuchung politischer Risiken auf mögliche Wettbewerbsvorteile

Dieser Ansatz entspricht dem bekannten Vorgehen im strategischen Risikomanagement, wie es beispielsweise in [3] aufgezeigt wird. Wir können dabei auf die detaillierte Beschreibung des Risikos im Bow-Tie Diagramm zurückgreifen: Die horizontale Achse

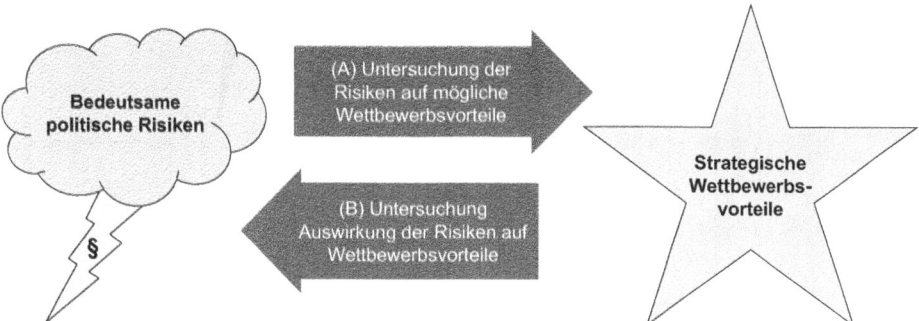

Abb. 6.3 Abgleich von strategischen Wettbewerbsvorteilen mit politischen Risiken

dieses Diagramms entspricht einer zeitlichen Abfolge, von den Auslösern des Risikos über etwaige Vorsichts- oder Abwehrmaßnahmen des Unternehmens, den Eintritt des Ereignisses, die Maßnahmen zur Schadensreduktion bis hin zu den Auswirkungen des Risikoeintrittes auf das Unternehmen. Entlang dieser Abfolge lassen sich die möglichen Wettbewerbsvorteile in die folgenden fünf Bereiche einordnen:

- Wettbewerbsvorteile im Vorfeld des Ereignisses: Risikotragfähigkeit (Bereich 1) und Informationsvorsprung (Bereich 2);
- Wettbewerbsvorteile im strategischen Umgang bei Eintritt des Ereignisses (Bereich 3);
- Wettbewerbsvorteile im taktischen Umgang bei Eintritt des Ereignisses (Bereich 4);
- Wettbewerbsvorteile im Umgang mit den Risikoverursachern (Bereich 5).

Die ersten vier Bereiche finden Anwendung für alle Risikoklassen, der fünfte ist spezifisch für menschengemachte Risiken, denen unsere politischen Risiken zugeordnet sind. Abb. 6.4 illustriert den Zusammenhang der fünf Bereiche mit dem Bow-Tie Format.
   Gehen wir nun näher auf diese Bereiche ein.

Erster Bereich, Wettbewerbsvorteile betreffend die Risikotragfähigkeit Voraussetzung dafür, das Risiko überhaupt nehmen zu können, ohne den Bestand des Unternehmens zu gefährden, ist eine ausreichende finanzielle Absicherung im Schadensfall, also die *finanzielle Risikotragfähigkeit*. Der einfachste Fall besteht, wenn das Unternehmen über eine grössere Kapitaldecke verfügt als seine Wettbewerber und deshalb beispielsweise in der Lage ist, Kostenvorteile zu realisieren, die das Eingehen des Risikos voraussetzen. Politische Risiken, die eine hohe finanzielle Tragfähigkeit erfordern, umfassen all diejenigen Risiken, die Strukturbrüche an den relevanten Märkten verursachen. Ein wichtiges aktuelles Beispiel sind die hochgradig politisch determinierten europäischen Energiemärkte, die sowohl technologischen als neu auch geopolitischen Restriktionen unterliegen.

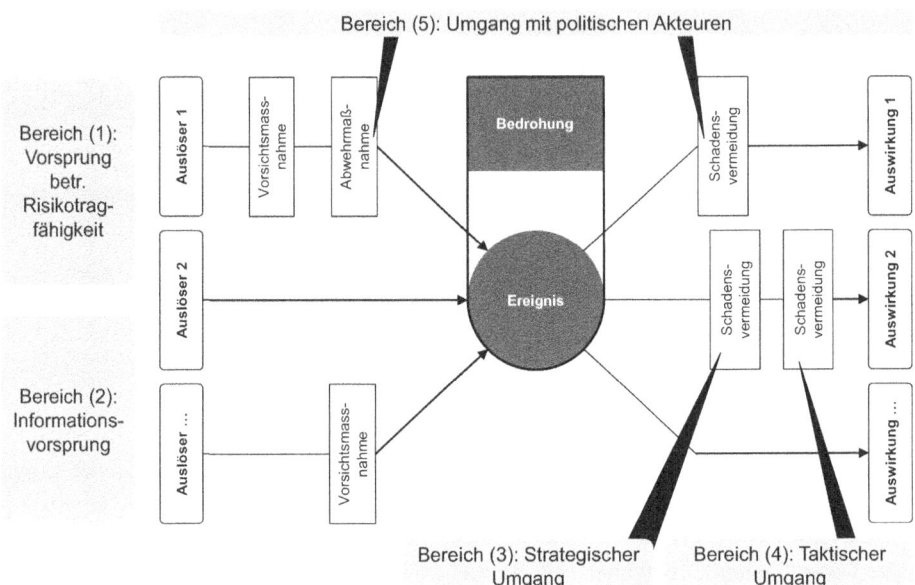

Abb. 6.4   SEP entlang „Bow-Tie"

In *Extremszenarien* spielen aber auch weitere, *nicht-finanzielle Fähigkeiten* eine Rolle. Zum Beispiel in einem Szenario, in dem der Bestand der Landeswährung unsicher ist oder andere Teile des gesellschaftlichen Fundaments zu erodieren drohen. Es kommt dann grundlegend darauf an, in welchem Maße das Unternehmen in der Lage ist, Kernbedürfnisse seiner Kunden zu bedienen und gleichzeitig weiterhin über die zur Leistungserbringung wesentlichen Ressourcen zu verfügen. Weiche Faktoren, insbesondere das Vertrauen, das das Unternehmen bei seinen unterschiedlichen Gegenparteien genießt, können im Krisenfall den wichtigen Unterschied ausmachen. In solchen Szenarien kommen auch neue Wertmesser in Betracht, beispielsweise eine von der Jurisdiktion unabhängige Währung wie Bitcoin oder Edelmetalle. Ein solches „Stress-Testing" empfiehlt sich ebenso für die zweite Arbeitsrichtung, wie wir unten stehend ausführen.

Zweiter Bereich, Wettbewerbsvorteile aus Informationsvorsprung   Ein Informationsvorsprung kann sowohl betreffend die Vorhersage – wann und in welcher Form materialisiert sich das Risiko –, als auch betreffend das Verhalten in der Krisensituation bestehen. Erfahrung mit früheren ähnlich gelagerten Krisen kann für beide Aspekte wichtige Vorteile bringen. Bei politischen Risiken spielt außerdem der Zugriff auf „politische Insider" eine wichtige Rolle. Abgesehen von solchen firmeneigenen Erfahrungswerten und Netzwerken sind Informationsvorsprünge zu politischen Risiken meist schwierig zu erzielen. Typischerweise sind Investitionen in die Rekrutierung entsprechender Experten beziehungsweise in Daten und Algorithmen erforderlich. Datenzentrierte IT-Architekturen leisten das aktuelle Versprechen, wie ein Informationsvorsprung generiert und gehalten werden kann, siehe z. B. [11].

Dritter Bereich, Wettbewerbsvorteile im strategischen Umgang bei Eintritt des Ereignisses   In Abgrenzung zum vierten Bereich handelt es sich hierbei um *ex ante* geplante *Maßnahmen*, wie beispielsweise die Verlagerung von Geschäftstätigkeiten in eine stabile Region noch vor dem Eintritt oder gleich zu Beginn einer Krise, oder die systematische Akquisition und Umstrukturierung von Unternehmen, die von einer erwarteten Krise besonders getroffen wurden aber über Assets verfügen, die im neuen Regime weiterhin wertvoll sind. Wir können mithin auch von einem proaktiven Umgang sprechen. Der Nutzen, den das Unternehmen aus der Krise zieht, kann hierbei absoluter oder relativer Natur sein, s. Abschn. 6.1: Um einen relativen Nutzen zu erzielen, muss das Unternehmen „lediglich" besser abschneiden als seine Peers. Bei politischen Ereignissen mit hoher Schadenswirkung kann meist nur ein solcher relativer Nutzen erzielt werden, wie eine Erhöhung des Anteils an einem geschrumpften Markt oder eine vergleichsweise geringe Reduktion der Profitabilität. Ein absoluter Nutzen, also eine unmittelbare Steigerung des Unternehmenswertes, kann erzielt werden, wenn sich das Unternehmen proaktiv als „Krisengewinner" aufgestellt hat und dann einen Wachstumseffekt oder eine Profitabilitätssteigerung realisieren kann. Im Szenario einer kommenden starken Inflation kann beispielsweise eine Vorreiterrolle bei Preissteigerungen in Verbindung mit langlaufenden, niedrig verzinsten Anleihen einen solchen Wettbewerbsvorteil begründen.

Vierter Bereich, Wettbewerbsvorteile im taktischen Umgang bei Eintritt des Ereignisses   Bei diesem Bereich handelt es sich darum, wie das Unternehmen optimal auf ein eingetretenes politisches Risiko *reagieren* kann. Spezifische unternehmenseigene Erfahrungen, z. B. mit ähnlichen Krisen in anderen Jurisdiktionen, können hilfreich sein. Generell spielen Eigenschaften wie Flexibilität, Reaktionsgeschwindigkeit und Innovationsfähigkeit – aber auch Vertrauen, Zusammenhalt und Sabotagefreiheit – zentrale Rollen während einer Krise. Es handelt sich also insbesondere um organisatorisch-kulturelle Stärken. Ein Wettbewerbsvorsprung in diesem Bereich schafft typischerweise auch Wert in anderen Dimensionen, z. B. in Form einer geringen time-to-market oder niedriger interner Transaktionskosten. Deshalb lohnen sich Investitionen in diese organisatorisch-kulturellen Eigenschaften oftmals schon, bevor sich das politische Risiko materialisiert.

Fünfter Bereich, Wettbewerbsvorteile im Umgang mit den Risikoverursachern   Abschn. 5.2 untersucht die Frage, wie mit den Verursachern politischer Risiken umgegangen werden kann. Compliance, Beeinflussung/Lobbying sowie Rückzug bilden die drei dominanten Optionen. Bei schwächeren Jurisdiktionen können aber auch Abwehr oder sogar Ignoranz erfolgreich zur Anwendung kommen. Insbesondere der dort gezeigte Fall ist relevant, in dem ein Unternehmen Investitionsschutz seines starken Heimatstaates in einer schwächeren Jurisdiktion geniesst. Klarerweise lassen sich die einzelnen Optionen auch kombinieren. Um einen strategischen Vorteil zu erzielen, ist es wesentlich, dass das Unternehmen in den gewählten Optionen erfolgreicher agieren kann als seine Wettbewerber. Dazu können die Unternehmensgröße, seine Bedeutung für die Volkswirtschaft der Jurisdiktion (Arbeitsplätze, Steuereinnahmen, wichtiger Spieler in einer Schlüssel-

oder Vorzeigeindustrie, etc.) aber auch spezifische Kompetenzen beitragen. Beispielsweise ein belastbares politisches Netzwerk oder einfach eine gut durchdachte und konsis-
tente Umgangsweise gegenüber den politischen Akteuren. Eine Erweiterung der Perspektive
über die aktuell relevanten Jurisdiktionen hinaus kann hierbei einen wesentlichen Beitrag
leisten.

Sind die bestehenden oder potenziellen Wettbewerbsvorteile in den fünf Bereichen
identifiziert, so stellt sich die Frage, welche davon strategische Relevanz haben. Entscheidend ist dabei einerseits das Wertschöpfungspotenzial des Wettbewerbsvorteils,
andererseits, wie langfristig er aufrechterhalten werden kann. Weniger bedeutsame oder
nur kurzfristig bestehende Wettbewerbsvorteile werden in diesem Schritt aussortiert. Die
verbleibenden strategisch relevanten Themen finden dagegen Eingang in die Unternehmensstrategie. Das praktische Vorgehen für diese Arbeitsrichtung ist also wie folgt:

a. Identifikation der relevanten politischen Risiken gemäß Abschn. 4.1;
b. Analyse bestehender oder möglicher Wettbewerbsvorteile in den fünf Bereichen im
   Zusammenhang mit diesen Risiken, inklusive Stress-Testing;
c. Bewertung und Auswahl: Welche dieser Wettbewerbsvorteile sind strategisch relevant
   und sollten gestärkt oder aufgebaut werden?

Zusammen mit der im nächsten Abschnitt dargestellten, umgekehrten Arbeitsrichtung entsteht dann die umfassende Sicht auf den Zusammenhang zwischen Wettbewerbsvorteilen
und strategisch relevanten politischen Risiken.

6.2.2 Untersuchung der Auswirkung politischer Risiken auf bestehende Wettbewerbsvorteile

Wir untersuchen nun mögliche Auswirkungen politischer Unsicherheiten auf die bestehenden Wettbewerbsvorteile des Unternehmens. Dabei fokussieren wir auf solche
Wettbewerbsvorteile, die einen strategischen Charakter haben, die sogenannten *strategischen Erfolgspositionen*: Strategische Erfolgspositionen (SEP) sind spezifische, der Kon-
kurrenz überlegene Kompetenzen, beispielsweise intellektuelles Eigentum, physische Anlagegüter oder sonstige Eigenschaften des Unternehmens, auf denen der *langfristige
Unternehmenserfolg basiert*. Sie dienen als fundamentale Treiber des Unternehmenswertes und sichern dem Unternehmen einen strategischen Vorsprung gegenüber der Kon-
kurrenz. Sie können aus allen Bereichen des Unternehmens resultieren wie Absatz, Be-
schaffung, Produktion, Logistik oder Management. Absatzseitige SEP werden auch als
Unique Selling Propositions (USPs) bezeichnet. Strategische Erfolgspositionen müssen
erkannt und entwickelt werden. Als Ausgangspunkt hierfür kann das Business Canvas
Framework dienen [1].

Sind die SEP ermittelt, werden sie auf ihre Sensitivität betreffend politische Risiken beziehungsweise Unsicherheiten hin überprüft. Die Auswirkungen der Risiken auf die SEP werden dabei in solche schädlicher und solche nützlicher Natur unterschieden: Gemäß dem Grundgedanken im strategischen Risikomanagement können strategische Erfolgspositionen im Krisenfall gestärkt werden. Dabei wirken sowohl absolute als auch relative Effekte. Eine SEP kann durch politische Risiken aber auch nachhaltig geschwächt werden, möglicherweise entfällt sie bei Eintritt des Risikos sogar vollständig. Die taktischen Handlungsoptionen, um eine solche Entwicklung abzuwenden, haben wir oben aufgezeigt. Wir gehen nun davon aus, dass entsprechende Maßnahmen bereits analysiert und, sofern sinnvoll, eingesetzt wurden. Die Analyse beschäftigt sich also mit dem *nach taktischen Maßnahmen verbleibenden* strategischen Risiko.

Abb. 6.5 illustriert das resultierende Vorgehen.

Auch für diese Arbeitsrichtung empfiehlt es sich, einen *Stresstest* durchzuführen. Hierfür werden Extremszenarien entwickelt, die einen kumulierten Eintritt der größten Risiken aufweisen. Historische Vergleiche können helfen, fehlendes Expertenwissen betreffend solche Situationen zu ersetzen. In [4] werden anschaulich die zyklisch auftretenden Krisen beschrieben, denen sich die Vereinigten Staaten in ihrer Geschichte ausgesetzt sahen. Demnach steigt die Anfälligkeit einer Gesellschaft für politische Krisen über drei Generationen beziehungsweise 60–70 Jahre hinweg an, bis sich die Spannung im sogenannten „Fourth Turning" entlädt. Die Untersuchung, ob und wie die strategischen Erfolgspositionen des Unternehmens in einem solchen Fourth Turning bestehen, ergänzt die Ana-

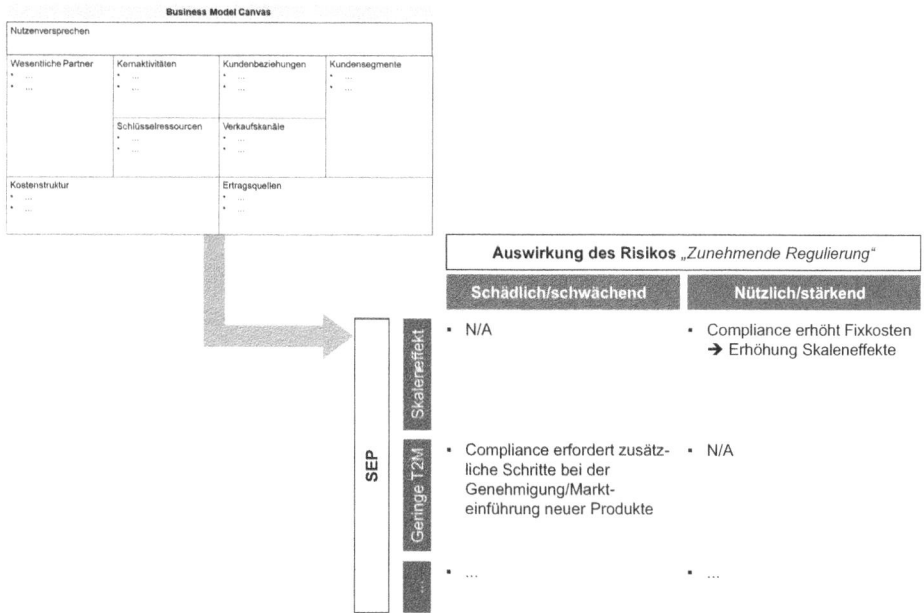

Abb. 6.5 Untersuchung der Auswirkung politischer Risiken auf bestehende Wettbewerbsvorteile

lyse des Einflusses politischer Risiken auf die SEP. Die Auswirkungen eines solchen Extremszenarios lassen sich in der Schablone aus Abb. 6.5 dokumentieren, das Extremszenario ersetzt dabei das einzelne Risiko.

Zusammen mit den Ergebnissen der ersten Arbeitsrichtung liegen die benötigten Analysen vor, um den Zusammenhang zwischen politischen Risiken und den SEP beziehungsweise allgemeiner den Wettbewerbsvorteilen des Unternehmens zu beurteilen. Daraus können beispielsweise folgende Erkenntnisse resultieren:

- Eine SEP entfällt bei Eintritt eines Risikos oder eines Extremszenarios vollständig oder wird maßgeblich geschwächt;
- Ein bestehender Wettbewerbsvorteil in der Handhabung politischer Risiken kann zu einer neuen SEP ausgebaut werden;
- Bei Eintritt eines bestimmten Risikos oder Szenarios ergibt sich eine völlig neue strategische Position des Unternehmens.

Die Synthese und Ausformulierung dieser Erkenntnisse fließt schließlich in den allgemeinen Strategieprozess ein, wo hieraus spezifische Maßnahmen abgeleitet werden können.

Das praktische Vorgehen für diese Arbeitsrichtung sowie die Synthese ist also wie folgt:

a. Sofern noch nicht geleistet: Ermittlung der strategischen Erfolgspositionen;
b. Ermittlung der Auswirkungen politischer Risiken auf die SEP;
c. Synthese mit den Ergebnissen aus der ersten Arbeitsrichtung;
d. Überführung in die Unternehmensstrategie → Ableitung des Handlungsbedarfs und Umsetzung

Dieses Vorgehen wollen wir nun anhand der beiden Beispiele für strategische Risiken illustrieren.

Beispiel 2: Stromerzeuger

Wie in Abschn. 4.4 beschrieben, behandeln wir die unterschiedlichen Szenarien zur Regulierung von Erzeugungstechnologien im Sinne eines strategischen Risikoclusters. Dieses Cluster bietet, aufgrund der aktuellen Portfoliostruktur, sowohl Chancen als auch Risiken und fällt damit in die Kategorie der (mehr oder weniger) symmetrischen Risiken.

Im ersten Schritt analysiert das Unternehmen, welche Wettbewerbsvorteile möglicherweise entlang der Risiken bestehen. Ergebnis der Analyse ist die Erkenntnis, dass das Unternehmen bereits über eine sehr gute Informationsbasis sowie ein breites und tiefes Netzwerk zu politischen Wissensträgern verfügt und in der Konsequenz einen Informationsvorsprung gegenüber Wettbewerbern hat. Dieser Vorsprung betrifft also Bereich (2) aus Abb. 6.4. Analog zu einem Börsenhändler, dessen Geschäftsmodell in der Monetarisierung von Informationsvorsprüngen besteht, ermittelt das Unternehmen auf dieser Grundlage zwei mögliche Verhaltensweisen:

- Verhalten als „frontrunner", also Antizipation der sich abzeichnenden Regulierung und möglichst rasche Ausrichtung darauf. Der wesentliche Hebel ist dabei die Investition in künftig begünstigte beziehungsweise die Desinvestition von künftig benachteiligten Technologien, zu einem Zeitpunkt, zu dem die entsprechenden Preise beziehungsweise Kosten die neue Regulierung noch nicht reflektieren.
- Verhalten als „contrarian", also Nutzung etwaiger Überreaktionen der Wettbewerber, etwa wenn diese eine neuerdings regulatorisch benachteiligte Technologie übereilt abstoßen wollen und dabei einen (zu) niedrigen Preis akzeptieren.

Das Unternehmen untersucht nun, welche *zusätzlichen* Fähigkeiten für die beiden Strategie-Optionen notwendig sind. Es kommt zu folgendem Schluss:

- Fähigkeiten, um erfolgreich als frontrunner zu agieren, insbesondere die Fähigkeit zur raschen Umsetzung von Investitons- beziehungsweise Desinvestitonsprojekten, z. B. durch Partnerschaft mit Finanziers sowie kontinuierliche Bewirtschaftung einer Projekte-Pipeline (Kompetenzbereich 3, teilweise auch 4)
- Fähigkeiten, um erfolgreich als contrarian zu agieren:
  - Best-in-class Bewertung von Erzeugungsanlagen, um Opportunitäten sachgerecht ermitteln zu können (Kompetenzbereich 2);
  - Gute Kapitalausstattung und hohe Risikotragfähigkeit, um Investitionen stemmen zu können und bei Bedarf auch Durststrecken zu überstehen (Kompetenzbereich 1).

Das Unternehmen entscheidet sich schließlich für die Variante „frontrunner", da es über die hierfür zusätzlich benötigten Kompetenzen bereits weitgehend verfügt. Lücken werden im weiteren Verlauf geschlossen.

Im zweiten Schritt untersucht das Unternehmen, welche Auswirkungen das Risiko cluster auf bestehende Wettbewerbsvorteile hat. Die wichtigste gefährdete USP ist dabei der breite heutige Technologiemix, aus dem eine interne Absicherung gegen Schwankungen einzelner Rohstoffpreise resultiert: Bei einem Verbot oder einer prohibitiven Besteuerung bestimmter Erzeugungstechnologien müsste das Unternehmen diese abstoßen und verlöre damit den internen Hedge. Die zweite USP, die kosten- und kompetenzseitigen Skaleneffekte, wäre dagegen höchstens indirekt betroffen. Um die Gefährdung des breiten Technologiemix zu reduzieren, beschließt das Unternehmen die geografische Expansion in Jurisdiktionen mit anders gelagerter Energiepolitik.

Parallel zu diesen strategischen Maßnahmen untersucht das Unternehmen, welche taktischen Aktivitäten anzugehen sind. Dazu folgt es dem Entscheidungsbaum Abb. 5.1.

Das Szenario (B) „Neuer Fokus auf nationale Autarkie" mit der Folge einer Substanzwertreduktion um 15 % innert 10 Jahren ist so bedeutend, dass sich zunächst die Frage nach der Abwendung des Risikos stellt. Aufgrund der politischen Beziehungen und der uneinheitlichen „öffentlichen Meinung" gelangt das Unternehmen zu der Einschätzung, dass ein systematisches Lobbying aussichtsreich ist. Zielsetzung ist dabei, die protektionistischen Maßnahmen wie Zölle möglichst gering zu halten sowie, parallel, Ausnahmeregelungen für Primärenergieträger zu erwirken.

Das Szenario (C) „Neuer Fokus auf Wirtschaftlichkeit" mit einer Steigerung des Substanzwerts innert 20 Jahren um 10 %, stellt klarerweise eine Chance dar. Gleichwohl kann das Unternehmen den Werkzeugkasten zum Umgang mit taktischen politischen Risiken nutzen. Es entscheidet sich wiederum für Lobbying-Maßnahmen, um die Eintrittswahrscheinlichkeit dieses Szenarios zu erhöhen.

In Summe ergibt sich eine Strategie mit zwei „Verteidigungslinien": Die erste, taktische Linie, besteht in der Beeinflussung der politischen Entscheidungsträger. Die zweite, strategische Linie, bereitet das Unternehmen auf den Fall vor, dass das Lobbying nicht ausreichend erfolgreich ist. Informationsvorsprung, strukturelle Flexibilität und „jurisdiktionale Diversifizierung" bilden dafür die drei Säulen.

Beispiel 3: Rohstoffhändler

Wir betrachten hier die beiden als strategisch eingestuften Risiken von Lieferkettengesetzen (b) sowie der Enteignung von Speicheranlagen (d). In beiden Fällen handelt es sich um vollständig asymmetrische Risiken, bei deren Eintritt das Unternehmen massiven Schaden erleidet. Wettbewerbsvorteile entlang dieser Risiken sieht das Unternehmen ausschließlich in der raschen Reaktionsfähigkeit bei Eintritt des Risikos. Weder verfügt es über eine herausragende Risikotragfähigkeit noch über einen Informationsvorsprung betreffend politische Risiken. Die Analyse der von den Risiken betroffenen Wettbewerbsvorteile ergibt eine umfassende Bedrohung durch Risiko (b), das durchaus bestandsgefährdend werden kann. Die Enteignung von Speicheranlagen dagegen bedroht ausschließlich die vertikale Integration im betroffenen Rohstoffsegment.

Als zentrale Handlungsoption für den Umgang mit beiden Risiken ermittelt es letztendlich den „Rückzug" und dafür wiederum die Fähigkeit, bei einer Materialisierung der Risiken rasch und kosteneffizient die jeweils betroffenen Standorte zu verlagern. Im Einzelnen erfordert dies die folgenden Kompetenzen, gleichermaßen für beide Risiken:

• Geografische Flexibilität (Kompetenzbereiche 3 und 4);
• Frühzeitiges Erkennen, wenn das Risiko eintritt (Kompetenzbereich 2).

Den Handlungsbedarf im Kompetenzbereich 2 geht das Unternehmen durch die systematische Erschließung der relevanten Informationsquellen an.

Die Fähigkeit, im Risikofall rasch und effizient den Standort verlagern zu können, bezeichnen wir als geografische Flexibilität. Beispiel 3) vertiefen wir deshalb in Kap. 7. In diesem Kapitel verzichten wir dagegen auf weitere Ausführungen. ◄

Der Aufbau von Kompetenzen im Umgang mit einem Risiko kann einerseits den Schaden-Erwartungswert, andererseits auch die erwartete Rendite des Unternehmens verbessern. Im Risiko-Rendite-Diagramm, vgl. Abb. 3.10, verbessert sich dann die Position des Unternehmens beziehungsweise des entsprechenden Geschäftsbereiches in beiden Dimensionen – Verringerung des Risikos bei gleichzeitiger Verbesserung der erwarteten Rendite.

Darüber hinaus kann auch durch die reine Kombination von Geschäftsaktivitäten eine Verbesserung des Risiko-Rendite-Profils erreicht werden. Im Folgenden untersuchen wir dies näher.

6.3 Strategisches Portfoliomanagement

Wir gehen nun darauf ein, wie der Grundgedanke der Risikodiversifikation auf strategische politische Risiken angewendet werden kann. In Abschn. 3.5 haben wir kurz die Ansätze im klassischen Portfoliomanagement umrissen. Voraussetzung für die Methodik ist eine gute Quantifizierbarkeit der Risiken. Typischerweise wird sie deshalb für Investitionen durchgeführt, für die historische Marktpreise vorliegen. Entwicklung und Schwankungsbreite dieser Preise dienen dann der Analyse der mit der Investition verbundenen (Preis-) Risiken.

In Abschn. 4.2 sind wir auf die Möglichkeiten zur Bewertung politischer Risiken eingegangen. Liegen mehrere solcher Risiken vor, so empfiehlt sich die Bildung von Gruppen deutlich gekoppelter – beziehungsweise positiv oder negativ korrelierter – Einzelrisiken. Die Korrelationen über solche Risikogruppen hinweg werden dann vernachlässigt. An die Stelle historischer Marktpreise treten Szenarien betreffend die Risikogruppen, um eine grobe Risikobewertung zu ermöglichen. Die Verknüpfung der Risikogruppen mit den finanziellen Indikatoren des Unternehmens erfolgt über Treiberbäume.

Bei großen Unternehmen mit einem Portfolio an Aktivitäten kann für jede Aktivität ein solcher Treiberbaum erstellt werden. Auch für potenzielle neue Aktivitäten, z. B. Investitionen, ist dies möglich. Aus der Perspektive der Portfoliotheorie entspricht dann jede bestehende oder potenzielle Aktivität einem „investierbaren" Asset, dessen Risiko-Rendite-Profil mittels Szenarioanalyse ermittelt werden kann.

Die Kombination mehrerer Aktivitäten kann einen Portfolio- beziehungsweise Risikodiversifikationseffekt erzeugen, wenn die Treiberbäume unterschiedlich von den Risiken abhängen. Insbesondere diejenigen Aktivitäten, die, wie in diesem Kapitel beschrieben, einen Vorteil aus dem Eintritt eines politischen Risikos ziehen können, wirken im Portfolio mit anderen Aktivitäten, die daraus einen Schaden erleiden, risikomindernd. Je nach Datenlage lässt sich auch dasjenige Portfolio bestimmen, in dem Komposition und relative Größe der Aktivitäten unter Risiko-Rendite-Gesichtspunkten optimal aufeinander abgestimmt sind.

Das in Kap. 10 vorgestellte Tool zur Risikobewertung kann für eine solche Analyse strategischer Handlungsoptionen genutzt werden. Im Folgenden illustrieren wir diese Methodik anhand von Beispiel 2.

Beispiel 2: Stromerzeuger

Das Unternehmen greift auf die Treiberbäume sowie die Szenarioanalyse aus Abschn. 4.2 zurück: Die einzelnen Stromerzeugungstechnologien – sowohl die bereits bestehenden sowie mögliche zusätzliche Technologien – stellen die investierbaren Portfolioelemente oder Assets des Unternehmens dar. Je Technologie wird ein Treiberbaum definiert, der den Cashflow aus dem entsprechenden Asset berechnet. Die Szenarien betreffend politische Risiken ergeben dann jeweils unterschiedliche künftige Cashflows je Erzeugungstechnologie.

Ein Gesamtportfolio wird nun durch die gewichtete Kombination einzelner Assets gebildet. Die Randbedingung bildet das gesamthaft investierbare Kapital, also die Summe der Investitionen in die einzelnen Portfolioelemente. Für jedes Portfolio wird die Szenarioanalyse durchlaufen, das heißt, der Gesamtcashflow des Portfolios wird für jedes Szenario berechnet. Dies kann sowohl für diskrete Einzelszenarien erfolgen als auch für Wahrscheinlichkeitsverteilungen von Szenarien. Im letzteren Fall kommt die sogenannte Monte-Carlo-Simulation zur Anwendung [5, 4]. Je Portfolio ergibt sich damit ein erwarteter Cashflow – als gewichteter Mittelwert aus den Szenarien oder alternativ als Cashflow des Referenzszenarios – sowie die Abweichung von diesem Erwartungswert. Im Falle diskreter Szenarien lässt sich diese Abweichung beispielsweise aus der Cashflow-Differenz zum schlechtesten Szenario ableiten. Im Falle kontinuierlicher Szenarien dagegen als ein Vielfaches der Standardabweichung der Wahrscheinlichkeitsverteilung des Cashflows, z. B. das Doppelte (2σ).

Dies entspricht einer vereinfachten Risiko-Rendite Analyse aus der Markowitz-Theorie. Unter den gegebenen Risikoszenarien kann somit das optimale Portfolio ermittelt werden; die Differenz zum Status Quo ergibt dann den Investitions- beziehungsweise Desinvestitionsbedarf. Ob es tatsächlich zur Investition beziehungsweise Desinvestition kommt, hängt auf einem illiquiden Markt wie dem für Erzeugungstechnologien klarerweise noch von den konkreten Opportunitäten ab. In der Praxis genügt zumeist die Betrachtung der Einzelszenarien, eine Monte-Carlo-Simulation ist für politische Risiken in aller Regel nicht notwendig. [6] ◄

Hiermit beenden wir die Behandlung strategischer politischer Risiken des Typs B und kommen auf Typ A zu sprechen, die bestandsgefährdenden Risiken.

6.4   Umgang mit bestandsgefährdenden Risiken

Wie in der Einleitung dieses Kapitels ausgeführt, bezeichnen wir Risiken, die ausschließlich aufgrund ihrer Schadenshöhe strategischen Charakter gewinnen, als Risiken des *Typs A*. Es handelt sich hier um bestandsgefährdende Risiken, also solche, deren Schadenshöhe die finanzielle Tragfähigkeit des Unternehmens übersteigt. Wie die finanzielle Tragfähigkeit ermittelt wird, findet sich beispielsweise in Frahm (2019) [12]. Risiken können auch gleichzeitig den Kategorien „Typ A" und „Typ B" zugehören: Ein bestandsgefährdendes Risiko kann gleichzeitig auch strategisch relevante Vorteile begründen.

Risiken, die rein von Typ A sind und eine relevante Eintrittswahrscheinlichkeit aufweisen, sollten grundsätzlich nicht getragen werden: Der bestandsgefährdenden Schadenshöhe steht kein ausgleichender Nutzen gegenüber. Es stellt sich deshalb unmittelbar die Frage, ob es einen besseren Risikoträger gibt. Gibt es den, z. B. eine Versicherung, so wird das Risiko transferiert. Andernfalls empfiehlt es sich, das Risiko zu vermeiden, sei es mittels Ausstiegs aus der risikobehafteten Geschäftstätigkeit oder, falls möglich, durch die Abwendung des Risikos. Der Umgang mit bestandsgefährdenden Risiken, die keine außerordentlichen Vorteile versprechen, ist also in der Theorie recht einfach.

Für Risiken, die gleichzeitig von Typ A und B sind und aus strategischen Gründen getragen werden sollen, stellen sich die folgenden zusätzlichen Aufgaben:

- In jedem Fall ist die Einbindung der Eigentümer sowie der Unternehmensführung erforderlich.
- Das Risiko muss kontinuierlich überwacht werden.
- In regelmäßigen Abständen, zum Beispiel im Rahmen des jährlichen Strategieprozesses, wird überprüft, ob das Tragen des Risikos weiterhin gerechtfertigt ist.
- Zusätzlich können regulatorische Anforderungen bestehen, die sich in Deutschland beispielsweise aus dem Gesetz zur Kontrolle und Transparenz im Unternehmensbereich, KonTraG, ergeben.

Auf solche regulatorischen Anforderungen bei bestandsgefährdenden Risiken gehen wir nun ein. So beschreibt Wikipedia die juristische Situation in Deutschland anhand des vom Institut der Wirtschaftsprüfer (IDW) herausgegebenen Prüfungsstandards 340 folgendermaßen:

Hintergrundinformationen

„Der vom Institut der Wirtschaftsprüfer (kurz: IDW) herausgegebene Prüfungsstandard 340 beinhaltet die Prüfung des Risikofrüherkennungssystems nach § 317 Abs. 4 HGB, das im Risikomanagement sowohl zur Neuidentifikation als auch zur kontinuierlichen Überwachung von Risiken dient. […] Seit Veröffentlichung des Gesetzes für Kontrolle und Transparenz im Unternehmensbereich (KonTraG) wird sowohl für interne als auch für externe Zwecke eine Erhöhung der Transparenz der Risikolage des Unternehmens angestrebt. Das KonTraG regelte die Implementierung des Überwachungssystems für Aktiengesellschaften. Für andere Rechtsformen, wie z. B. die GmbH, wurden keine speziellen Regelungen getroffen, weil davon ausgegangen wurde, dass die Neuregelung im Aktiengesetz eine Ausstrahlwirkung auch für andere Rechtsformen besitzen werde. […]

Als Konsequenz aus diesem Gesetz wurde der IDW PS 340 zum ersten Mal am 25. Juni 1999 beschlossen. Dieser Standard wurde notwendig, um die für Unternehmen verpflichtende Identifikation bestandsbedrohender Risiken zu überwachen. Der Standard ordnet eine durchgehende Quantifizierung der erkannten fundamentalen Risiken an, da dies eine notwendige Voraussetzung zur späteren Risikoaggregation (mittels Simulationsverfahren, z. B. Monte Carlo Simulation) darstellt. […]

Ein häufiger Fehler seitens der Unternehmen ist, dass Risiken nicht aggregiert werden. Eine Aggregation (d. h. Berechnung des gesamten Risikovolumens) ist in besonderem Maße notwendig, da spezifische Einzelrisiken meist im Zusammenwirken mit anderen Risikopositionen erst gefährdend für den Fortbestand der Unternehmung wirken. IDW PS 340 schreibt in dem Zusammenhang vor: „Die Risikoanalyse beinhaltet eine Beurteilung der Tragweite der erkannten Risiken in Bezug auf Eintrittswahrscheinlichkeit und quantitative Auswirkungen. Hierzu gehört auch die Einschätzung, ob Einzelrisiken, die isoliert betrachtet von nachrangiger Bedeutung sind, sich in ihrem Zusammenwirken oder durch Kumulation im Zeitablauf zu einem bestandsgefährdenden Risiko aggregieren können. […]

Erst aufgrund der Risikoaggregation ist es möglich, eine genaue Prognose von der Zukunft abzugeben, indem Gewinne beziehungsweise Verluste abgeschätzt werden und ein Rating vorgenommen werden kann. Gefordert wird vom IDW PS 340, dass durch das Überwachungssystem die Vermögens-, Finanz- und Ertragslage bedrohende Risiken auf allen Unternehmensebenen erkannt werden. Ist dies erfolgreich geschehen, so sollten die identifizierten Risikopositionen so schnell wie möglich dem Vorstand kommuniziert werden."

Quelle: https://de.wikipedia.org/wiki/IDW_PS_340

Die erforderlichen Maßnahmen wurden in den vorigen Kapiteln bereits behandelt:

- Festlegung der Risikofelder (IDW PS 340.7–8); Risikoerkennung und Risikoanalyse (IDW PS 340.9–10): Abschn. 4.1 und 4.2.
- Risikokommunikation (IDW PS 340.11–12); Zuordnung von Verantwortlichkeiten und Aufgaben (IDW PS 340.13–14); Einrichtung eines Überwachungssystems (IDW PS 340.15–16): Abschn. 4.3
- Dokumentation der getroffenen Maßnahmen (IDW PS 340.17–18): Abschn. 5.4

Die Erfüllung solcher extern definierten Anforderungen darf klarerweise nicht dazu führen, dass die unternehmerische Verantwortung für die Risiken abgegeben wird. Insbesondere in Konzernen, bei denen Führungs- und Eigentumsrolle getrennt sind, ist hierauf zu achten. Auf jeden Fall erfordern strategische politische Risiken ein hohes Maß an Aufmerksamkeit der obersten Führungsebene. Um diese Aufmerksamkeit sicherzustellen, wird das strategische Risikomanagement in den strategischen Führungsprozess eingebettet. Auf dieses Thema gehen wir im Folgenden ein.

6.5 Einbindung politischer Risiken in den strategischen Führungsprozess

Die Art und Weise, mit der eine Firma ihre Strategie findet und umsetzt, ist mannigfach beschrieben worden, siehe z. B. [10]. Die in diesem Text gezeigten Tätigkeiten im Zusammenhang mit politischen Risiken lassen sich den Schritten im klassischen Strategieprozess zuordnen. Das Risikomanagement ist aus dieser Perspektive ein Teilbereich der Strategieentwicklung und -umsetzung. Eine solche Zuordnung ist in Abb. 6.6 gezeigt: Oben ist dort ein typischer Strategieprozess abgebildet, der nach einer Analysephase

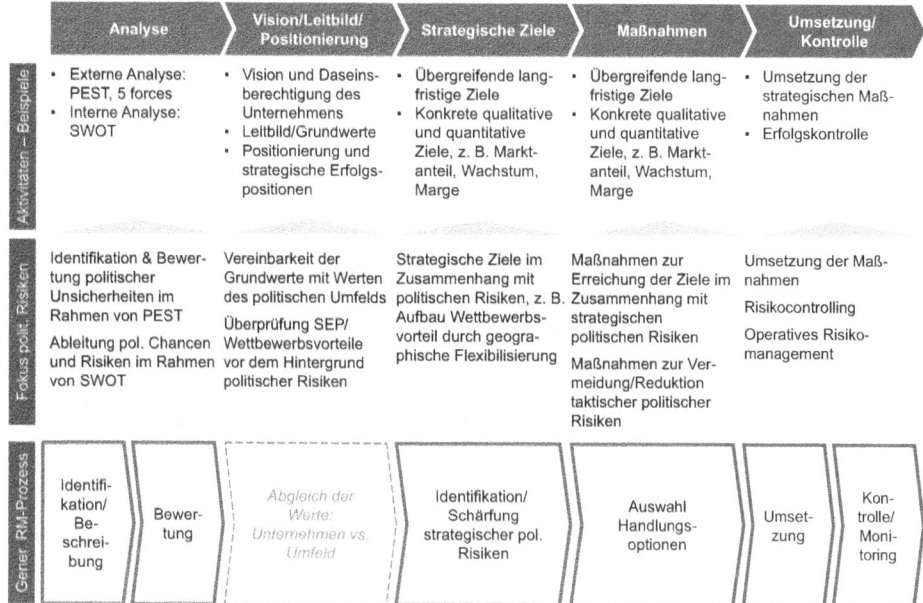

Abb. 6.6 Strategieprozess

top-down die konkreten Maßnahmen aus Leitbild und strategischen Hauptzielen ableitet. Unter „Fokus politische Risiken" sind die Aktivitäten skizziert, die mit politischen Risiken in Zusammenhang stehen. In der untersten Zeile erfolgt die Zuordnung zum generischen Risikomanagementprozess.

Im Folgenden gehen wir, entlang der Prozessschritte, näher auf diejenigen Tätigkeiten ein, die im Zusammenhang mit dem politischen Risikomanagement stehen:

Analyse Sowohl bei der Analyse des Umfeldes (externe Analyse) als auch der Ausgangslage des Unternehmens (interne Analyse) spielen politische Unsicherheiten eine wesentliche Rolle. So findet sich beispielsweise in einem der führenden Frameworks für die externe Analyse, PEST, der politische Unsicherheitstreiber gleich an erster Stelle. Das für die interne Analyse am weitesten verbreitete Framework, SWOT, geht mit den Dimensionen „Opportunities" und „Threats" sowohl auf potenziell wertsteigernde als auch wertmindernde Trends ein, zu denen wiederum politische Entwicklungen gehören können.

Vision, Leitbild, Positionierung Hier findet der Abgleich der Werte des Unternehmens mit denjenigen des politischen Umfelds statt. In die Ermittlung der Zielpositionierung und der damit verbundenen strategischen Erfolgspositionen kann die Analyse des Zusammenhangs der SEP mit den strategischen politischen Risiken eingebettet werden, wie oben erörtert wurde. Idealerweise bestehen strategische Erfolgspositionen, die robust gegenüber politischen Risiken sind oder durch deren Eintritt sogar gestärkt werden. Andernfalls können solche möglicherweise aufgebaut werden.

Strategische Ziele In die Definition der konkreten strategischen Zielsetzung fällt als Bestandteil die Ausformulierung von Zielen, die im Zusammenhang mit strategischen politischen Risiken stehen. Dies kann den Aufbau spezifischer Fähigkeiten betreffen, die für die Handhabung der Risiken wesentlich sind. In der Abbildung wird das Beispiel der geografischen Flexibilität genannt. Ein anderes Beispiel wäre die Zielsetzung, das Investitionsportfolio des Unternehmens grundlegend umzustrukturieren, um bestandsgefährdende Risiken abzustoßen, der aktuellen politischen Großwetterlage Rechnung zu tragen und das Unternehmen in eine günstige Ausgangslage für die antizipierte Zukunft zu bringen.

Maßnahmen Hier sind einerseits diejenigen Maßnahmen zu definieren, die der Umsetzung der oben ermittelten strategischen Ziele dienen, also beispielsweise dem Auf- und Ausbau von Wettbewerbsvorteilen im Zusammenhang mit politischen Risiken oder der Vermeidung von Größtrisiken.Andererseits fällt darunter auch die Beantwortung der Frage, wie mit den taktischen politischen Risiken umzugehen ist, die sich aus der Unternehmensstrategie ergeben. Also konkret, wie das jeweilige Risiko am besten zu übertragen, zu reduzieren und zu managen ist.Einzelne Maßnahmen können dabei sowohl strategische als auch taktische Aspekte betreffen. So kann ein gestärktes Lobbying einerseits die Eintrittswahrscheinlichkeit taktischer Risiken reduzieren, andererseits einen strategisch relevanten Informationsvorsprung schaffen.

Umsetzung/Kontrolle In der Umsetzung gehen die Maßnahmen im Zusammenhang mit politischen Risiken Hand in Hand mit allen anderen, die in der Strategie festgelegt wurden. Fragestellungen wie die, ob eine spezifische Maßnahme mittels eines Projektes oder in der Linienorganisation umgesetzt oder wie der Erfolg der Umsetzung betreffend Auftrag, Budget und Zeitrahmen sichergestellt wird, werden in der betriebswirtschaftlichen Literatur umfassend behandelt. Auch das Risikocontrolling sowie das operative Risikomanagement, also beispielsweise die Reaktion auf einen Schadensfall, unterscheiden sich nicht grundsätzlich für politische Risiken. Wie wir ausgeführt haben, ist allerdings die typischerweise cross-funktionale organisatorische Anbindung des politischen Risikomanagement zu berücksichtigen. Das klassische Risikomanagement hat dabei Schnittstellen zu Funktionen wie Compliance, Lobbying oder auch „Location Strategy".

6.6   Verankerung und Operationalisierung

Das Management strategischer politischer Risiken ergänzt, wie soeben beschrieben, die strategische Führung des Unternehmens. Wir wollen nun der Frage nachgehen, wie es sich organisatorisch aufstellen und operationalisieren lässt, analog zu unseren Ausführungen für das Management taktischer politischer Risiken.

6.6.1 Führung und Kultur

Auf den zentralen Aspekt der Konsistenz zwischen Unternehmenswerten, Kultur und der gewählten „politischen Positionierung" haben wir bereits hingewiesen. Für strategische Risiken ist darüber hinaus wesentlich, dass die Verantwortlichen über ausreichende formelle und informelle Befugnisse und Einfluss verfügen, um die notwendigen Entscheidungen treffen und umsetzen zu können. Am einfachsten ist dies zu erreichen, wenn die oberste Führungsebene die Verantwortung für strategische politische Risiken übernimmt. Je größer das Unternehmen, desto mehr wird sich die Führungsebene bei konkreten Entscheidungen informieren und beraten lassen. Eine tatsächliche Delegation der strategierelevanten Entscheidungen sollte aber höchstens in Ausnahmefällen erfolgen.

Die Unternehmenskultur sollte darüber hinaus den Aspekt reflektieren, dass bestimmte Risiken bewusst getragen werden, gerade um dadurch kritische Wettbewerbsvorteile zu erlangen. Dies darf nicht verwechselt werden mit der Frage nach dem allgemeinen Risikoappetit. Auch ein hochgradig risikoaverses Unternehmen kann sich für das Tragen eines großen Risikos entscheiden, wenn es über besondere Fähigkeiten im Umgang mit diesem verfügt. Der umgekehrte Fall – ein hochgradig risikofreudiges Unternehmen, das wesentliche Risiken trägt, ohne über die erforderlichen Kompetenzen im Umgang mit diesen zu verfügen – führt dagegen langfristig nicht zum Erfolg.

Schließlich ist dem Fakt Rechnung zu tragen, dass niemals eine vollständige Sicht auf alle Risiken bestehen wird, siehe die Ausführungen zu „unknown unknowns" in Abschn. 3.1. Dies impliziert so etwas wie eine „gut informierte, selbstbewusste Bescheidenheit" gegenüber den Überraschungen, die die Zukunft birgt.

6.6.2 Aufbauorganisation

Um zu klären, wie das strategische Management politischer Risiken in der Organisation verankert werden soll, betrachten wir zunächst, wie das allgemeine strategische Risikomanagement typischerweise aufgestellt wird. Zahlreiche Argumente sprechen dafür, dieses auf oberster Ebene zu bündeln. So argumentieren Hood (2004), Godfrey (2020) und andere für die Funktion eines Chief Risk Officers (CRO), der persönlich die strategische Dimension des Risikomanagements verantwortet. Der CRO führt die Funktionen des Enterprise Risk Managements sowie des Traditional Risk Managements in Personalunion [7, 9]. Es ergeben sich – für Großunternehmen – beispielsweise folgende drei Hierarchiestufen:

1. CRO/Chief Strategy Officer (CSO)
2. Strategic & Enterprise Risk Manager/Traditional Risk Manager
3. Ausführende Einheiten, teils als Stabsfunktionen: Risikocontrolling, Versicherungen, Compliance, Lobbying, etc.

Für mittlere Unternehmen dagegen sollten zwei Stufen genügen, die beispielsweise mit den Begriffen „strategisches und unternehmensweites Risikomanagement" vs. „operatives Risikocontrolling/Compliance" erfasst werden können. In kleineren Unternehmen schließlich kann die operative Funktion oftmals an externe Dienstleister ausgelagert werden; die Rolle des strategischen Risikomanagements kann dort auf der Führungsebene oder auch im Aufsichtsgremium angesiedelt werden.

Die Frage, wie nun konkret das strategische Management politischer Risiken aufgestellt wird, richtet sich nach der Bedeutung, die das Unternehmen ihnen beimisst. Sie können die wichtigste Klasse von strategischen Risiken – und damit von Werttreibern – darstellen und rechtfertigen in dem Fall eine eigene Funktion beziehungsweise eine eigene organisatorische Einheit. So schlägt EY eine cross-funktionale Bündelung der Kompetenzen zum politischen Risikomanagement vor [2]. Diese kann beispielsweise als „Public Strategy" oder „Political Strategy" bezeichnet werden. Eine solche Funktion würde im Großunternehmen an den CRO (beziehungsweise CSO) berichten. Ragt die strategische Bedeutung politischer Risiken nicht heraus, so werden sie in aller Regel dem Verantwortungsbereich des oben genannten Strategic Risk Managers zugeordnet. Sind politische Risiken strategisch vernachlässigbar – und nur von taktischer Relevanz –, so kann man sich auf das taktische Management beschränken.

Aus Sicht einer Firma, bei der Eigentum und Führung zusammengehen, ist die Fragestellung der organisatorischen Aufstellung oftmals nachrangig. Wichter ist, über welche Kompetenzen und Methoden ein effektives Risikomanagement verfügen sollte. Insbesondere gilt es, zu vermeiden, dass Risikomanager in der restlichen Organisation als Verhinderer wahrgenommen werden. Eine Risikomanagementfunktion, die auch die Chancen von Unsicherheiten im Blick hat, kann diese Problematik überwinden. Zusätzlich sind die persönlich-charakterlichen Eigenschaften der spezifischen Personen sowie deren exekutives Mandat entscheidend. Ein „zahnloser Nörgler" wird weniger Respekt erfahren als ein „scharfzahniger Partner", der einerseits auf die Einhaltung der Regeln achtet und andererseits beim Erkennen und Überwinden von Gefahren unterstützt. Rennie (1961) formulierte es bereits frühzeitig wie folgt (Übersetzung durch den Autor) [8]: „In dem Maße, in dem der Risikomanager seine Bewertungsmethoden verbessern und Unsicherheit verringern kann, steigert er das Wachstumspotenzial der Firma. Eine solche Rolle ist schwieriger auszufüllen […] aber dies ist eine wesentliche Funktion im Entscheidungsprozess eines modernen Konzerns."

6.6.3 Operationalisierung in Projekten, Prozessen und IT

Das taktische Management politischer Risiken bettet sich ablauf- und aufbauorganisatorisch in aller Regel in bestehende Strukturen des Unternehmens ein, siehe Abschn. 5.5.2. Welche Aktivitäten, Prozesse und Schnittstellen dagegen im strategischen Risikomanagement zum Tragen kommen, hängt vollständig von den gewählten strategischen Zielen und Maßnahmen ab und lässt sich deshalb nicht in allgemeiner Form beantworten.

Im Folgenden kommen wir auf unser bekanntes Beispiel 2) zurück, um zu illustrieren, wie Aufbau- und Ablauforganisation in der Praxis auf die gewählte Strategie ausgerichtet werden können.

Beispiel 2: Stromerzeuger

Gemäß Abschn. 6.2.2 hat sich das Unternehmen für eine Strategie mit zwei Verteidigungs- beziehungsweise Angriffslinien entschieden: (1) Beeinflussung der politischen Entscheidungsträger als taktische und unmittelbare Maßnahme; (2) Positionierung als „Frontrunner", um sowohl von günstigen als auch ungünstigen Entwicklungen relativ zum Wettbewerb zu profitieren. Die Kompetenzen Informationsvorsprung und strukturelle Flexibilität sowie die „jurisdiktionale Diversifizierung" wurden oben als Elemente dieser Strategie genannt. Gehen wir weiter ins Detail, so spielt auch die Fähigkeit, die politischen Entwicklungen richtig zu beurteilen, z. B. in Punkto Eintrittswahrscheinlichkeit und Zeitpunkt bestimmter Vorhaben, eine wesentliche Rolle.

Sind die benötigten Fähigkeiten und Eigenschaften des Unternehmens identifiziert, so lassen sich daraus die wesentlichen Aktivitäten beziehungsweise Prozesse ableiten:

- Die kontinuierliche Sammlung und regelmäßige Auswertung aller relevanten Informationen, woran beispielsweise die Funktionen „Political Relations", „Datenanalyse" sowie „IT" beteiligt sind; dies typischerweise als Prozess in der Linienorganisation;
- die regelmäßige sowie, bedarfsweise, ad hoc Beurteilung politischer Entwicklungen auf Basis der genannten Informationen durch die Entscheidungsträger, als fixes Traktandum der Sitzungen der Geschäftsleitung;
- die Desinvestition ausgewählter Assets in der heutigen, risikobehafteten Jurisdiktion, beziehungsweise die Umwandlung von Assets in Vertragsbeziehungen („Sell and Lease Back" oder „Sell and Conclude Tolling Agreement"); verantwortet durch die M&A-Funktion
- Investitionen in Jurisdiktionen mit komplementärer Energiepolitik, ebenfalls geführt durch die M&A-Funktion;
- die Umsetzung der daraus abgeleiteten Einzelmaßnahmen; solche Maßnahmen können viele unterschiedliche Funktionen betreffen und werden typischerweise als Projekte geführt.

Wir haben oben als Alternative auch die Positionierung als „*Contrarian*" angesprochen. Das Unternehmen würde dann von „politischen Hypes" profitieren, indem es zu niedrigen Kosten in unpopuläre Produkte oder Produktionsverfahren investiert und diese fortführt, solange es zulässig ist – oder alternativ restrukturiert und verkauft. In dem Fall stehen die folgenden Fähigkeiten im Vordergrund:

- Risikotragfähigkeit: Sich gegen einen Zeitgeist zu stellen, erfordert sowohl finanzielle als auch mentale Kraft, um einerseits die Organisation zusammenzuhalten und andererseits begrenzte Schadensereignisse auszuhalten;
- Kostenführerschaft: Sowohl bei Investitionen als auch im Betrieb ist diese wesentlich, um die gestellte Zielsetzung zu erreichen;
- Alle Fähigkeiten betreffend Akquise, Management und Verkauf von Geschäftseinheiten, also M&A, Post Merger Integration, Beteiligungsmanagement, etc.

Die zugehörigen Aktivitäten werden in diesem Beispiel typischerweise in Projekten durchgeführt, seien es solche zur Stärkung der Unternehmenswerte, zur Kostensenkung oder zu Investitionen und Desinvestitionen. Lediglich das laufende Beteiligungsmanagement und Kostencontrolling laufen als Standardprozesse in der Linienorganisation. ◄

Betreffend die systemtechnische Unterstützung haben wir bereits darauf hingewiesen, dass das Management politischer Risiken auf hochgradig unterschiedliche Informationen und Quellen zugreifen können muss. Hierfür empfiehlt sich eine datenzentrierte IT-Architektur. Für strategische Risiken kommt hinzu, dass die Umsetzung der zugehörigen Maßnahmen jeden Unternehmensbereich betreffen kann. Es liegt nahe, das Umsetzungscontrolling im Zusammenhang mit politischen Risiken in das allgemeine strategische Umsetzungscontrolling zu integrieren. Dort werden dann einerseits die wesentlichen erfolgsrelevanten Kennzahlen, andererseits die Fortschritte in den jeweiligen Projekten nachgehalten. Die Operationalisierung des Managements strategischer politischer Risiken erfolgt damit an der Schnittstelle zwischen der Unternehmensstrategie und dem allgemeinen Risikomanagement.

Zusammenfassung

Die wichtigsten Ergebnisse betreffend den Umgang mit strategischen politischen Risiken im Überblick:

- Die Wettbewerbsvorteile, die das Unternehmen in Verbindung mit politischen Risiken aufbauen kann, können einerseits entlang der zeitlichen Abfolge des Risikoereignisses, andererseits nach dessen strategischen Erfolgspositionen gegliedert werden, Abschn. 6.2.
- Neben Wettbewerbsvorteilen auf Stufe einzelner Geschäftsbereiche kann auch die Kombination mehrerer Geschäftsbereiche einen strategischen Vorteil bewirken. Dies lässt sich mithilfe der klassischen Portfoliotheorie erfassen, Abschn. 6.3.
- Bestandsgefährdende Risiken, die nicht gleichzeitig außerordentliche Chancen für das Unternehmen bieten, werden entweder übertragen, vermieden oder abgewendet. Trägt das Unternehmen solche Risiken aber aufgrund ihrer strategischen Bedeutung, sind weitreichende regulatorische Anforderungen zu erfüllen, Abschn. 6.4.

- Strategische politische Risiken werden im Rahmen des Strategieprozesses erfasst und bewertet; der Umgang mit ihnen fließt in die strategischen Ziele und Maßnahmen ein, Abschn. 6.5.
- Die Aufbau- und Ablauforganisation des Managements strategischer politischer Risiken richtet sich nach deren Bedeutung und den mit ihnen verbundenen strategischen Zielen aus, Abschn. 6.6.

Literatur

1. Osterwalder, A., Pigneur, Y., Oliveira, M. A. Y., & Ferreira, J. J. P. (2011). Business Model Generation: A handbook for visionaries, game changers and challengers. *African journal of business management*, 5(7), 22–30.
2. https://assets.ey.com/content/dam/ey-sites/ey-com/en_gl/topics/geostrategy/ey-political-risk-and-corporate-performance-mapping-impact-final.pdf?download
3. Damodaran, A. (2007). Strategic risk taking: a framework for risk management. Pearson Prentice Hall.
4. Strauss, W., & Howe, N. (2009). The fourth turning: What the cycles of history tell us about America's next rendezvous with destiny. Crown.
5. Chen, D. G., & Chen, J. D. (Eds.). (2017). Monte-Carlo simulation-based statistical modeling. Berlin/Heidelberg, Germany: Springer.
6. Otto, M. F. (2012). MANAGEMENT-Steigerung von Transparenz und Qualität in der strategisch-finanziellen Führung. Energiewirtschaftliche Tagesfragen, 62(6), 75.
7. Godfrey, P. C., Lauria, E., Bugalla, J., & Narvaez, K. (2020). Strategic Risk Management: New Tools for Competitive Advantage in an Uncertain Age. Berrett-Koehler Publishers.
8. Rennie, R. A. (1961). The measurement of risk. The Journal of Insurance, 28(1), 83–91.
9. Hood, J., & Nawaz, M. S. (2004). Political risk exposure and management in multi-national companies: is there a role for the corporate risk manager?. Risk Management, 6(1), 7–18.
10. Coenenberg, A. G., Salfeld, R., & Schultze, W. (2015). Wertorientierte Unternehmensführung: Vom Strategieentwurf zur Implementierung. Schäffer-Poeschel.
11. Kryvinska, N., & Greguš, M. (Eds.). (2019). Data-Centric Business and Applications: Evolvements in Business Information Processing and Management (Volume 2) (Vol. 30). Springer.
12. Fralim, G. (2019). „Enterprise Risk Management ", 1. Korr. Auflage, Herausgeber: MBA-Fernstudienprogramm, Koblenz.

Geografische Flexibilität als Strategie im Umgang mit politischen Risiken

Der Begriff der Firma (lat., das „Feste") impliziert zunächst eine gewisse Starre, die ein Unternehmen auszeichnet. Dieser Begriff leitet sich aus der Bindung von Kapital an die Organisation ab, die bei einer „Verflüssigung" (Liquidierung) wieder aufgehoben wird. Das *flexible Unternehmen* wird zumeist im Sinne organisatorischer Flexibilität verstanden, die es ermöglicht, rasch und adäquat auf sich verändernde Umweltbedingungen reagieren zu können, siehe z. B. [4]. Raynor (2007) wiederum untersucht, wie das Unternehmen strategische Flexibilität erlangen, also wie Flexibilität zu einem kritischen Wettbewerbsvorteil werden kann. Hierfür legt er den Fokus auf die Bildung eines Portfolios von Initiativen, die unterschiedliche strategische Szenarien adressieren [5]. Diese Betrachtungsweise entspricht dem strategischen Portfoliomanagement, das wir in Abschn. 6.3 behandelt haben.

Die geografische Flexibilisierung des Unternehmens kann aus zwei Gründen als „Königsdisziplin" im Umgang mit strategischen politischen Risiken angesehen werden: Zum einen dient die Flexibilität der Abwendung beziehungsweise drastischen Verringerung des erwarteten Schadens. Gleichzeitig kann sich das Unternehmen einen wesentlichen Wettbewerbsvorteil erarbeiten, unabhängig vom Eintritt des Risikos. Damit erzielt es unmittelbare Wertschöpfung. Die Entscheidung für die geografische Flexibilisierung ist dann ein „no regret move". Das Potenzial für unmittelbare Wertschöpfung zeigt sich bereits an einem einfachen Vergleich internationaler Steuerbelastungen. Ceteris paribus verbessert sich beispielsweise die Eigenkapitalrendite eines Unternehmens, das von einem Standort mit 31 % effektiver Gewinnsteuer (Beispiel Deutschland) an einen solchen mit nur 12 % (Beispiel günstigste Schweizer Standorte) wechselt, um über 27 % (Stand 2023). Die Bedrohung wird gewissermaßen zum Anlass genommen, um das Unternehmen auf state-of-the-art Kompetenzen und Struktur zu bringen. Je nach Größe und Bedeutung des Unternehmens sowie Größe und Gebaren der bisherigen oder künftigen Jurisdiktion

M.-F. Otto, *Management politischer Risiken*, https://doi.org/10.1007/978-3-658-41759-8_7

ist es sogar möglich, dass das Unternehmen von einem reinen „Befehlsempfänger" zu einem Verhandlungspartner auf Augenhöhe der Jurisdiktion wird. In Conclusio können strategische Risiken beider Typen, also sowohl Risiken mit sehr großer Schadenshöhe als auch solche, die eine Differenzierungsoption bieten, auf diese Weise bewirtschaftet werden. Hierbei kommen insbesondere Möglichkeiten zur Anwendung, die erst in den letzten Jahrzehnten und Jahren auf Basis digitaler Technologien entstanden sind.

Die konkrete Umsetzung des Wegzugs wird bereits unter dem Begriff der *Relocation* erfasst und ausführlich behandelt, siehe beispielsweise [6–9]. Es wird unterschieden zwischen dem Wegzug des gesamten Unternehmens und demjenigen einzelner Bereiche beziehungsweise Funktionen, also einem partiellen Wegzug. Des Weiteren kann eine Relocation innerhalb der heutigen Jurisdiktion erfolgen. In diesem Fall bleiben die politischen Risiken unverändert bestehen. Wir fokussieren hier auf Umzüge an Standorte in einer anderen Jurisdiktion. Klarerweise kann ein Wegzug des Unternehmens in eine andere Jurisdiktion aus nicht-politischen Gründen erfolgen, beispielsweise um die Präsenz im dominanten Absatzmarkt zu stärken oder um operative Kosten zu reduzieren. Politische Faktoren – sowohl bestehende als auch mögliche künftige – spielen aber in den meisten Fällen eine wesentliche, wenn nicht die bestimmende, Rolle.

> ▶ In Abgrenzung zur konkreten Relocation besteht unsere Zielsetzung vor allem darin, das Unternehmen so *vorzubereiten*, dass ein *potenzieller künftiger Standortswechsel maximal vereinfacht* wird – und dies möglichst unabhängig vom zu wählenden neuen Standort.

Bei vielen großen Konzernen ist das Thema der *Standortwahl* bereits etabliert. Sie stehen aktuell im Fokus der OECD BEPS Initiative, die erst Unternehmen ab 750 Mio. USD Jahresumsatz erfasst. Dass Digitalisierung ein wesentlicher Treiber von Internationalisierung sein kann, wird bereits seit Längerem ausführlich diskutiert [3]. Diese Option kommt zunehmend auch für Unternehmen mittlerer und kleinerer Größe in Frage. Bei zunehmender Flexibilisierung mittelständischer Unternehmen ist davon auszugehen, dass Gegenreaktionen, wie beispielsweise Steuerharmonisierungen, auf dieses Segment ausgeweitet werden. Andererseits besteht ein Trend in Richtung ökonomischer Sonderzonen einerseits und zu verbessertem Datenschutz andererseits.[1] Es besteht die Möglichkeit, dass diese Entwicklungen die Bestrebungen zur Zentralisierung beziehungsweise Harmonisierung nivellieren oder sogar überkompensieren. Schließlich scheinen die aktuellen geopolitischen Entwicklungen auf die neue Blockbildung, „Russland/China vs. Westen", zu verschärfen. Im Extremszenario einer Welt ohne Handelsbeziehungen zwischen den Blöcken – und ohne blockfreie Jurisdiktionen – würde sich der Optionenraum auf

---

[1] Der Trend in Richtung verbesserter Datensicherheit ist dabei nicht einheitlich. Vielmehr kann die Entwicklung als kontinuierlicher Wettkampf verstanden werden zwischen Dateneigentümern und Dienstleistern, die die Daten ihrer Kunden Form monetarisieren beziehungsweise regierungsseitigen Anfragen betreffend die Daten nachkommen.

Jurisdiktionen innerhalb eines Blockes reduzieren. Dieses Szenario halten wir für wenig wahrscheinlich. Insbesondere zeichnen sich schon heute wieder große und wirtschaftliche bedeutende blockfreie Regionen ab, z. B. der indische Subkontinent oder Südamerika.

In jedem Fall sind geografisch flexible Unternehmen im Vorteil: Ob als *early mover*, die rechtzeitig die Jurisdiktion wechseln können, oder „lediglich" aufgrund der unmittelbaren Wertsteigerungspotenziale. Klarerweise fällt eine geografische Flexibilisierung vielen Unternehmen nicht leicht. Mit den in diesem Kapitel aufgezeigten Handlungsoptionen wollen wir eine rationale Entscheidung unterstützen. Es ist möglich, dass ein solchermaßen informiertes Unternehmen keinerlei Maßnahmen ergreift. Aus den genannten Gründen gehen wir aber davon aus, dass dieser Fall eher die Ausnahme bleibt.

Wir starten mit einer historischen Einordnung in Abschn. 7.1. Daraufhin behandeln wir das Thema wie ein strategisches Projekt, beginnend mit der Klärung der Vorgehensweise und des Entscheidungsweges, Abschn. 7.2. Es folgt die Systematik zur Flexibilisierung je Wertelement sowie dessen gesellschaftsrechtlicher und vertraglicher Strukturen in Abschn. 7.3. Anschließend behandeln wir die Auswahl der Ziel-Jurisdiktionen in Abschn. 7.4. In diesem Abschnitt führen wir auch unser Praxisbeispiel des Rohstoffhändlers weiter. Daran schließt die Betrachtung der möglichen Abwehrmaßnahmen an, die die Jurisdiktion am aktuellen Standort gegen den Wegzug des Unternehmens treffen kann, Abschn. 7.5. Solche Abwehrmaßnahmen stellen selbst wiederum ein politisches Risiko dar, das es zu managen gilt.

7.1   Einordnung des geografisch flexiblen Unternehmens in den historischen und aktuellen Kontext

Das geografisch flexible Unternehmen befreit sich aus dem einseitigen Abhängigkeitsverhältnis gegenüber seiner Heimat-Jurisdiktion und nimmt die Rolle einer Gegenpartei an. Zwischen den beiden Parteien, Jurisdiktion und Unternehmen, kann es grundsätzlich sowohl zu Kooperationen als auch Konfrontationen kommen. Um dies besser zu verstehen, gilt es, die Kräfte- beziehungsweise Machtverhältnisse zwischen großen Unternehmen und Staaten zu untersuchen. Mehrere Werke sind bereits dazu verfasst worden, siehe z. B. [1, 2]. Macht im Sinne der Fähigkeit, erfolgreich drohungsbasiert zu interagieren, steht Unternehmen dabei nur in absoluten Sonderfällen direkt zu. Durch die Beeinflussung staatlicher Akteure – denen wiederum direkte Machtmittel zur Verfügung stehen – können sie aber indirekt Macht ausüben.

Das Phänomen, dass Unternehmen auf Augenhöhe mit Staaten oder untergeordneten Gebietskörperschaften interagieren, ist dabei keinesfalls so neu, wie es oftmals dargestellt wird. Die Familien Fugger oder Medici spielten bereits vor ihrer Verschmelzung mit der damaligen politischen Führung auf deren Augenhöhe. Insbesondere die Fugger waren dabei über die engen Grenzen der damaligen feudalen Jurisdiktionen hinweg aktiv. Aus dieser Perspektive vollzieht die Globalisierungswelle seit den 1970er-Jahren einfach eine analoge Entwicklung im größeren Maßstab, wobei sowohl die Jurisdiktionen als auch die

Unternehmen um ein Vielfaches größer sind als die damaligen italienischen oder deutschen Herrschaftsgebiete. Die Haupttreiber dieser Entwicklung sind einerseits funktionaler Natur, z. B. die Ansiedlung von *Forschung und Entwicklung* in einem Industrieland, *Produktion* in einem Schwellenland, andererseits steuertechnischer Art. Damals wie heute sind die meisten Unternehmen aber innerhalb einer Jurisdiktion verankert und dieser hierarchisch untergeordnet.

Die relative Stärke von Unternehmen und Jurisdiktion können wir den in Abschn. 5.2 eingeführten Reaktionsoptionen gegenüberstellen. Ein relativ zur Jurisdiktion schwaches Unternehmen wird typischerweise die Option der „Compliance" wählen oder im Ausnahmefall inaktiv bleiben. Am anderen Ende der Skala steht das per se starke Unternehmen, das es sich erlauben kann, der Jurisdiktion „die Stirn zu bieten", sei es in direkter Konfrontation und durch den Versuch, die staatlichen Akteure von ihrem Vorhaben abzubringen. Zwischen diesen beiden Polen steht die Option der geografischen Flexibilität auch kleineren Unternehmen zu Verfügung, vgl. Abb. 7.1. Vereinfacht gesagt, sind die Größe sowie die geografische Flexibilität eines Unternehmens die wesentlichen Faktoren für dessen relative Stärke. Diese Faktoren sind durchaus kombinierbar. Für mittlere und kleinere Unternehmen stellt die geografische Flexibilität allerdings meist die einzige Möglichkeit dar, das einseitige Abhängigkeitsverhältnis zu verlassen.

Abb. 7.2 ordnet beispielhaft einige Unternehmenstypen anhand dieser beiden Faktoren ein. Betreffend relative Stärke sind Konzerne führend, die primär virtuelle, unabhängige Wertschöpfung betreiben, insb. *Big Tech*. *Big Media* dagegen ist kulturell abhängig und steht deshalb in dieser Dimension wohl nicht an der Spitze. Die Digitalisierung ermöglicht

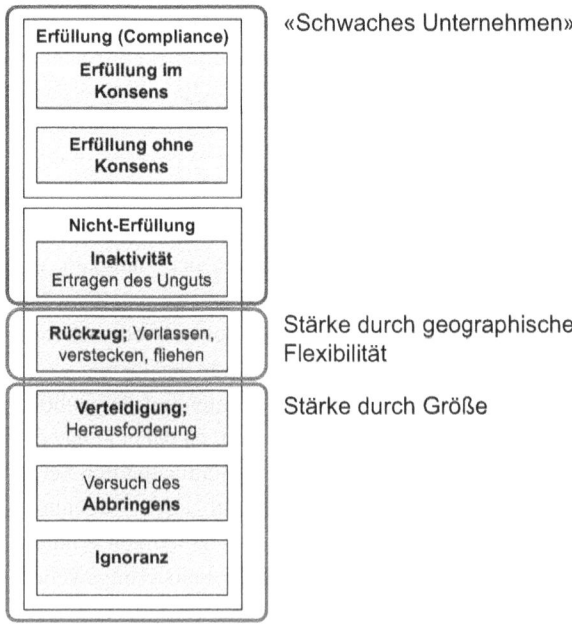

Abb. 7.1 Optionen abhängig von der relativen Stärke des Unternehmens im Vergleich zur Jurisdiktion

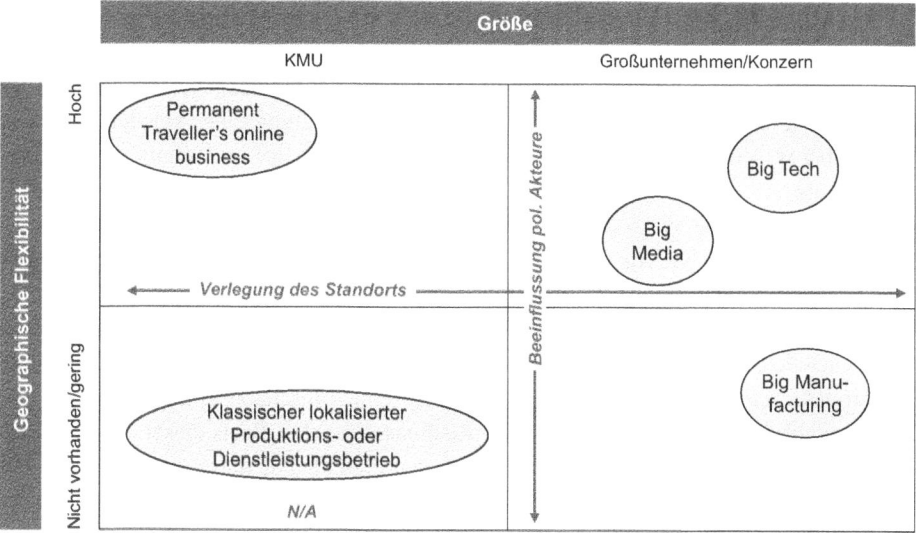

Abb. 7.2 Prototypische Unternehmen und dominante Handlungsoptionen

es nun zunehmend (a) kleineren Unternehmen sowie (b) bislang nicht-virtuellen Branchen, relativ an Stärke gegenüber den Jurisdiktionen zu gewinnen:

a. Das Extrembeispiel für kleine geografisch flexible Unternehmen sind die sogenannten digitalen Nomaden oder *Permanent Traveller*, oftmals Einzelunternehmer mit Internet-basiertem Geschäftsmodell, die regelmässig den Aufenthaltsort wechseln und damit eine weitestgehende Vermeidung von Gewinn- und Einkommensteuer erzielen.
b. Generell ist über die letzten Jahrzehnte eine beschleunigte Verlagerung der volkswirtschaftlichen Wertschöpfung von den physikalisch-materiell dominierten Primär- und Sekundärsektoren hin zum überwiegend virtuell-informatorisch-personalisierten Tertiärsektor erfolgt. Beispielsweise werden auch *Physical-Asset*-intensive Industrien wie z. B. das Hotelwesen, der Einzelhandel oder Taxiservices heute durch Online-Plattformen dominiert, deren werthaltige Elemente geografisch weitgehend flexibel sind. Ein weiteres Beispiel für diese Verlagerung ist die Methode des *Sell and lease back*, also der Veräußerung materieller Anlagegüter, die dann wiederum angemietet werden.

Im Folgenden wollen wir eine realistische und effiziente Methodik zur geografischen Flexibilisierung aufzeigen, die diesen Entwicklungen Rechnung trägt. Wir beginnen dafür mit einer Darstellung der generellen Vorgehensweise und der Entscheidungen, die das Unternehmen zu Beginn treffen muss.

7.2   Überblick zu Vorgehensweise und Entscheidungsweg

Die allgemeine Vorgehensweise zur geografischen Flexibilisierung beschreiben wir im Sinne eines Projektes in Abb. 7.3. Die konkrete Ausgestaltung eines solchen Projektes hängt dabei wesentlich von der Branche und den spezifischen Eigenschaften des Unternehmens ab.

Erste Projektphase   Die Analysephase dient in erster Linie der Vorbereitung der strategischen Entscheidung. Ausgehend von den heutigen Risiken werden, im Sinne einer long list, potenzielle Ziel-Jurisdiktionen identifiziert. Für diese werden die wichtigen Daten wie Steuersätze, regulatorische Anforderungen, Lohnkosten, Kosten für Material und Halbprodukte etc. gesammelt. Zusätzlich erfolgt eine Einschätzung der aktuellen und künftigen politischen Lage im Sinne einer Risikoanalyse. Auf Basis dieser Analyse wird eine short list der attraktivsten Ziel-Jurisdiktionen erstellt. Für diese erfolgt jeweils der Vergleich mit dem aktuellen Standort, wobei neben den ökonomischen auch ethische beziehungsweise emotionale Faktoren einfließen.

Zweite Projektphase   Auf dieser analytischen Grundlage beantwortet das Unternehmen die Frage, ob ein unmittelbarer Wegzug strategisch ratsam ist, s. Abb. 7.4. Dies ist der Fall, wenn der Wegzug im Saldo eine Steigerung des Unternehmenswertes ermöglicht und auch aus ethischer und emotionaler Perspektive vorteilhaft ist. In diesem Fall kann man von einer Nutzung politischer Chancen sprechen. Ethische beziehungsweise emotionale Faktoren stellen in der Realität oftmals die wichtigste Hürde für einen Wegzug dar. Beispielsweise wird ein Reputationsverlust befürchtet oder es besteht eine emotionale Verbundenheit zur aktuellen Jurisdiktion. Weitere „weiche" Faktoren können die persönliche Situation der Entscheider oder ein aktueller Zeitmangel sein. Die weitere Umsetzung des

Abb. 7.3 Vorgehensweise

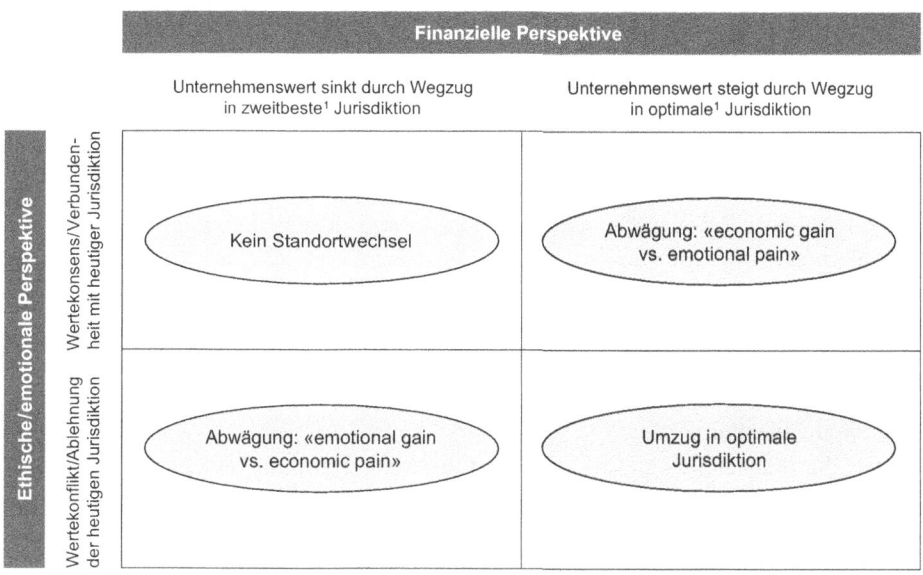

¹ Optimal bzw. zweitbeste: bewertet unter Einbezug finanzieller, ethischer und emotionaler Perspektive

Abb. 7.4 Entscheidungslogik pro/contra unmittelbarer Wegzug

unmittelbaren Wegzugs thematisieren wir hier nicht vertieft. Ein Ausgangspunkt für die anwendungsorientierte Literatur dazu findet sich in [7]. Diverse Untersuchungen von Motivation, Natur und Umsetzung des Wegzugs finden sich beispielsweise in [15–17] oder [18]. Wichtig ist aber anzumerken, dass ein Umzug in eine andere Jurisdiktion einen idealen Zeitpunkt darstellt, um das Unternehmen für die Zukunft geografisch zu flexibilisieren. Denn durch den Standortwechsel werden gerade diejenigen Schwachstellen offengelegt, die das Unternehmen künftig wieder an einem Wechsel der Jurisdiktion hindern könnten. Diese können und sollten am neuen Standort im Vorhinein vermieden werden. Dazu können beispielsweise die folgenden Themen gehören:

• Unnötig hohe Kapitalbindung/Kapitalintensität,
• „Kopfmonopole", also eine starke Abhängigkeit vom Know-How einzelner Mitarbeiter,
• Intransparenz betreffend Geschäftsprozesse sowie
• Monolithische Infrastruktur.

Falls der Entscheid zugunsten des unmittelbaren Verbleibs am aktuellen Standort ausfällt, stellt sich die Frage nach der geografischen Flexibilisierung. Wie die quantitative Bewertung zum Entscheid pro/contra Flexibilisierung in der Theorie erfolgt, zeigen wir im Folgenden anhand der Analogie zur Optionentheorie auf. In der Praxis kann zwar meist nicht so scharf gerechnet werden; der Grundgedanke der Realoption hilft aber, um die Treiber des Entscheides zu identifizieren und zu sortieren.

Und zwar erarbeitet sich das Unternehmen mittels der Flexibilisierung die Realoption, bei einer relativen Verschlechterung am aktuellen Standort zeit- und kostenoptimiert zu reagieren. Sowohl die Verschlechterung der Lage am aktuellen Standort als auch die Verbesserung am neuen können die Nutzung der Realoption, also den konkreten Standortwechsel, auslösen. Abb. 7.5 zeigt die Analogie zwischen der Entwicklung des Unternehmenswertes und dem Auszahlungsprofil einer Option auf. Die Kosten für die Flexibilisierung des Unternehmens entsprechen darin der Optionsprämie. Bei relativer Verschlechterung der Situation am aktuellen Standort steigt der Nutzen des Umzugs und damit die „Auszahlung". Um den Gesamtwert der Realoption zu ermitteln, benötigt man die Eintrittswahrscheinlichkeit der Szenarien für die künftige Entwicklung. Die mit diesen Wahrscheinlichkeiten gewichtete Summe der Wertschöpfung je Szenario, abzüglich die Optionsprämie, ergibt den aktuellen Optionswert. Ist dieser positiv, so empfiehlt sich die geografische Flexibilisierung.

Falls die Maßnahmen, die für die Flexibilisierung ergriffen werden, einen unmittelbaren Mehrwert generieren, ist dieser von den Kosten für die Flexibilisierung abzuziehen. Beispiele dafür sind die Fokussierung des Geschäftsmodells auf die Kernkompetenzen, die Reduktion von wenig wertschöpfenden Aktivitäten oder allgemein die Steigerung der Kosteneffizienz durch Automatisierung beziehungsweise Digitalisierung. Die effektive Optionsprämie kann dann sogar das Vorzeichen wechseln. Dann empfiehlt sich die Flexibilisierung auch, wenn die Szenarien für eine Verschlechterung am aktuellen Standort sehr unwahrscheinlich sind.

Dritte Projektphase Hat sich das Unternehmen für die geografische Flexibilisierung entschieden, folgt darauf deren Ausgestaltung. Wir stellen die Methodik entlang der werthaltigen Elemente (Assets) des Unternehmens sowie dessen Struktur im folgenden Abschnitt vor.

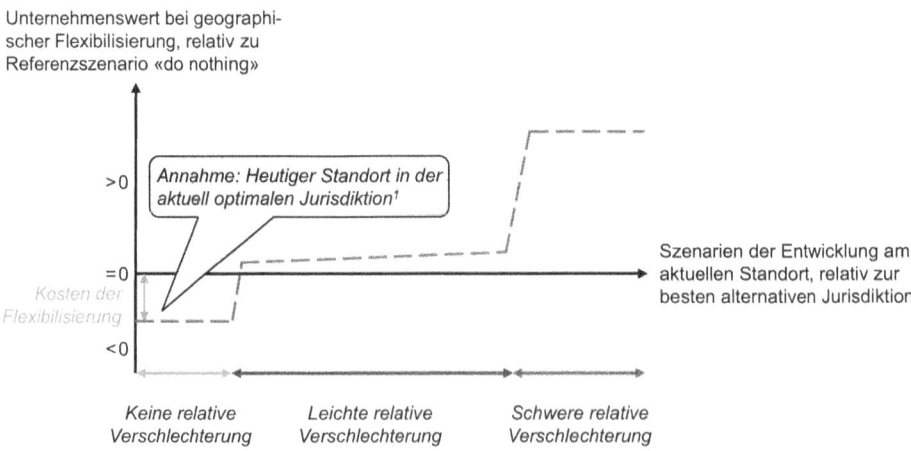

¹ Optimal unter Einbezug finanzieller, ethischer und emotionaler Perspektive

Abb. 7.5 Entscheidungslogik pro/contra geografische Flexibilisierung: Realoption

Vierte und fünfte Projektphase Die konkrete Entscheidung zum Umzug sowie dessen Umsetzung, hängen stark vom Einzelfall ab. Auf die spezifischen Aspekte der Auswahl der Ziel-Jurisdiktion sowie die möglichen Abwehrmaßnahmen der heutigen Jurisdiktion gehen wir allerdings noch in den darauffolgenden Abschnitten ein.

7.3 Geografische Flexibilisierung der Assets

Wir zeigen nun auf, wie das Unternehmen systematisch flexibilisiert werden kann.

▶ Die übergreifende Zielsetzung besteht dabei einerseits in der *Minimierung der Kosten* für einen Wechsel der Jurisdiktion, andererseits in der *Minimierung der dafür benötigten Zeit.*

Generell unterscheiden wir zwischen der *vollständigen* und der *spezifischen geografischen Flexibilisierung.* Bei Ersterer werden alle Bereiche des Unternehmens betrachtet. Letztere fokussiert auf diejenigen Bereiche, die von ausgewählten Risiken betroffen sind. Dabei wird das Unternehmen so in Bereiche untergliedert, dass eine separate Betrachtung sinnvoll möglich ist, dass also eine Verlagerung nur einzelner Bereiche möglich ist. Die Unterteilung in solche Bereiche kann oftmals entlang der Wertschöpfungskette erfolgen, berücksichtigt aber auch Führungs- und Unterstützungsfunktionen.

▶ **Definition** Wir verstehen unter *spezifischer geografischer Flexibilität* die Fähigkeit eines Unternehmens, in ausreichend kurzer Zeit und mit vergleichsweise geringen Kosten *diejenigen Wertbestandteile* in eine andere Jurisdiktion zu verlagern, die von einem *spezifischen politischen Risiko* betroffen sind.
Erfüllt das Unternehmen dieses Kriterium für *alle relevanten politischen Risiken* in einer Jurisdiktion, erfüllt sie die Anforderungen an *generelle geografische Flexibilität.*

Grant Thornton (2015) unterteilt, ausgehend von der Zielsetzung der Steueroptimierung, beispielsweise in folgende funktionale Bereiche [10]:

1. Central Entrepreneur
2. Holding Company
3. Technology Centre
4. Shared Services
5. Commissionaire/Distribution Centre
6. Toll Manufacturer

Klarerweise kann eine spezifische geografische Flexibilisierung auch die Vorstufe zur generellen Flexibilisierung bilden. Sowohl für die spezifische als auch die generelle geografische Flexibilisierung bestehen die fünf Handlungsfelder, auf die wir im Folgenden näher eingehen.

Dafür unterteilen wir die aktuellen Wertelemente des Unternehmens in Kategorien, die sich bereits heute durch niedrige beziehungsweise hohe örtliche Flexibilität, mit anderen Worten durch eine hohe Mobilität, auszeichnen. Am oberen Ende dieser Skala ist die Kategorie der immateriellen Güter angesiedelt, die letztendlich auf Information rückführbar sind. Denn Information ist gewichtsfrei, kann mit Lichtgeschwindigkeit transportiert werden und lässt sich problemlos duplizieren und entsprechend mehrfach nutzen. Eine Überführung materieller Güter in immaterielle, z. B. in Form von Digitalisierung oder Algorithmisierung, stellt deshalb einen wichtigen Ansatzpunkt für die Flexibilisierung dar. Andererseits ergibt sich aus diesen Eigenschaften auch die Herausforderung, das (ungeteilte) Eigentum an Information sicherzustellen, insbesondere bei derjenigen Information, die wesentlich für die Werthaltigkeit des Unternehmens ist. Maßnahmen zum Datenschutz beziehungsweise zur Datensicherheit können diese Herausforderung adressieren.

Am unteren Ende der Skala befinden sich immobile physikalische Güter. Als Extrembeispiel nennen wir den „Grund und Boden", der sich möglicherweise im Eigentum des Unternehmens befindet. Der Mensch, mit seinem begrenzten Gewicht aber prinzipiell unbegrenztem Wertschöpfungspotenzial, befindet sich auf dieser Skala im mittleren Bereich. Seine de-facto Mobilität hängt nicht nur von monetären Anreizen, sondern auch wesentlich von ethischen und emotionalen Faktoren ab, die wir im letzten Abschnitt bereits angesprochen haben. Diese drei Oberkategorien – Mensch, Information, physikalisches Anlagegut – bilden den Ausgangpunkt unserer Systematik, die in Abb. 7.6 illustriert wird.

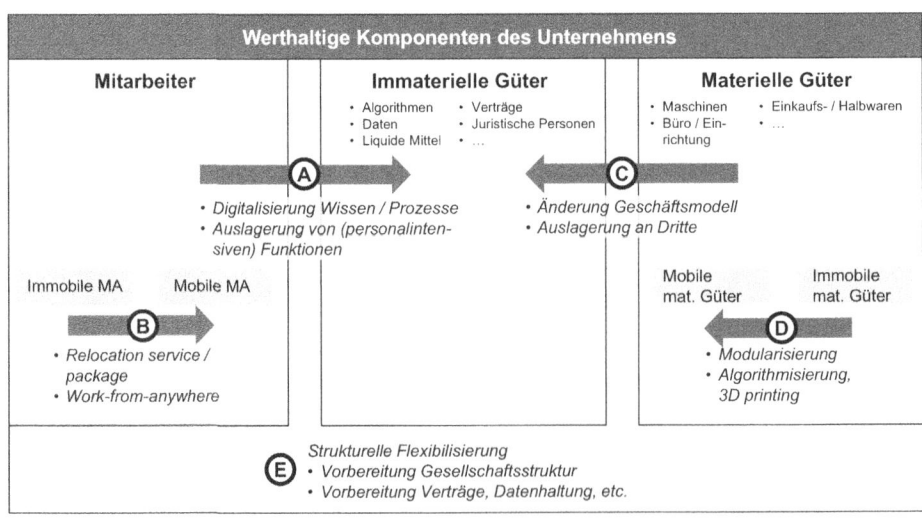

Abb. 7.6 Schematische Darstellung der Methodik

Auf oberster Ebene lassen sich dann vier Handlungsfelder für die Flexibilisierung der „Assets" benennen: zwei für die Überführung von den inflexiblen Kategorien in die flexible und zwei für die Flexibilisierung der danach verbleibenden inflexiblen „Assets". Die ersten beiden betreffen die Mitarbeiter:

A. Das Wissen und die Fähigkeiten der Mitarbeiter und Führungskräfte lassen sich in der Theorie systematisch erfassen und damit digitalisieren; in der Praxis ist dies nur teilweise sinnvoll möglich. Des Weiteren können spezifische Funktionen des Unternehmens, die beispielsweise personalintensiv sind, in eine separate Gesellschaft ausgelagert oder an Dritte vergeben werden. Wir gehen vertieft in Abschn. 7.3.1 hierauf ein.

B. Menschen unterscheiden sich hinsichtlich ihrer geografischen Mobilität, beispielsweise aufgrund ihrer familiären Situation. „Relocation"-Dienstleistungen sowie gezielte Anreize können die Bereitschaft für einen Umzug an den neuen Standort steigern. Von hoher und weiter zunehmender Bedeutung ist aber die Möglichkeit, Menschen an unterschiedlichen Orten zusammenzuführen („work from anywhere"). Wir vertiefen dies in Abschn. 7.3.2.

Analog zu den Mitarbeitern bestehen auch betreffend materielle Güter zwei grundsätzliche Handlungsfelder:

C. Durch eine Änderung des Geschäftsmodells kann die Abhängigkeit von materiellen Gütern möglicherweise drastisch reduziert werden. Zusätzlich ist auch hier die Auslagerung der güterintensiven Prozesse möglich, Stichwort „tolling manufacturer". Mehr dazu in Abschn. 7.3.3.

D. Schliesslich lassen sich immobile materielle Güter teilweise modularisieren oder ihre Bauweise digital erfassen und am neuen Ort vereinfacht reproduzieren, Stichwort 3D-Druck; siehe Abschn. 7.3.4.

Neben diesen vier „Asset"-orientierten Handlungsfeldern verbleibt als fünftes:

E. die Asset-übergreifende Flexibilisierung der gesellschaftsrechtlichen Struktur sowie der Verträge, also die strukturelle Flexibilisierung, siehe Abschn. 7.3.5.

Wir vertiefen nun die Untersuchung dieser Handlungsfelder.

7.3.1 Digitalisierung IP und Prozesse

Geistiges Eigentum (Intellectual Property, IP), als Teil der Ablauforganisation oder auch von dieser losgelöst, lässt sich häufig dokumentieren und damit als standortunabhängige Information fassen. Nicht dokumentierbares Wissen, insbesondere solches, über das nur einzelne Mitarbeiter des Unternehmens verfügen, ist dagegen an seine Träger und deren eventuelle Trägheit gebunden. In diesem Handlungsfeld geht es deshalb darum, IP und Prozesse möglichst weitgehend von solchen einzelnen, insbesondere den immobilen, Mitarbeitern zu lösen. Insofern ist es vergleichbar mit der Zielsetzung, operative Risiken aufgrund von Ausfällen einzelner Mitarbeiter zu reduzieren. Einerseits Dokumentation, andererseits die breitere Verteilung des Wissens durch systematisches Knowledge Management stellen also die beiden wesentlichen Hebel dar.

Am Anfang eines solchen Vorhabens steht die Identifikation von Fähigkeiten und Wissen mit hohem Wertbeitrag und unzureichender Mobilität. Gleichzeitig werden die Träger dieses Wissens beziehungsweise dieser Fähigkeiten identifiziert. Die Entscheidungslogik ist in Abb. 7.7 dargestellt. Erst der zweite Schritt dient dann der Dokumentation, Algorithmisierung oder breitere Verteilung der Methoden, Wissenselemente oder Arbeitsweisen.

Zunehmend spielen hier die Möglichkeiten der Digitalisierung eine Rolle: Manuelle Arbeitsprozesse können automatisiert werden, entweder unmittelbar an den Schnittstellen der IT-Systeme oder durch digitale Imitation der menschlichen Arbeitsweise (Robotic Process Automation). Ist dies nicht möglich, so kann der Prozess in klassischer Form dokumentiert werden und steht damit etwaigen Mitarbeitern am neuen Standort für die Schulung zur Verfügung. Einfachere oder wiederkehrende menschliche Entdeckungsprozesse können durch selbstlernende Algorithmen abgelöst werden (Machine Learning). In diesem Bereich findet aktuell eine Entwicklung statt, die weitere Potenziale verspricht. All diese Methoden können bereits heute kostensenkend wirken und mithin auch losgelöst von der geografischen Flexibilisierung sinnvoll sein.

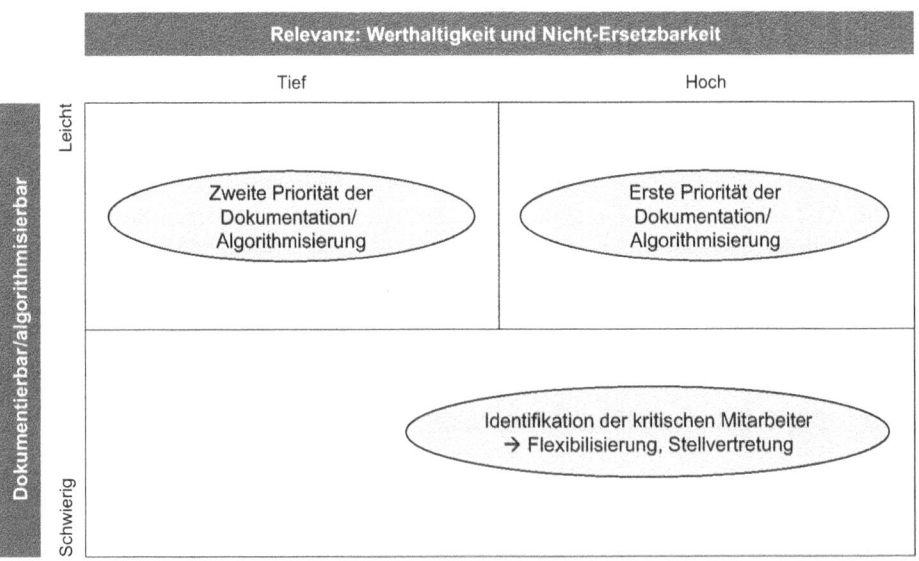

Abb. 7.7 Überblick zur Digitalisierung von Prozessen und IP

Schwierig oder unmöglich zu dokumentieren und damit auch zu digitalisieren sind dagegen die Fähigkeiten von Mitarbeitern, Erfahrung aus unterschiedlichsten Bereichen mithilfe menschlicher Intelligenz zu abstrahieren, verknüpfen und verwerten. Ein Extrembeispiel ist die Fähigkeit, andere Menschen zu motivieren und spezifisch zu schulen; das hierfür notwendige Einfühlungsvermögen ist bis auf Weiteres eine spezifisch menschliche Fähigkeit.

In der Praxis sollte dieses Handlungsfeld nur in denjenigen Fällen angewendet werden, in denen es die effizienteste Methode zur Flexibilisierung bietet. Das theoretische Potenzial zur Digitalisierung von Wissen und Fähigkeiten wird deshalb typischerweise nicht ausgeschöpft.

Diejenigen Mitarbeiter, deren Fähigkeiten und Wissen sich nicht mit vertretbarem Aufwand dokumentieren oder algorithmisieren lassen, sollten idealerweise auch nach einem Wegzug für das Unternehmen arbeiten. Dies wird im folgenden Abschn. 7.3.2 erläutert. Falls keine der beiden Optionen in einem Bereich des Unternehmens zum Tragen kommt, stellt sich die Frage, ob der betreffende Bereich ausgelagert oder sogar aus dem Geschäftsmodell entfernt werden kann. Hierauf lässt sich die in Abschn. 7.3.3 anhand des Beispiels immobiler materieller Güter aufgezeigte Methodik analog anwenden.

7.3.2 Flexibilisierung von Mitarbeitern: Agile Organisation, people mobility, „work-from-anywhere"

Um die Verfügbarkeit von Mitarbeitern für das Unternehmen nach einem Wegzug zu gewährleisten, kommen grundsätzlich zwei Optionen in Betracht: Diese Mitarbeiter begleiten das Unternehmen auf seinem Umzug oder sie arbeiten künftig aus der Distanz.

Die erste Option ist bei multinationalen Konzernen seit Jahrzehnten gang und gäbe und hat eine ganze Branche hervorgebracht, die „Relocation Services". Neben monetären Anreizen („Relocation Package") und der Bewältigung administrativer Hürden (Visum/Aufenthaltsbewilligung, Arbeitserlaubnis, etc.) kommen auch weiche Faktoren zum Einsatz, wie die Unterstützung bei der sprachlichen und kulturellen Integration am neuen Standort oder die Lösung von Problemen der Angehörigen des Mitarbeiters. Eventuell kommt auch ein „Citizenship by Investment" in Frage, wie es beispielsweise von der Firma Henley & Partners organisiert wird [19].

Ein interessantes Beispiel für die geografische Flexibilisierung in diesem Bereich bietet Infosys Technologies, ein indisches Unternehmen mit mittlerweile über 200.000 Mitarbeitern. Infosys bietet Kunden weltweit diverse Dienstleistungen rund um das Thema IT. Die Mitarbeiterschaft stammt weit überwiegend aus Indien. Ein wesentliches politisches Risiko besteht deshalb in den Regulierungen der Zielländer betreffend Aufenthalt und Arbeitserlaubnis. Infosys hat dieses Risiko durch die gezielte Rekrutierung von Mitarbeitern mit doppelter Staatsbürgerschaft reduziert. Diese Mitarbeiter verfügen neben der indischen Staatsbürgerschaft auch über diejenige eines Ziellandes wie z. B. Großbritannien, was die administrativen Hürden für einen vor-Ort Einsatz beim Kunden massiv reduziert. Und dies meist nicht nur im Land der zweiten Staatsbürgerschaft selbst sondern auch in denjenigen Ländern, in denen ein Freizügigkeitsabkommen mit diesem Land besteht.

Die andere Option, das Arbeiten aus der Distanz, hat jüngst durch die Regelungen im Zusammenhang mit „Corona" deutlich an Bedeutung und Akzeptanz gewonnen. Technisch kommt es praktisch für all diejenigen Tätigkeiten in Frage, die keine physische Präsenz vor Ort erfordern, also praktisch alle professionellen, administrativen und intellektuellen Leistungen. Selbst die Steuerung von großen industriellen Anlagen wie Kraftwerken kann heute oftmals „remote" erfolgen. Für den Arbeitgeber entsteht zusätzliche Komplexität, wenn der Arbeitnehmer in einer anderen Jurisdiktion angesiedelt ist: In Europa beispielsweise gilt dann grundsätzlich das Arbeitsrecht am Standort des Arbeitnehmers, wobei wiederum diverse Ausnahmen und Sonderregelungen bestehen. In diesen Fällen kommt in Frage, den Arbeitnehmer als externen Dienstleister anzustellen – die rechtliche Zulässigkeit wiederum vorausgesetzt.

Auch dieses Handlungsfeld kann Potenzial unabhängig von der Bewirtschaftung politischer Risiken bieten. Beispielsweise kann ein Unternehmen, das seinen Mitarbeitern den Wechsel des Wohnlandes ermöglicht, einen Vorteil auf einem umkämpften Arbeitsmarkt realisieren. Interessanterweise scheinen gerade diejenigen Mitarbeiter, auf die es in einem „digitalisierten Unternehmen" ankommt, häufig mobil zu sein [11]. Solche Mitarbeiter finden ihre individuellen Präferenzen in einem geografisch flexiblen Unternehmen grundsätzlich besser reflektiert.

7.3.3   Verringerung der materiellen Güter im Geschäftsmodell beziehungsweise in der Wertschöpfungskette

Das Geschäftsmodell eines operativen Unternehmens zu verändern, stellt eine große Herausforderung dar. Grundlegende Innovation geht deshalb oftmals von neuen Unternehmen aus. Von den etablierten Firmen sind häufig gerade diejenigen am erfolgreichsten, die es wagen, ihr Nutzenversprechen oder die Art und Weise, wie dieses eingelöst wird, fundamental zu ändern. In den letzten Jahrzehnten spielt die Digitalisierung hier eine zentrale Rolle. So werden beispielsweise aufwendige beziehungsweise kapitalintensive Produktionsverfahren ausgelagert, während sich das Unternehmen auf die Bereitstellung einer Vermarktungsplattform fokussiert: Uber für Mobilität, AirBNB für Hotellerie und zahlreiche andere. So populär dieses Modell ist, so wenige prosperierende Firmen hat es tatsächlich hervorgebracht. Die starken Skalen- beziehungsweise Netzwerkeffekte von Plattformen bewirken zumeist winner-takes-all Märkte, insbesondere bei B2C-Geschäftsmodellen. Die grundlegende strategische Analyse, wie und warum das Unternehmen heute existiert, sollte aber in jedem Fall regelmäßig gestellt werden. Falls sich daraus Optionen ableiten, die Abhängigkeit von immobilen materiellen Gütern zu verringern oder zu eliminieren, ohne das Geschäftsmodell zu schwächen, so bietet sich hier ein idealer Ansatzpunkt für die geografische Flexibilisierung.

Falls das Geschäftsmodell immobile materielle Güter weiterhin erfordert, kommt die Auslagerung der entsprechenden Aktivitäten an Dritte in Frage. Als Beispiel sei hier das Tolling genannt, bei dem das Unternehmen Rohstoffe oder Halbwaren an den Tolling Dienstleister liefert, der diese in weiter verarbeitete Waren umwandelt und zurückliefert. Die Umwandlung wird als Dienstleistung vergütet; die Rohstoffe beziehungsweise Halbwaren bleiben während der Umwandlung im Eigentum des Unternehmens. Eine solche vertragliche Beziehung kann durchaus auch nach einem Standortwechsel Bestand haben. Eventuell erhöhen sich die Kosten für die Logistik der hin- und rückgelieferten Güter.

Auch eine nur kapitalmäßige Trennung von immobilen materiellen Gütern, wie bei der „Sell and Lease Back" Methode, kann Sinn ergeben: Bei einem späteren Standortwechsel muss das Unternehmen dann zwar den Vertrag am alten Standort kündigen und am neuen Standort einen neuen Vertragspartner finden (oder selber investieren). Der Verkauf beziehungsweise Rückbau am alten Standort bleibt ihm aber erspart. Insbesondere für Immobilien, also Land und Gebäude, ist dies eine nahe liegende Option.

Die Erhöhung der geografischen Flexibilität korreliert für diese Einzelmaßnahmen typischerweise mit der Tiefe des Eingriffs in das heutige Geschäftsmodell beziehungsweise die heutige Wertschöpfungskette; bei „Sell and Lease Back" ist der Effekt meist am geringsten, bei einer Eliminierung immobiler Güter aus dem Geschäftsmodell am höchsten.

Auch für dieses Handlungsfeld ist zu betrachten, welchen Einfluss die gewählten Maßnahmen im Szenario ohne Standortwechsel haben. So kann eine Auslagerung immobiler materieller Güter möglicherweise die entsprechenden Kosten senken. Andererseits kann die Auslagerung auch zusätzliche Kosten verursachen, wie beispielsweise für Qualitätskontrolle oder Logistik. Letzteres gilt typischerweise auch bei einem später durchgeführten Standortwechsel.

7.3.4   Umgang mit immobilen materiellen Assets

Als zweite Option im Umgang mit immobilen materiellen Assets beschreiben wir nun deren Überführung in (teilweise) mobile Assets. Aus Gründen des reinen Risikomanagements wird diese Option selten zur Anwendung kommen, da sie im Gegensatz zu Handlungsfeld (C) kapitalintensiv ist und meist einen hohen Zeitaufwand verursacht. Zusätzlich entstehen zum Zeitpunkt des Standortwechsels diverse weitere Komplexitäten wie beispielsweise die Neuaufstellung der Lieferkette. Eine vollständige a-priori Flexibilisierung ist mit dieser Option kaum möglich.

Werden mit der Flexibilisierung immobiler materieller Assets allerdings auch andere Ziele verfolgt, wie beispielsweise die Reduktion der Personalkosten oder eine flexible Wahl der Absatzmärkte, so kann diese Option attraktiv sein. Offshoring, also der Standortwechsel mit dem primären Ziel der Kostenreduktion, ist eine seit Jahrzehnten in diversen kapital- und arbeitsintensiven Branchen etablierte Managementpraxis. Hierauf angemessen einzugehen, würde den Rahmen dieses Buches sprengen. Die flexible Wahl des

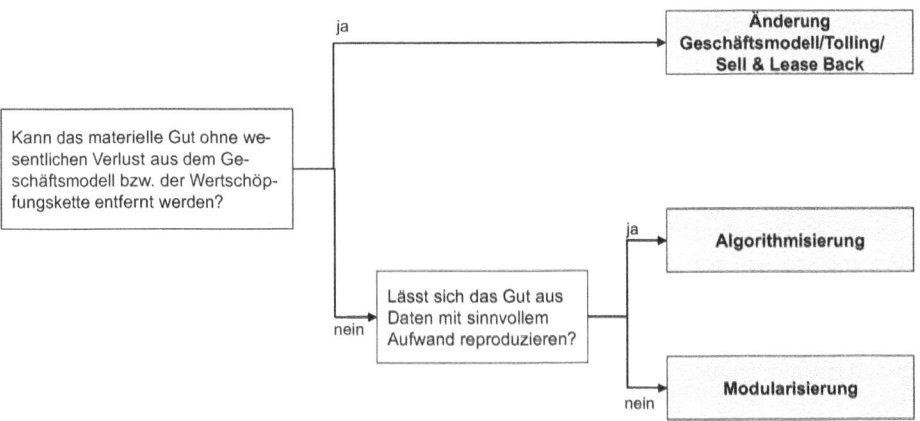

Abb. 7.8 Entscheidungslogik für Umgang mit materiellen Anlagegütern

Absatzmarktes kann dagegen beispielsweise mit vollständig mobilen Anlagen ermöglicht werden. Ein Beispiel hierfür sind Kraftwerke auf Schiffen, sogenannte power ships, die Orte mit temporär hoher Stromnachfrage bedienen.

Zusätzlich gibt es in einigen Fällen die Möglichkeit, eine größere Anlage in einzelne Module zu unterteilen, die vollständig oder teilweise an den neuen Standort verschifft werden können. So kann eine Unterteilung Sinn ergeben, bei der hoch werthaltige beziehungsweise unternehmensspezifische Module von „Commodity-Modulen" trennbar sind; Letztere können am neuen Standort nachgekauft oder neu gebaut werden, Erstere würden beim Standortwechsel verschifft.

Einfachste Anlagen mit niedrigen Anforderungen beziehungsweise unspezifischen Eigenschaften könnten schließlich algorithmisiert werden in der Form, dass ihre Herstellung im additiven Druckverfahren („3D-Druck") ermöglicht wird. Diese Option, gewissermaßen die Überführung des materiellen Assets in ein informatorisches, spielt heute in der Praxis allerdings noch keine nennenswerte Rolle.

Abb. 7.8 fasst die Entscheidungslogik für den Umgang mit materiellen Anlagegütern zusammen.

Wir haben nun die vier Handlungsfelder für die geografische Flexibilisierung der werthaltigen Elemente (Assets) des Unternehmens erläutert. Im Folgenden gehen wir auf strukturelle Themen ein.

7.3.5   Strukturelle Flexibilisierung

Die Flexibilisierung der Assets des Unternehmens stellt meistens die Hauptarbeit dar. Die Vorbereitung auf einen Standortwechsel profitiert aber auch von der rechtzeitigen Etablierung der benötigten rechtlichen Strukturen und Verträge. Entlang von drei Aspekten gehen wir hierauf in diesem Abschnitt ein: die gesellschaftsrechtliche Strukturierung, die Vorbereitung der Vertragsbeziehungen und Werteflüsse sowie die Vorbereitung der Datenflüsse und Datenhaltung.

Gesellschaftsstruktur Hat das Unternehmen bereits eine short-list potenzieller Ziel-Jurisdiktionen erarbeitet, so kommt in Frage, in diesen Jurisdiktionen bereits juristische Personen zu etablieren, insbesondere falls dieser administrative Prozess länger dauert. In eine solche Hülle werden die Assets beim späteren Standortwechsel verlagert. Sie kann aber auch weitere Aufgaben erfüllen, beispielsweise den Abschluss von Verträgen mit lokalen Gegenparteien am neuen Standort. Überhaupt muss der Standortwechsel nicht notwendigerweise innerhalb eines engen Zeitraums wie z. B. einem Jahr erfolgen. Vielmehr kann die Verlagerung der Assets und damit der Wertschöpfung sukzessive von statten gehen. Eine sukzessive Verlagerung erfolgt typischerweise entlang der oben genannten funktionalen Bereiche:

1. Central Entrepreneur
2. Holding Company
3. Technology Centre
4. Shared Services
5. Commissionaire/Distribution Centre
6. Toll Manufacturer

In dieser Weise kann sich das Unternehmen auch ohne Verlagerung des Hauptstandortes geografisch *diversifizieren*. Klarerweise ist ein geografisch diverses Unternehmen nicht notwendigerweise geografisch flexibel. Die Diversifikation wird typischerweise nicht unter Risikogesichtspunkten, sondern zwecks unmittelbarer Senkung der Kosten für Personal oder Steuer eingesetzt [10]. Des Weiteren bestehen in Zeiten zunehmender geopolitischer Konflikte erhöhte Risiken bei geografischer Diversifizierung, insbesondere dann, wenn das Unternehmen über geopolitische Bruchlinien hinweg lokalisiert beziehungsweise aktiv ist.

Anstelle der Etablierung einer juristischen Person kann auch zunächst nur eine Zweigstelle eröffnet werden, die erste Sondierungen anstellt. Diese kostengünstigere Variante müsste dann allerdings vor dem Standortwechsel noch zu einer vollständigen Gesellschaft erweitert werden; entsprechend kommt sie eher in Jurisdiktionen zum Zuge, die nicht hoch priorisiert wurden – oder falls der Standortwechsel in weiter Ferne liegt. Abb. 7.9 fasst den resultierenden Entscheidungsprozess zusammen.

Vorbereitung der Vertragsbeziehungen und Werteflüsse Die werthaltigen Verträge des Unternehmens können prinzipiell auch als Assets betrachtet werden. Da diese Werte oft nicht bilanziell erfasst werden, behandeln wir sie aber erst in diesem Abschnitt.

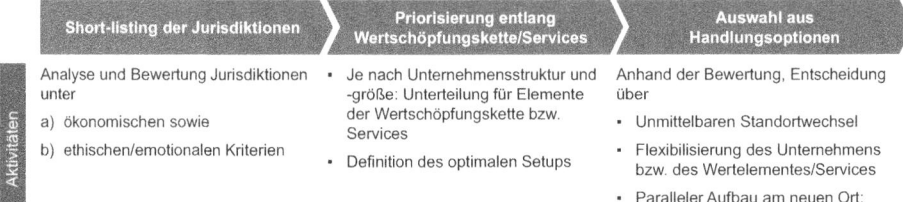

Abb. 7.9 Entscheidungsprozess für das juristische Setup

Im ersten Schritt ist es wesentlich, Transparenz über bestehende Verträge und deren einheitliche, idealerweise digitale, Verwaltung zu etablieren. Solcherlei Vorarbeit entfällt dann beim tatsächlichen Standortwechsel. Im zweiten Schritt gilt es, die neuen vertraglichen Beziehungen des Unternehmens vorzubereiten. Hierbei unterteilt man auf erster Stufe in Verträge mit externen Gegenparteien sowie interne Verträge. Arbeitsverträge betrachten wir als ein nachgelagertes Thema zu Handlungsfeld (B). Der bei einem Standortwechsel notwendige Neuaufsatz erfordert nur für Erstere eine Neuverhandlung, da sich zumindest die Vertragspartei ändert. Für Letztere liegt der Neuaufsatz dagegen naturgemäß in den Händen des Unternehmens und lässt sich vollständig vorbereiten.

Für externe Verträge ist neben der formellen Änderung, insbesondere dem Wechsel der Vertragspartei, zu prüfen, ob der Vertrag in der Ziel-Jurisdiktion weiterhin rechtmäßig und vorteilhaft für das Unternehmen ist. So können steuerliche oder andere regulatorische Aspekte weitergehende Änderungen am Vertragswerk bedingen. Insbesondere kann der Fall eintreten, dass die heutige externe Vertragspartei am neuen Standort nicht mehr die erste Wahl ist oder sogar als Kandidat ausfällt, da sie z. B. nicht dorthin liefern oder von dort beziehen kann.

Des Weiteren kann ein Standortwechsel die internen *Leistungsbeziehungen* und *Werteflüsse* auf den Prüfstand stellen. Bei sehr großen Unternehmen oder solchen mit einer hohen Anzahl interner Transaktionen kann die Schaffung eines sogenannten internen Marktes zielführend sein. Bei diesem Konstrukt werden die internen Transaktionen vertraglich, prozessual und systemtechnisch zentral auf einen Standort ausgerichtet. Ein Wertefluss von Landesgesellschaft A an Landesgesellschaft B erfolgt dann beispielsweise zunächst von A an die Zentrale Z und erst dann von Z nach B. Der Nachteil der Doppelung an Transaktionen kann durch die Vorteile aus Transparenz und Standardisierung überkompensiert werden. Eventuell ermöglicht ein interner Markt auch eine partielle Verschiebung von Wertschöpfung in die Zentrale (z. B. via Dienstleistungsgebühr für den Marktplatz) und somit eine steuerliche Verbesserung. Bei Standortwechsel kann die Zentralisierung dann weitere Vorteile bringen, falls der neue Standort günstige Rahmenbedingungen für die internen Transaktionen bietet. Eine Standardisierung der internen Beziehungen kann möglicherweise auch die Komplexität des Umzugs reduzieren.

Für die *flexible Realisierung der Werteflüsse*, also die monetären Transaktionen, wurde klassischerweise eine international aufgestellte Bank gewählt, die sowohl an den alten als auch neuen Standorten agiert. In neuerer Zeit sind Discounter für Währungstausch auf den Markt getreten, die die entsprechenden Transaktionskosten drastisch reduzieren, beispielsweise die Banken „Wise" oder „Revolut". Zusätzlich zum klassischen Banking kann das Unternehmen die digitale Währung Bitcoin nutzen, mit der sichere Transaktionen in hoher Geschwindigkeit an Gegenparteien auf der ganzen Welt ermöglicht werden. Zu berücksichtigen sind dabei die jeweiligen regulatorischen Rahmenbedingungen.

All diese Themen sollten im Zuge der geografischen Flexibilisierung identifiziert und der jeweilige Handlungsbedarf bei tatsächlichem Standortwechsel antizipiert werden. Je nachdem, wie schnell der künftige Standortwechsel vollziehbar sein soll, empfiehlt sich auch bereits die Vorbereitung der neuen Verträge und Werteflüsse sowie die Ermittlung möglicher neuer Vertragspartner.

Klarerweise bietet sich auch in diesem Handlungsfeld das Potenzial, Optimierungen unabhängig vom Standortwechsel zu erzielen. Dies können z. B. die digitale Erfassung und damit künftig verbesserte Verwaltung, Bewertung sowie Neuverhandlung der Verträge sein, die Nutzung günstigerer Finanzdienstleister oder die Optimierung der Werteflüsse basierend auf deren Analyse und Dokumentation.

Vorbereitung Datenflüsse und -haltung Analog zum vorigen Abschnitt gehen wir abschließend auf die Thematik der Datenflüsse und Datenhaltung ein. Der erste und oft wichtigste Schritt ist die Herstellung von Transparenz und homogener Handhabung. Die Themen Datenzentrierung, SaaS, Data Lake etc. werden bereits umfassend behandelt. Wir gehen deshalb nicht tiefer darauf ein.

Die Vorteile der zentralen Datenhaltung sowie des Verzichts auf proprietäre Infrastruktur liegen in der erhöhten Transparenz und verringerten Investitionskosten. Nachteile liegen aber im komplexeren Management der Datensicherheit sowie der Abhängigkeit von meist oligopolistischen externen Dienstleistern. Für die geografische Flexibilisierung des Unternehmens sind die unter Handlungsfeldern (A) und (C) dargestellten strategischen Aspekte der Digitalisierung zumeist relevanter als die technische Ausgestaltung. Ohne eine bewusste Entscheidung – für oder wider Datenzentrierung, für oder wider externe Infrastruktur etc. – entgehen dem Unternehmen aber wesentliche Potenziale zur Wertsteigerung bereits am heutigen Standort.

Hiermit schließen wir die konzeptionelle Beschreibung der geografischen Flexibilisierung ab und kommen nun auf das Thema der Standortwahl zu sprechen.

7.4 Auswahl der Ziel-Jurisdiktionen

Die Wahl eines Standortes für einen oder mehrere Geschäftsbereiche oder Funktionen des Unternehmens wird unter Gesichtspunkten wie Faktorkosten, Lieferanten- und Kundenbeziehungen sowie steuerlicher Situation bereits ausführlich behandelt. Wir beleuchten hier nun die Aspekte, die für das politische Risikomanagement spezifisch sind.

Ein strukturiertes Vorgehen zur Auswahl der Ziel-Jurisdiktion – beziehungsweise mehrerer Ziel-Jurisdiktionen – kann sich am klassischen M&A-Prozess orientieren. In beiden Fällen ist aus einer Vielzahl möglicher „Targets" anhand quantitativer sowie strategischer Aspekte eine Vorauswahl zu treffen, die dann vertieft analysiert beziehungsweise mit der verhandelt wird. Eine M&A-Auktion, bei der der Verhandlungsaspekt nur eine geringe oder gar keine Rolle spielt, entspricht dabei der Situation, die ein KMU in Bezug auf einen bestehenden Nationalstaat vorfinden wird. Ein großer Konzern dagegen kann oftmals auf Ebene der Staaten verhandeln; bei Sonderzonen kann sich diese Option auch für ein mittleres Unternehmen ergeben. Diese Fälle entsprechen dann eher einem „bilateral sale". Abb. 7.10 zeigt das Vorgehen anhand dieser Analogien auf. Unten in der Abbildung wird zum allgemeinen Vorgehen betreffend geografische Flexibilisierung gemäß Abb. 7.3 übergeleitet.

Zentral bei der Auswahl der Ziel-Jurisdiktion sind einerseits die aktuellen Bedingungen, unter denen das Unternehmen dort wirtschaften könnte, andererseits der Ausblick in die Zukunft, also bei unserer Betrachtung die politischen Risiken und Chancen. Ein bereits heute für das Unternehmen attraktiver Standort mit zusätzlich hoher Stabilität beziehungsweise positiven Aussichten betreffend die politische Entwicklung kommt aus Sicht des politischen Risikomanagements in die enge Auswahl.

Grundsätzlich wird für jeden in Frage kommenden Standort die gesamte Auswirkung des Umzugs auf den Unternehmenswert quantifiziert. Dies umfasst sowohl umsatz- als auch kostenseitige Aspekte, also Volumen und Margen veränderter Absatzmärkte, Ver-

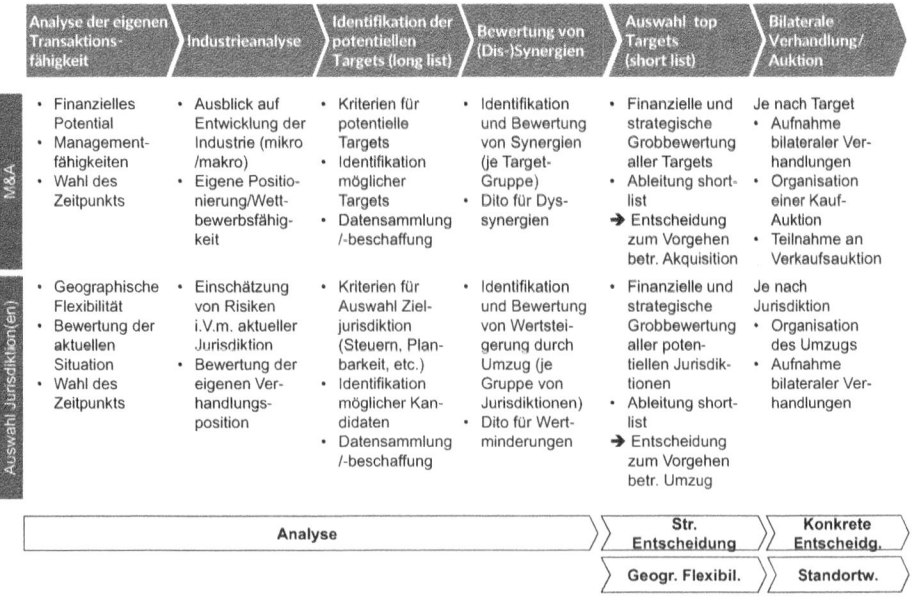

Abb. 7.10 Vorgehen betreffend Auswahl Ziel-Jurisdiktion(en)

änderungen der Faktorkosten und Steuersätze, die Kosten des Umzugs selbst, etc. Die Bewertung der jeweiligen politischen Risiken folgt darin den Methoden aus Abschn. 3.2.

Für die langfristige Perspektive kann auch eine grundsätzliche Analyse der Attraktivität und Stabilität von Jurisdiktionen herangezogen werden. Eine geografisch flexible Organisation sollte zwar in der Lage sein, nachteiligen Entwicklungen, die in langer Frist eintreten, rechtzeitig aus dem Weg zu gehen. Gleichwohl gehen mit jedem Wechsel auch signifikante Wertverluste einher. Je nach Geschäftsmodell und damit einhergehendem Planungshorizont des Unternehmens ist die lange Frist also durchaus relevant. Langfristig gibt es drei Dimensionen, in denen eine Jurisdiktion bewertet werden kann:

1. Interventionsbreite: Umfang des „Verantwortungsbereiches" der Jurisdiktion, also der Aufgaben, die sich die Jurisdiktion zuschreibt, beziehungsweise des Anteils der Wirtschaftsleistung, den sie verwaltet;
2. Interventionstiefe: Tiefe der regulatorischen Eingriffe in den Markt beziehungsweise die Konsequenz, mit der diese Eingriffe durchgesetzt werden;
3. Wechselkosten: Kosten, die das Unternehmen beim Verlassen dieser Jurisdiktion hätte.

Unternehmensspezifische Regulierungen können bei der langfristig ausgerichteten Bewertung von Jurisdiktionen vernachlässigt werden. Dies ist gerechtfertigt, da solche Spezifika meist eine kurze Lebensdauer haben.

Neben der Bewertung der Jurisdiktion als isolierter Einheit sind auch die *Beziehungen zwischen Jurisdiktionen* zu berücksichtigen. Wie aktuell erlebbar, können geopolitische Konflikte bewirken, dass bestehende Verträge zwischen Parteien in verfeindeten Jurisdiktionen nicht mehr eingehalten werden können und die entsprechenden Geschäftsbeziehungen unter Druck geraten beziehungsweise zerreißen. Der Trend zum sogenannten „Friendshoring", also die Fokussierung auf Jurisdiktionen, die mit der Heimat-Jurisdiktion befreundet sind, trägt dem Rechnung [20]. Der Global Trade Alert beobachtet aktuelle Entwicklungen im Bereich der internationalen Handelsbeschränkungen [21].

Für eine erste Auswahl attraktiver Jurisdiktionen kann das Unternehmen oftmals auf einschlägige Länderrankings zurückgreifen [22]. Wir wollen hier zusätzlich auf die sogenannten Sonderzonen eingehen, die global betrachtet eine zunehmend wichtigere Rolle spielen. Es mag überraschen, dass es mit über 3000 Instanzen weltweit eine Vielzahl solcher Zonen gibt. Dabei besteht eine erstaunliche Heterogenität, was den Grad der Autonomie vom Mutterstaat sowie die wirtschaftliche Attraktivität angeht. Einen Überblick gibt hier beispielsweise die „Open Zone Map" der Adrianople Group [23]. Dort sind die folgenden Kategorien aufgeführt, vgl. Abb. 7.11:

• Charter Cities
• Diversifizierte Sonderzonen
• Zonen für den wirtschaftlichen Wiederaufbau
• Ausfuhrwirtschaftszonen

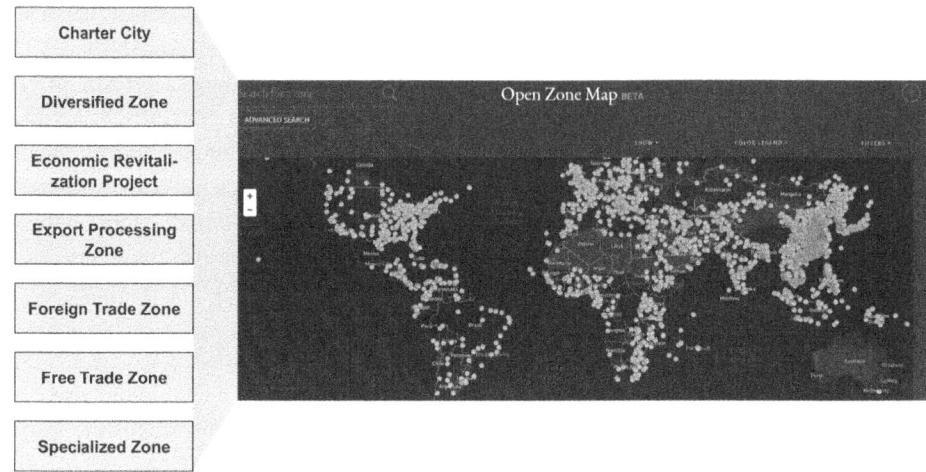

Abb. 7.11 Sonderzonen: Kategorien und Adrianople Map

- Außenhandelszonen
- Freihandelszonen
- Spezialisierte Zonen

Während die meisten Kategorien auf wirtschaftliche Sonderbedingungen fokussieren, wie z. B. niedrigere Zölle oder Steuern, geht das Konzept der „Charter Cities" deutlich darüber hinaus: Hier wird eine möglichst weitgehende Teilautonomie vom Mutterstaat angestrebt, um einen langfristig verlässlichen und effizienten Rechtsrahmen zu gewährleisten. Eine extraterritoriale Judikative, also eine Rechtsprechung, die nicht in der Zone residiert und auch nicht mit dieser verflochten ist, ist hierbei von zentraler Bedeutung. Das Charter Cities Institute bietet vielfältige Informationen zu dem Thema [24].

Einen interessanten Fall bilden die sogenannten Freien Privatstädte, bei denen ein expliziter Vertrag zwischen dem Betreiber der Zone und den sich dort ansiedelnden natürlichen Personen und Unternehmen geschlossen wird: Mit diesem Vertrag begibt sich die Jurisdiktion auf Augenhöhe mit den Bürgern und Unternehmen. Eine einseitige Änderung der Spielregeln wird in einer solchen Zone, solange sie besteht, ausgeschlossen, wodurch das maximale Mass an Sicherheit vor politischen Risiken erreicht wird. Letztendlich verbleiben lediglich die Risiken eines Durchgriffs von Seiten des Mutterstaates, also einer Verletzung des Autonomiestatus der Zone. Dieses innovative Konzept befindet sich aktuell an mehreren Standorten im Aufbau. Abhängig vom Verhalten des Mutterstaates kann dieser Aufbau schneller oder langsamer vonstattengehen. Auskünfte hierzu erteilt die Free Cities Foundation [25]. Eine umfassende Beratung zu Sonderzonen, klassischen Jurisdiktionen sowie Möglichkeiten, deren Vorteile zu kombinieren, kann beispielsweise die Firma Staatenlos leisten [26]. Abschliessend sei das Beispiel der sogenannten „elektronischen Residenz", E-Residency, erwähnt, wie Estland es innerhalb der EU erfolgreich etabliert hat [27].

Im Folgenden wenden wir die dargestellte Methodik zur geografischen Flexibilisierung auf das bekannte Beispiel 3) des Rohstoffhandelshauses an.

Beispiel 3: Rohstoffhändler

Das Unternehmen hat den „Rückzug" als zentrale Handlungsoption im Fall des Eintritts der unterschiedlichen Risiken ermittelt. Dies erfordert die Kompetenzen der geografischen Flexibilität sowie des frühzeitigen Erkennens, wann das Risiko eintritt. Das zweite Feld haben wir bereits in Kap. 6 behandelt. Hier liegt der Fokus nun auf der geografischen Flexibilisierung.

Das Unternehmen verfolgt konkret die folgende Zielsetzung:

- Übergreifend: Entwicklung zu einem geografisch hochgradig flexiblen Wettbewerber, der kontinuierlich Standortoptimierung betreiben kann und gleichzeitig politische Risiken minimiert;
- Quantitative Unterziele:
  - Reduktion der Kosten für den Jurisdiktionswechsel aller Unternehmenseinheiten (CoR) von ca. 30 % des durchschnittlichen EBITDA auf ca. 15 %;
  - Minimierung des Zeitbedarfs (T2R) hierfür von ca. 3 Jahren auf 4 Monate.

Das Vorgehen zur Erreichung dieser Zielsetzung gliedert sich in drei Phasen:

1. Analyse: Je Standort und Asset-Kategorie, also Mitarbeiter, materielle sowie immaterielle Güter: Identifikation und Priorisierung des Handlungsbedarfs; Analyse möglicher Ziel-Jurisdiktionen;
   Parallel: Aufbau der Projektorganisation
2. Umsetzung Quick-Wins, also ausgewählter Maßnahmen mit geringem Aufwand, sowie Länder-Piloten
3. Umsetzung der Maßnahmen mit höherem Aufwand; roll-out in den Ländern

In der Analysephase erfolgt zunächst die Bestandsaufnahme der wesentlichen Assets in den drei Kategorien – Mitarbeiter, immaterielle und materielle Güter – und eine Bewertung von deren Mobilitätsgrad, s. Abb. 7.12.

Je Assetklasse wird der Handlungsbedarf ermittelt:

- Die immobilsten Assets – die Speicher – liegen in vergleichsweise wenigen Jurisdiktionen. Das Unternehmen beschließt die Veräußerung derjenigen Anlagegüter in der politisch volatilsten Jurisdiktion, als Pilot für mögliche weitere Schritte.
- Aufseiten der Mitarbeiter werden die für den Unternehmenserfolg kritischen und gleichzeitig schwer ersetzbaren Personen ermittelt, z. B. leitende Händler sowie ausgewählte quantitative Analysten. In persönlichen Gesprächen soll deren Bereitschaft

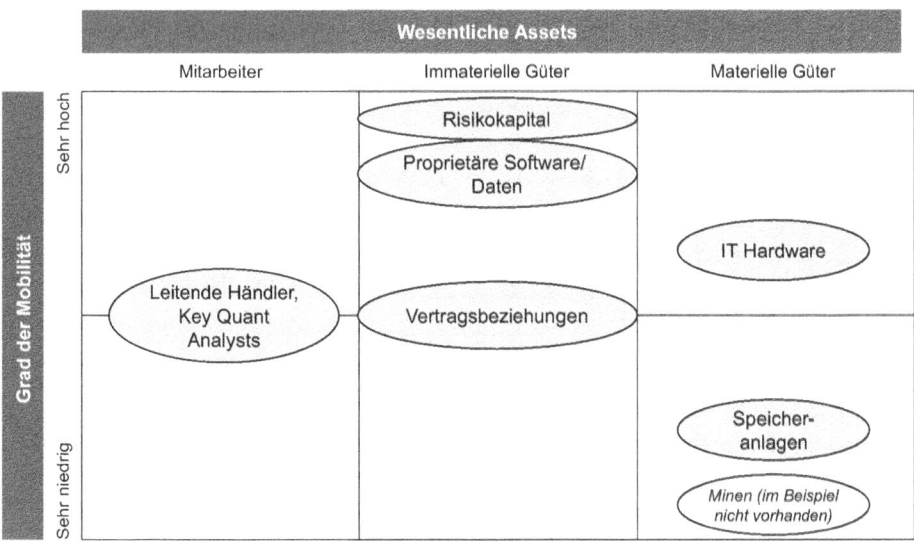

Abb. 7.12 Geografische Flexibilisierung Rohstoffhändler: Bewertung wesentlicher Assets

zu einem (mehrfachen) Standortwechsel sowie Möglichkeiten des work-from-anywhere, in Festanstellung oder als Freelancer, ermittelt werden.

• Als dritter wesentlicher Handlungsbereich werden die Vertragsbeziehungen des Unternehmens näher untersucht – nach Werthaltigkeit (diese Information ist für Handelsverträge bereits vorhanden, nicht aber für diverse Dienstleistungsverträge), Laufzeit und Ersetzbarkeit. Für ausgewählte, hochgradig werthaltige aber schwer ersetzbare Verträge sollen Alternativen an den möglichen Ziel-Standorten entwickelt werden.

• Schließlich wird überprüft, welche Informationen und Algorithmen noch nicht Standort-unabhängig verfügbar sind; eventuelle Lücken wären hier zeitnah zu schließen.

Die Priorisierung der Einzelmaßnahmen nutzt die ursprüngliche Risikobewertung, indem die Reduktion der Auswirkung der politischen Risiken je Maßnahme grob abgeschätzt wird. Die Ermittlung der Maßnahmen sowie deren Priorisierung erfolgt „bottom-up" in Expertenteams, die im zweiten Schritt zu einem sogenannten Knowledge-Center (KC) ausgebaut werden. Die Projektleitung prüft diese Arbeiten und führt sie gebündelt der Umsetzungsentscheidung zu.

Neben der Analyse des Handlungsbedarfs werden mögliche Ziel-Jurisdiktionen identifiziert. Parallel erfolgt außerdem der Aufbau des Projektteams, um die identifizierten Maßnahmen umzusetzen. Das Unternehmen wählt hierfür eine Matrixorganisation mit Standort-übergreifendem Knowledge-Center (KC) sowie lokalen Teams für die Umsetzung in den verschiedenen Ländern beziehungsweise Jurisdiktionen.

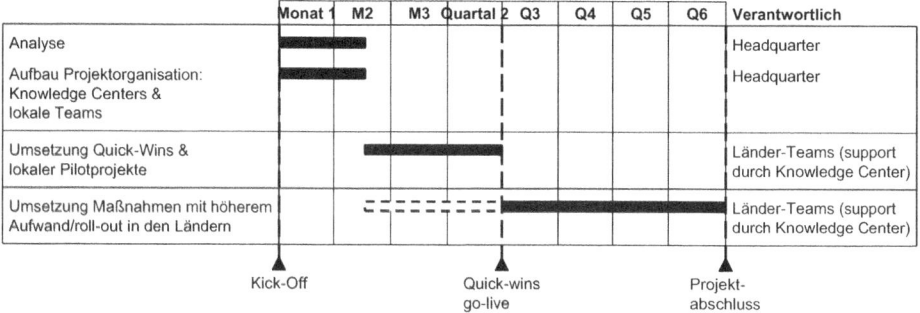

	Monat 1	M2	M3	Quartal 2	Q3	Q4	Q5	Q6	Verantwortlich
Analyse									Headquarter
Aufbau Projektorganisation: Knowledge Centers & lokale Teams									Headquarter
Umsetzung Quick-Wins & lokaler Pilotprojekte									Länder-Teams (support durch Knowledge Center)
Umsetzung Maßnahmen mit höherem Aufwand/roll-out in den Ländern									Länder-Teams (support durch Knowledge Center)

Kick-Off   Quick-wins   Projekt-
                  go-live   abschluss

Abb. 7.13 Geografische Flexibilisierung Rohstoffhändler: Zeitplan und Verantwortlichkeiten

Die Umsetzung erfolgt schließlich im dritten Schritt, wobei der in Abb. 7.13 gezeigte sehr grobe Zeitplan laufend überarbeitet und verfeinert wird. ◄

Viele Unternehmen stehen einer schwierigeren Ausgangslage gegenüber, was die geografische Flexibilisierung betrifft, als Handelshaus aus unserem Beispiel. In vielen Fällen wird erst eine grundlegende Überarbeitung des Geschäftsmodells, wie in Handlungsfeld (C) skizziert, eine hohe Flexibilität ermöglichen. Solange die politischen Risiken in einer Jurisdiktion nicht bestandsgefährdend sind, erfordert die Entscheidung für einen solchen Umbau in aller Regel zusätzliche Argumente. Hier kommen die bereits erwähnten unmittelbaren Potenziale zum Tragen.

7.5 Perspektive der Jurisdiktion und deren Abwehrmaßnahmen

Aus der Perspektive einer Jurisdiktion sind Unternehmen und deren Mitarbeiter einerseits „Kunden", die über Steuern und Abgaben zu den Einnahmen beitragen, andererseits auch – potenzielle oder tatsächliche – Leistungsbezieher, die die Kosten der Jurisdiktion erhöhen. Aus diesen Einnahmen abzüglich Kosten ergibt sich ein Zahlungssaldo vom Unternehmen oder von der Privatperson an die Jurisdiktion. Eine ökonomisch rationale Jurisdiktion wird nun die Anreize und Regeln dergestalt setzen, dass sich einerseits solche natürlichen und juristischen Personen ansiedeln, die einen positiven Saldo versprechen, andererseits die bereits angesiedelten Personen ihren Saldo weiter verbessern oder zumindest nicht verschlechtern.

In der Praxis lässt sich auch das Gegenteil beobachten, also Jurisdiktionen, die einerseits Personen mit klar negativem Saldo ansiedeln – sei es, um den Bedarf nach staatlichen Leistungen zu steigern, aufgrund individueller Anreize staatlicher Akteure oder aus ideologischen Gründen –, andererseits Regeln und Anreize setzen, unter denen eine Verschlechterung des Zahlungssaldos der bereits angesiedelten Personen zu erwarten ist. Daneben stehen der Jurisdiktion diverse weitere Möglichkeiten zur Verfügung, ihre Ausgaben zu erhöhen, ohne daraus einen Mehrwert zu erzielen. Will die Jurisdiktion nicht bankrottgehen, steigt dadurch in kurzer oder langer Frist die Last für die Personen mit positivem Saldo, was ceteris paribus deren Abwanderungsdruck erhöht. In einer solchen Situation kann es für die Jurisdiktion ökonomisch rational erscheinen – wenn auch ethisch nicht vertretbar –, die Hürden für deren Abwanderung zu erhöhen. Ein steuerlicher Zugriff auf die „eigenen" Bürger nach deren Abwanderung (USA, Eritrea), Sondersteuern bei Wegzug (betrifft aktuell beispielsweise deutsche Kapitalgesellschaften) oder sogar die Bedrohung der Abwanderung mit Gefängnis- beziehungsweise Todesstrafe (DDR) seien hier als Beispiele genannt.

Idealerweise kann das Unternehmen solche Entwicklungen antizipieren und rechtzeitig die Konsequenzen ergreifen. Andernfalls muss es den Umgang mit den staatlichen Abwehrmaßnahmen als zusätzliche Komponente bei der geografischen Flexibilisierung berücksichtigen. Was konkret zu tun ist, hängt von der jeweiligen Abwehrmaßnahme ab und kann nicht generisch beschrieben werden. In Deutschland kann die Wegzugsbesteuerung beispielsweise durch Umfirmierung von einer Kapital- in eine Personengesellschaft umgangen werden [14]. Die US-amerikanische Besteuerung der Staatsbürger unabhängig von deren Wohnsitz lässt sich durch die Rückgabe eben jener Staatsbürgerschaft vermeiden. Je nachdem kann es auch vorteilhaft sein, die möglicherweise geringen zusätzlichen Lasten zu tragen.

Eine weitere Komplexität entsteht wiederum, wenn sich Jurisdiktionen darauf verständigen, den Wettbewerb um Personen mit positivem Saldo zu verringern beziehungsweise zu unterbinden. In diesem Zusammenhang interessant ist der Ansatz, internationale Konzerne als – mehr oder weniger vollwertige – Spieler auf der Bühne der internationalen Beziehungen zu betrachten (Strange, 1991 [1]). Bereits eingangs haben wir die OECD-Initiative „Base Erosion and Profit Shifting" angesprochen. Diese auf der Compliance souveräner Unterzeichnerstaaten basierende Vereinbarung erfasst aktuell ca. 140 von ca. 190 staatlichen Jurisdiktionen. Der Fokus liegt derzeit auf Konzernen mit über 750 Mio. USD Jahresumsatz („pillar two") beziehungsweise 10–20 Mrd. USD („pillar one"), für die eine Untergrenze des Gewinnsteuersatzes in Höhe von 15 % gelten soll. Solche Großunternehmen lassen sich möglicherweise in kleinere Teile zerlegen, um die Regelung zu umgehen. Mit einer Untergrenze von 15 % liegt der Satz aktuell noch vergleichsweise tief. Künftig kann der Schwellwert für die Unternehmensgröße abgesenkt sowie die Mindeststeuer angehoben werden. Allerdings wird die Handhabung für die Staaten damit komplexer und die Liste der partizipierenden Staaten könnte schrumpfen. Eine effektive Koordination aller souveränen Staaten wäre nicht nur historisch präzedenzlos, sondern erscheint auch anreiztheoretisch als sehr unwahrscheinlich.

Letztendlich wird der „Wettlauf zwischen Wertschöpfung und Politik" durch solche Vorhaben auf die internationale Dimension erweitert. In diesem Wettlauf ist eine entschlossene unternehmerische Herangehensweise den langwierigen bürokratischen Prozessen grundsätzlich überlegen, insbesondere was die rasche und effektive Nutzung neuer technologischer Möglichkeiten angeht. Dies sollte das Unternehmen konsequent nutzen. Möglicherweise sind all diese Entwicklungen Symptome des aktuellen „Fourth Turning",

s. Strauss, Howe (2009) [12], möglicherweise aber auch ein Vorgeschmack auf das Szenario, das Friedrich Nietzsche beschrieb [13]:

„Fürderhin sehen die Einzelnen immer nur die Seite an ihm [dem Staat], wo er ihnen nützlich oder schädlich werden kann, und drängen sich mit allen Mitteln herum, um Einfluss auf ihn zu bekommen. Aber diese Concurrenz wird bald zu gross, die Menschen und Parteien wechseln zu schnell, stürzen sich gegenseitig zu wild vom Berge wieder herab, nachdem sie kaum oben angelangt sind. Es fehlt allen Maassregeln, welche von einer Regierung durchgesetzt werden, die Bürgschaft ihrer Dauer; man scheut vor Unternehmungen zurück, welche auf Jahrzehnte, Jahrhunderte hinaus ein stilles Wachsthum haben müssten, um reife Früchte zu zeitigen. Niemand fühlt eine andere Verpflichtung gegen ein Gesetz mehr, als die, sich augenblicklich der Gewalt, welche ein Gesetz einbrachte, zu beugen: sofort geht man aber daran, es durch eine neue Gewalt, eine neu zu bildende Majorität zu unterminiren. Zuletzt – man kann es mit Sicherheit aussprechen – muss das Misstrauen gegen alles Regierende, die Einsicht in das Nutzlose und Aufreibende dieser kurzathmigen Kämpfe die Menschen zu einem ganz neuen Entschlusse drängen: zur Abschaffung des Staatsbegriffs, zur Aufhebung des Gegensatzes „privat und öffentlich". Die Privatgesellschaften ziehen Schritt vor Schritt die Staatsgeschäfte in sich hinein: selbst der zäheste Rest, welcher von der alten Arbeit des Regierens übrigbleibt (jene Thätigkeit zum Beispiel welche die Privaten gegen die Privaten sicherstellen soll), wird zu allerletzt einmal durch Privatunternehmer besorgt werden. Die Missachtung, der Verfall und der Tod des Staates, die Entfesselung der Privatperson (ich hüte mich zu sagen: des Individuums) ist die Consequenz des demokratischen Staatsbegriffes; hier liegt seine Mission. Hat er seine Aufgabe erfüllt – die wie alles Menschliche viel Vernunft und Unvernunft im Schoosse trägt –, sind alle Rückfälle der alten Krankheit überwunden, so wird ein neues Blatt im Fabelbuche der Menschheit entrollt, auf dem man allerlei seltsame Historien und Vielleicht auch einiges Gute lesen wird."

Zusammenfassung

Im Folgenden fassen wir die wesentlichen Ergebnisse dieses Kapitels kurz zusammen:

- Geografisch flexible Unternehmen sind weltweit auf dem Vormarsch. Die aktuellen geopolitischen Entwicklungen sprechen für die Flexibilisierung.
- Abb. 7.3 zeigt die Vorgehensweise zur geografischen Flexibilisierung im Überblick auf.
- Es bestehen insgesamt fünf Handlungsfelder, von denen sich vier auf die Assets des Unternehmens konzentrieren, s. Abb. 7.6.
- Die Auswahl der Ziel-Jurisdiktionen sollte umfassend und systematisch erfolgen, s. Abb. 7.10.
- Das Unternehmen sollte auch die Perspektive der aktuellen Heimatjurisdiktion sowie deren eventuelle Abwehrmaßnahmen berücksichtigen, um negativen Überraschungen vorzubeugen, s. Abschn. 7.5.

Literatur

1. Strange, S. (1991). Big Business and the State. Millennium, 20(2), 245–250.
2. Babic, M., Fichtner, J., & Heemskerk, E. M. (2017). States versus corporations: Rethinking the power of business in international politics. The International Spectator, 52(4), 20–43.
3. Kotha, S., Rindova, V. P., & Rothaermel, F. T. (2001). Assets and actions: Firm-specific factors in the internationalization of US Internet firms. Journal of International Business Studies, 32(4), 769–791.
4. Volberda, H. W. (1999). Building the flexible firm: How to remain competitive. Oxford university press.
5. Raynor, M. E. (2007). The strategy paradox: Why committing to success leads to failure (and what to do about it). Currency.
6. Shortland, S. M. (1987). Managing relocation. Springer.
7. Shortland, S. (1990). Relocation: A practical guide. Institute of Personnel Management.
8. Capik, P., & Dej, M. (2019). Relocation of economic activity. Cham: Springer.
9. Learmonth, S. I. (1985). The Corporate Relocation: Effects, Issues and Developments-a Review and Analysis (Doctoral dissertation, Concordia University.).
10. https://www.grantthornton.global/globalassets/1.-member-firms/global/insights/article-pdfs/2015/advisory/a-global-guide-to-business-relocation_final4.pdf
11. https://www.bcg.com/publications/2019/decoding-digital-talent
12. Strauss, W., & Howe, N. (2009). The fourth turning: What the cycles of history tell us about America's next rendezvous with destiny. Crown.
13. Nietzsche, F. (2016). Menschliches, Allzumenschliches: ein Buch für freie Geister. BoD–Books on Demand. Seite 2012.
14. Knies, J. T. (2013). Die Wegzugsbesteuerung–§ 6 AStG. In Internationales Ertragsteuerrecht (pp. 79–89). Springer Gabler, Wiesbaden.
15. Brouwer, A. E., Mariotti, I., & Van Ommeren, J. N. (2004). The firm relocation decision: An empirical investigation. The Annals of Regional Science, 38(2), 335–347.
16. Cumming, D., Fleming, G., & Schwienbacher, A. (2009). Corporate relocation in venture capital finance. Entrepreneurship Theory and Practice, 33(5), 1121–1155.
17. Rothe, P., & Sarasoja, A. (2012). Corporate Relocation Decision Making-Is There Method in the Madness. In American Real Estate Society 28th Annual Meeting.
18. Haddad, M. J. M., Sanders, D., & Tewkesbury, G. (2019). Selecting a discrete Multiple Criteria Decision Making method to decide on a corporate relocation. Archives of Business Research, 7(5), 48–67.
19. https://www.**henley**global.com
20. https://www.zerohedge.com/economics/friendshoring-trend-sees-companies-moving-ops-dodge-tensions-and-trade-wars
21. https://www.globaltradealert.org/
22. https://www.heritage.org/index/; bis 2021 auch https://en.wikipedia.org/wiki/Ease_of_doing_business_index
23. https://www.adrianoplegroup.com/zonemap/about
24. https://chartercitiesinstitute.org/
25. www.free-cities.org
26. https://staatenlos.ch/
27. https://www.e-resident.gov.ee/

Schlussbetrachtung 8

Wie eingangs bemerkt, zielt dieses Buch darauf ab, unternehmerische Entscheidungsträger in entwickelten Ländern für politische Risiken zu sensibilisieren, ihnen das Rüstzeug für den operativen Umgang mit ihnen zu bieten sowie strategische Optionen aufzuzeigen, mit denen das Unternehmen „aus der Not eine Tugend" machen kann. Entsprechend dieser Zielsetzung ziehen wir nun ein Fazit.

Dafür fassen wir die wichtigsten Werkzeuge zum Management politischer Risiken noch einmal grafisch zusammen, s. Abb. 8.1:

1. Der erste Schritt besteht in der Identifikation, Beschreibung und Bewertung der Risiken. Dabei ist es hilfreich, die Risiken von Beginn an nach den finanziellen Werttreibern des Unternehmens zu ordnen. Dies erleichtert deren spätere Bewertung anhand von Treiberbäumen und Szenarien. Die Risikomatrix dient schließlich der Vorbereitung der Entscheidung zum Umfang mit den Risiken.
2. Diese Entscheidung trennt auf oberster Ebene zwischen strategischen und taktischen Risiken. Für strategische Risiken ist die Frage, ob beziehungsweise wie ein Wettbewerbsvorteil im Umgang mit dem Risiko gesichert beziehungsweise ausgebaut werden kann.

   Für die taktischen Risiken stellt sich die Frage, ob das Risiko sinnvoll transferiert oder vermieden werden kann; die verbleibenden Risiken werden eventuell reduziert und getragen.
3. Die Unterscheidung zwischen strategischen und taktischen Risiken setzt sich in der Umsetzung fort. Für strategische Risiken stellt die geografische Flexibilisierung des Unternehmens oftmals den Königsweg dar.

   Bei Eintritt eines taktischen politischen Risikos, das das Unternehmen weiterhin getragen hat, reagiert es typischerweise in Form der Compliance, also der Erfüllung der

M.-F. Otto, *Management politischer Risiken*, https://doi.org/10.1007/978-3-658-41759-8_8

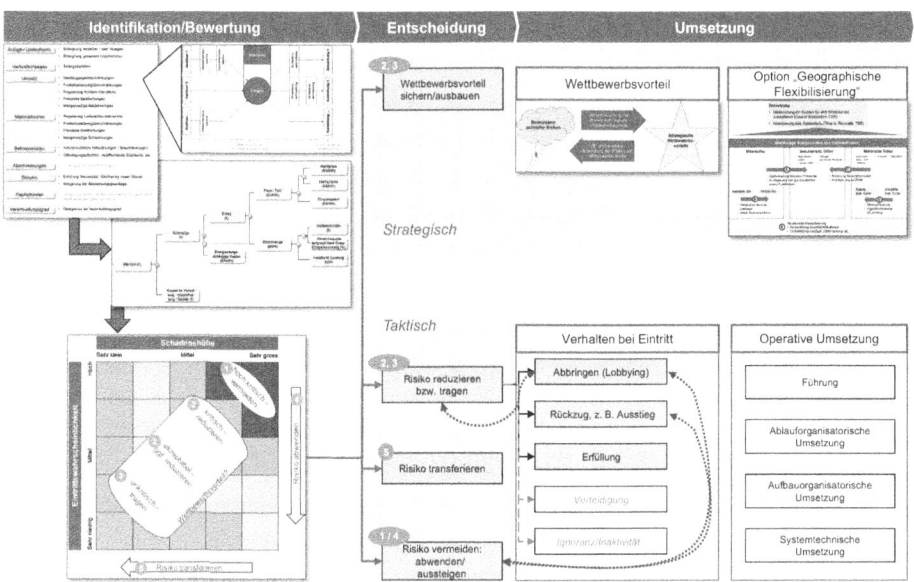

Abb. 8.1 Baukasten „Politisches Risikomanagement"

neuen politischen Auflage. Im operativen Management aller Risiken sind die Dimensionen der Führung, der Ablauf- und Aufbauorganisation sowie der Systemtechnik zu berücksichtigen.

Entlang dieser Werkzeuge haben wir insbesondere die folgenden Themen herausgearbeitet:

• Eine Methodik für die umfassende Identifikation politischer Risiken sowie für deren Strukturierung entlang der finanziellen Werttreiber des Unternehmens;
• Ansatzpunkte für die quantitative Bewertung solcher Risiken, unter Berücksichtigung der inhärenten Unschärfe politischer Themen;
• Die umfassende Übersicht über die Möglichkeiten zum Umgang mit den Risiken, sowohl vor deren Eintritt als auch danach;
• Die Art und Weise, wie strategische Chancen in Verbindung mit politischen Risiken entdeckt und bewirtschaftet werden können.

Wie in diesem Buch mehrfach erwähnt, steckt das systematische Management politischer Risiken in Industrienationen noch in den Anfängen. Es steht zu erwarten, dass sich das Thema bei weiter anhaltenden politischen Krisen in den klassischen Jurisdiktionen weiterentwickelt; die Entwicklungen weisen aktuell deutlich in diese Richtung. Insofern wollen wir abschließend auf die Frage eingehen, welche Stoßrichtungen wir für eine Vertiefung des Themas sehen:

1. Einerseits wäre die quantitative historische Analyse der Folgen eingetretener politischer Risiken für unterschiedliche Industrien und Geographen interessant, um eventuelle Gesetzmäßigkeiten wie beispielsweise die von Strauss und Howe (2009) postulierte Zyklizität zu untersuchen.
2. Generell bestehen viele Möglichkeiten, die volkswirtschaftliche Analyse von Schadenshöhe und Eintrittswahrscheinlichkeit politischer Risiken zu vertiefen.
3. Aus betriebswirtschaftlicher Sicht gilt es, ein breites Informationsangebot zur Situation und zu den Entwicklungsszenarien in den mannigfachen Jurisdiktionen dieser Welt zusammenzustellen. Zusammen mit einer systematischen Untersuchung der Treiber politischer Risiken lässt sich dann möglicherweise ein belastbares Tool für die Ermittlung von Eintrittswahrscheinlichkeiten entwickeln. Konkret ließe sich die Information in eine „Industrien-Jurisdiktionen-Matrix" strukturieren, die je Jurisdiktion und Industrie einen Überblick über die bestehenden politischen Rahmenbedingungen sowie die wesentlichen Risiken gibt.
4. Spezifisch interessant hierbei ist eine Betrachtung der verbleibenden politischen Risiken in den unter Abschn. 7.4 genannten Sonderzonen und darin insbesondere jener Jurisdiktionen, die auf einem explizit geschlossenen Vertrag mit Bürgern und Wirtschaftssubjekten gründen, im Gegensatz zu unilateral veränderbaren Gesetzen.

Der Autor nimmt weitere Anregungen gerne entgegen und freut sich über konkrete Initiativen, die dem Ziel dienen, die Schadenswirkung politischer Risiken zu verringern.

Dieser Appendix dient der vertieften Analyse menschlicher Handlungen und bildet damit die Basis für das Verständnis der Verhaltensweisen heutiger Jurisdiktionen. Er steht in Verbindung zu Abschn. 2.2, 5.4.2 und 7.5. Die Analyse mündet in eine Taxonomie menschlicher Handlungen mit fünf Kategorien, die entlang eines Baumes mit vier Bifurkationen entstehen, s. Abb. 9.1. Taghizadegan und Otto (2015) schildern dies in ausführlicher Form [1].

1. Menschen als soziale Wesen können eine spezifische Handlung auf andere Personen ausrichten oder aber rein auf sich selbst beziehen. Erstere bezeichnen wir als soziale, letztere als *autistische Handlungen*, ohne hiermit die psychische Verfasstheit des Handelnden zu bezeichnen.[1]
2. Unter den sozialen Handlungen unterscheiden wir solche, die das Gegenüber, die Gegenpartei, unmittelbar zum Zweck haben, dieser also insbesondere einen Nutzen beziehungsweise einen Schaden stiften sollen, von solchen, bei denen die Gegenpartei ein Mittel zum Zweck ist. Erstere bezeichnen wir als *unilateralen Schaden beziehungsweise Nutzen*, weil der Akteur einseitig handelt.
3. Bei den Handlungen, bei denen die Gegenpartei Mittel zum Zweck ist, unterscheiden wir weiter, ob die Gegenpartei passiv bleiben oder aktiv werden soll. Eine passive Gegenpartei, die Mittel zum Zweck ist, liegt beispielsweise bei einem Diebstahl vor: Dabei beabsichtigt der Akteur typischerweise, der Gegenpartei einen Wertgegenstand zu entwenden. Die Gegenpartei soll dies aber nicht bemerken und inaktiv bleiben. Die Gegenpartei ist also Mittel zum Zweck der Bereicherung des Akteurs. Wir bezeichnen solche Handlungen allgemein als *unilateralen Transfer*.

---

[1] Boulding, K. E. (1963). Towards a pure theory of threat systems. The American Economic Review, 53(2), 424–434.

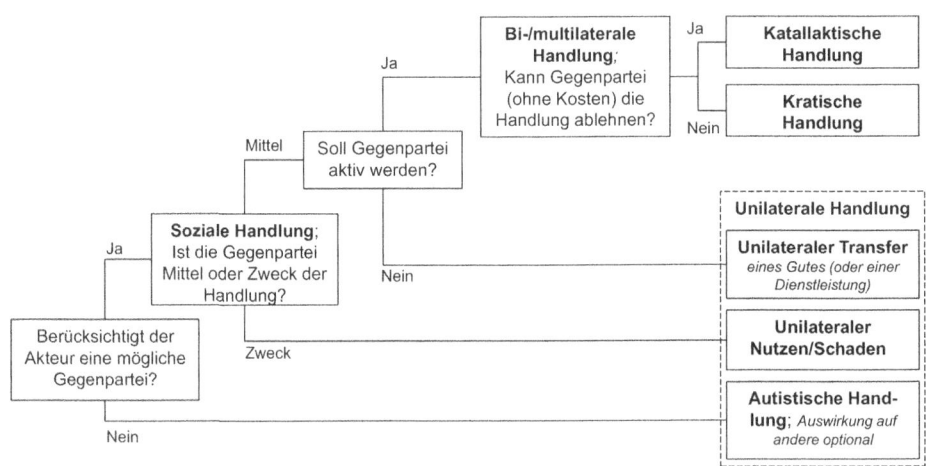

Abb. 9.1 Taxonomie menschlicher Handlungen

4. Sobald die Gegenpartei dagegen aktiv werden soll, sprechen wir von einer *bilateralen Handlung*, zu der sowohl der initiative Akteur als auch seine Gegenpartei beitragen. Hier wiederum lässt sich unterscheiden, ob die Gegenpartei durch eine Drohung mit einem Schaden oder durch das Versprechen auf einen Wert zum Handeln bewogen werden soll, im Sinne des bekannten Dualismus „Zuckerbrot oder Peitsche". Bei einer Drohung soll die Gegenpartei im Falle ihrer Inaktivität mit dem Schaden rechnen, bei einem Wertversprechen dagegen bleibt sie bei Inaktivität gleichgestellt; die Ablehnung der bilateralen Handlung bleibt dann folgenlos. Wir sprechen bei Ersteren von *kratischen Handlungen*, bei Letzteren von *katallaktischen*.

Kratische Handlungen basieren auf der Macht des Handelnden über die Gegenpartei. Katallaktische Handlungen dagegen basieren auf dem Wohlstand des Handelnden, von dem dieser der Gegenpartei einen Teil im Tausch anbietet.

Während unilateraler Schaden beziehungsweise Nutzen ein substanzielles Interesse des Akteurs an der Gegenpartei voraussetzt, ist dies bei unilateralem Transfer, kratischen und katallaktischen Handlungen nicht der Fall. Deshalb kommen diese drei Handlungsformen auch zwischen sich unbekannten Personen zum Einsatz. In der Konsequenz haben sie in unserer stark arbeitsteiligen Gesellschaft eine hohe Bedeutung. Die Gesellschaftsordnungen streben grundsätzlich an, die wertmindernden Aktionsformen des unilateralen Schadens, unilateralen Transfers sowie der kratischen Handlungen zu unterbinden. Zerstörung, Diebstahl, Raub und Erpressung stehen deshalb unter Strafe. Verantwortlich für die Aufrechterhaltung der Ordnung ist durchgängig eine Person beziehungsweise Institution wie Fürsten und Könige oder die heutigen Nationalstaaten: Auf einem festen Territorium soll deren Wort beziehungsweise Gesetz gelten und Verbrecher haben mit der Strafe zu rechnen. Damit erfüllen sie eine für die Bewohner wesentliche Dienstleistung, nämlich die Herstellung von Rechtssicherheit.

Die Ressourcen für diese Dienstleistung allerdings werden praktisch durchgängig durch kratische Handlungen, insbesondere die Erhebung von Steuern unter Androhung von Strafen, erworben.

Solange die Dienstleitung die durchgängige Zustimmung aller Gegenparteien genießt – ob explizit im Sinne eines beiderseitigen Vertrages oder auch nur stillschweigend – handelt es sich nicht um eine kratische Drohung. In Anbetracht der Komplexität der heutigen Regelwerke, die unterschiedlichsten Einzelinteressen Rechnung tragen, ist allerdings davon auszugehen, dass eine umfassende stillschweigende Zustimmung den Sonderfall darstellt.

▶   Politische Aktivitäten können insofern als *institutionalisierte kratische Handlungen* betrachtet werden. Es ergibt sich ein „ethischer Zirkelbezug", s. Abb. 9.2.

Nebenbemerkung: Theoretisch könnte ein Staat gegenüber seinen Bewohnern auch einen unilateralen Transfer durchführen; in der Praxis kommt dies praktisch nicht vor, da es für den Staat aufgrund seiner Machtstellung viel günstiger und besser vertretbar ist, durch eine einfache Drohung ans Ziel zu kommen, als sich das betreffende Gut „heimlich" anzueignen.

Summarisch bleibt festzuhalten, dass die einseitige und entschädigungsfreie Änderung der Spielregeln seitens „der Politik" beziehungsweise „des Staates" eine Verletzung der sogenannten Goldenen Regel darstellt („Behandele andere so, wie du von ihnen behandelt

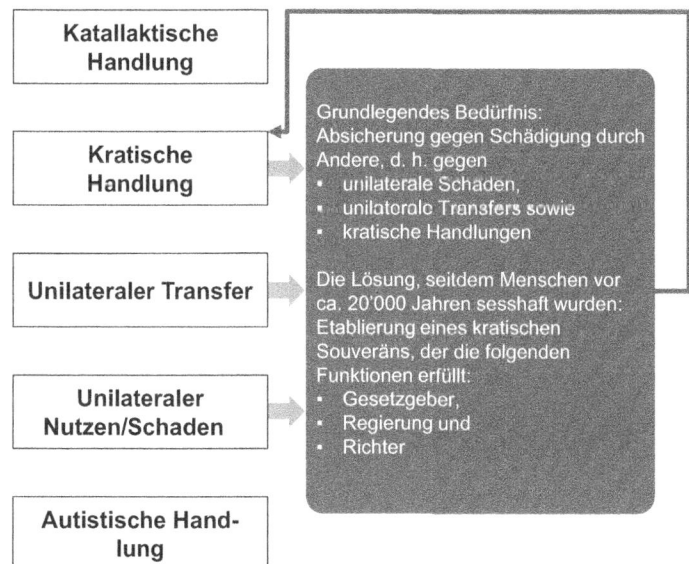

Abb. 9.2 Zirkelbezug der kratischen Lösung

werden willst."), die gerade durch die Institution des Staates geschützt werden sollen. Vorschläge, wie dieser innere Widerspruch aufgelöst werden könnte, finden sich u. a. bei Friedman (1989) und Gebel (2018) [2, 3].

Literatur

1. Taghizadegan, R., & Otto, M. F. (2015). Praxeology of coercion: Catallactics vs. Cratics. Quarterly Journal of Austrian Economics, 18(3), 294.
2. Friedman, D. D. (1989). The machinery of freedom: guide to a radical capitalism. Open Court Publishing Company.
3. Gebel, T. (2018). Free Private Cities: making governments compete for you. Waldorf: Aquila Urbis.

Im Folgenden skizzieren wir die Funktionsweise des Tools *Strategische Portfolioanalyse* (SPA), das einerseits zur Quantifizierung von Risiken gemäß Abb. 4.8, andererseits zur Bewertung strategischer Handlungsoptionen gemäß Abschn. 6.3 eingesetzt werden kann. Das Tool wurde bei der Unternehmensberatung *The Advisory House* durch die Herren Günter Kneisel und Christoph Seja in MATLAB entwickelt und liegt als Desktop-Anwendung vor.

Die Funktionsweise erklären wir anhand des in Abschn. 4.2 dargestellten fünfstufigen Vorgehens:

1. Die Risikoidentifikation erfolgt zunächst außerhalb des Tools.
2. Das Unternehmen beziehungsweise seine Portfolioelemente werden anhand von einem oder mehreren Treiberbäumen modelliert. Das Tool stellt hierfür eine Eingabemaske zur Verfügung, s. Abb. 10.1. Für energiewirtschaftliche Assets sind bereits diverse typische Treiberbäume, inklusive deren Parameter-Typen und Risikotreibern, definiert. Um die Entwicklung der Risikotreiber im Zeitverlauf darzustellen, werden diese als Zeitreihen aufgesetzt. Unterschiedliche Szenarien entsprechen dann unterschiedlichen Zeitreihen, die in einer anderen Maske definiert oder aus einem csv-File hochgeladen werden können.

   Für andere Assets kann ein beliebiger Treiberbaum anhand der entsprechenden Cashflow-Formel eingegeben werden. In diesem Fall werden die sicheren Parameter fest in die Formel geschrieben; die Risikotreiber gehen als Variablen ein, die auf die frei definierbaren Zeitreihen verweisen.

   Zusätzlich können im Tool unterschiedliche, gewichtete Kombinationen dieser Portfolioelemente erfasst werden, s. Abb. 10.2. Damit lassen sich unterschiedliche strategische Aufstellungen des Unternehmens analysieren, die durch Investitionen oder

Alle typischen Asset-Formen eines Energieversorgers können im Modell abgebildet werden

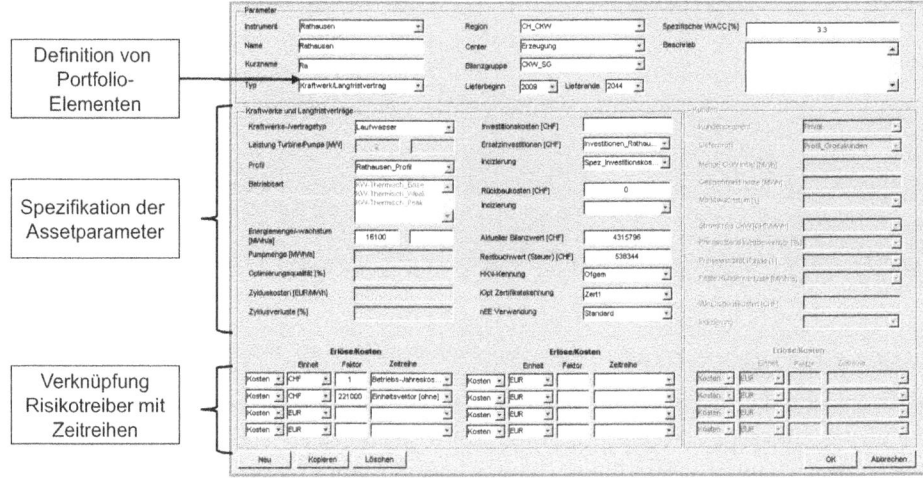

Abb. 10.1 Abbildung Treiberbäume

Portfolios können je nach Entscheidungsfindung flexibel festgelegt werden

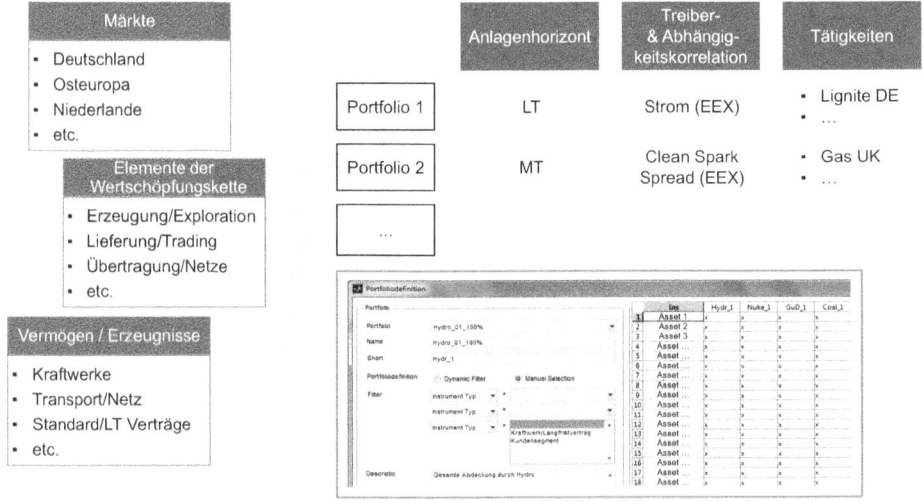

Abb. 10.2 Definition der Asset-Portfolien

Desinvestitionen erzielt werden können. Auch die Verlagerung eines Unternehmens in eine andere Jurisdiktion lässt sich fassen als Desinvestition der Assets am alten Standort plus entsprechende Investition am neuen Standort.

3. Die Bildung der Risikogruppen stellt wieder eine menschlich-intellektuelle Leistung dar, deren Ergebnis gemeinsam mit Schritt (4.) im Tool erfasst wird.

4. Die definierten Szenario-Welten werden erfasst anhand ihrer Auswirkungen auf die Risikovariablen, also frei definierbare Zeitreihen für jeden Risikotreiber. Auch die Gewichtung mit Erwartungswerten je Szenario-Welt kann hierbei eingegeben werden.

5. Die Auswertung erfolgt im Tool schließlich automatisiert: für alle Szenario-Kombinationen sowie alle strategischen Portfolio-Kombinationen werden die typischen finanziellen Kennzahlen ermittelt (NPV, NPV@Risk, Cash Flows, Einnahmen, Kosten, Investitionen, Eingesetztes Kapital, Deckungsbeitrag I, EBITDA, EBIT, Steuern, ROI, IRR, EVA,). Das Ergebnis wird auch in einem Risiko-Rendite-Diagramm abgebildet, wobei die definierten Portfolio-Kombinationen je einen Datenpunkt darstellen.

Schließlich lässt sich mit dem Tool auch die „Efficient Frontier" des Unternehmens ermitteln (Abb. 10.3).

Somit werden die Bewertung politischer Risiken einerseits sowie die Analyse strategischer Handlungsoptionen andererseits effizient unterstützt.

Die Einzelnen Assets können in Portfolios zusammengefasst und analysiert werden

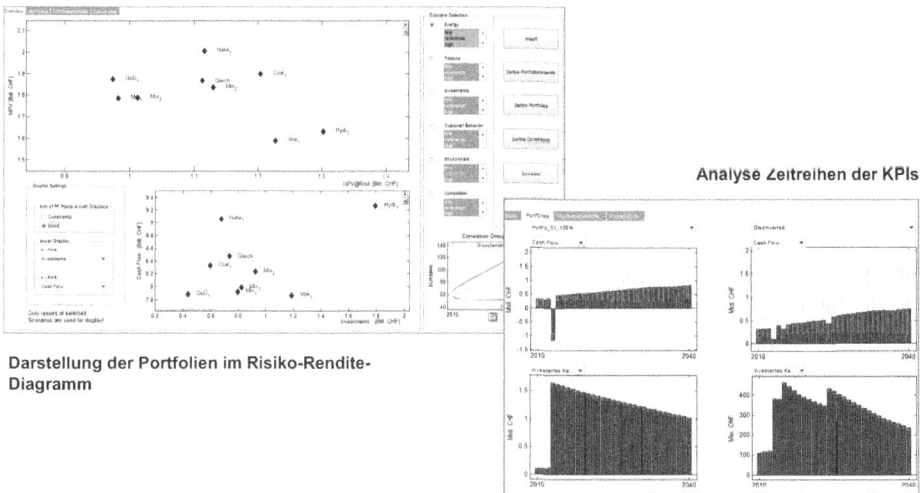

Abb. 10.3 Darstellung der Ergebnisse

The manufacturer's authorised representative in the EU is Springer
Nature Customer Service Centre GmbH, Europaplatz 3, 69115 Heidelberg,
Germany. If you have any concerns regarding our products, please
contact ProductSafety@springernature.com

Printed and bound by CPI Group (UK) Ltd, Croydon, CR0 4YY
24/04/2026
02096351-0017